KB124416

Connect
Everything

커넥트 에브리씽

커넥트 에브리씽

지은이 장윤희
펴낸이 임상진
펴낸곳 (주)넥서스

초판 1쇄 발행 2016년 12월 10일
초판 3쇄 발행 2017년 1월 5일

출판신고 1992년 4월 3일 제311-2002-2호
10880 경기도 파주시 지목로 5
Tel (02)330-5500 Fax (02)330-5555

ISBN 979-11-5752-977-3 03320

www.nexusbook.com
넥서스BIZ는 넥서스의 경제경영 브랜드입니다.

Connect
Everything

새로운 연결, 더 나은 세상 **카카오 이야기**

장윤희 지음

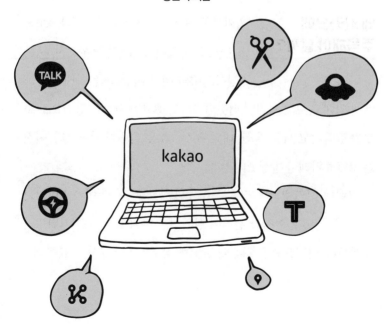

넥서스BIZ

모바일 시대,
카카오를 알아야 미래가 보인다

■ ■ ■

**왜 카카오에
주목해야 할까?**

'카카오톡 장애', '카카오톡 지진', '카카오톡 오류'…. 2016년 9월 13일 오후 7시 44분 경상북도 경주에서 지진 관측 이래 한반도에서 역대 최고의 지진이 터졌다. 규모 5.8까지 치솟은 강진으로 도로가 갈라지고 서울, 울산, 대전, 부산에도 흔들림이 이어졌다. 여진은 400여 차례나 발생했다.

그런데 인터넷 실시간 검색어 1위는 '경북 지진'이 아닌 '카카오톡 장애'였다. 실시간 검색어 상위권도 카카오톡 관련 키워드가 독식했다. 카카오톡은 지진이 발생한 직후인 오후 7시 45분부터 2

시간 넘도록 메시지를 주고받는 기능이 멈췄다. 지진 생사를 묻는 카카오톡 메시지가 폭주하면서 대규모 서비스 장애가 발생한 것이다.

사회 곳곳에서 카카오의 미숙한 대처를 질타하는 비판이 이어졌다. 그날 밤 카카오는 "지진의 영향으로 네트워크 지연 현상이 있었고 이어 메시지가 평소보다 3배 늘면서 서버에 오류가 발생했다"고 사과했다.

경주 지진으로 카카오톡은 대규모 서비스 장애라는 오명을 얻었다. 한편으로 그만큼 우리나라 사람들이 소통할 때 카카오톡에 의존한다는 현상을 입증했다. 모바일 시대의 커뮤니케이션 수단은 이제 전화가 아니라 메신저가 된 지 오래다. 우리나라 스마트폰 이용자의 95%는 카카오톡을 사용한다. 누군가와 커뮤니케이션을 하고 싶을 때 전화기 버튼보다 노란색 카카오톡 앱을 누른다는 의미다. 왓츠앱, 라인 등 해외에서는 1위 메신저 점유율이 70~80% 수준으로, 점유율 90%를 넘기는 경우가 거의 없는데 카카오톡은 점유율이 거의 100%에 가깝다. '카톡' 소리는 한 사람당 하루 평균 55번씩 울린다. 그사이 카카오는 우리나라 일상생활에 가장 깊숙이 침투한 기업으로 떠올랐다. 이 때문에 카카오톡은 '세계에서 가장 많이 실행되는 앱' 1위에 꼽히기도 했다. 미국의 벤처 투자 기관 KPCB의 관계사 매리 미커가 발표한 2015년 인터넷 트렌드 보고

서에 따르면 카카오톡의 평균 구동 횟수는 55회로, 전 세계 애플리케이션 중 1위를 차지했다. 카카오톡은 다른 메신저보다 1.5배에서 최대 7배 자주 실행되고 있었다.

2014년 9월 카카오톡의 감청 논란이 불거졌어도 카카오톡은 예상보다 큰 타격을 입지 않았다. 사생활에 불안함을 느껴 카카오톡을 탈퇴하고 해외 메신저 '텔레그램'으로 갈아타는 현상이 있었지만 지인이 쓰는 서비스를 사용하게 되는 네트워크 효과(network effect)에 묶여 카카오톡은 견고한 점유율을 지킬 수 있었다. 2016년 10월 14일 카카오는 대법원 판결에 따라 감청 수사 협조를 중단한다고 발표하며 프라이버시 논쟁을 일단락했다. 검찰이 대법원 결정에 난색을 표하면서 카카오톡은 법조계에서도 뜨거운 이슈가 될 전망이다.

현재 카카오는 카카오톡을 발판으로 게임, 쇼핑, 택시, 대리운전, 미용실, 주차장, 인터넷 전문 은행, 주문 배달 등 생활 영역 곳곳에 진출하며 '카카오 공화국', '카카오 생태계'를 만들고 있다. 이제는 전화보다 카카오톡으로 얘기하고, 도로변에서 손을 저으며 택시를 잡는 것보다 카카오로 택시를 부르는 모습이 익숙한 풍경이다.

카카오는 모바일 생활의 모습을 바꾸며 매서운 성장세 속에 다음커뮤니케이션과 합병하면서 모바일 기업 최초로 대기업 반열에 올랐다. 2006년 12월 20명 남짓한 벤처기업으로 시작해 10여 년 만에 이룬 성과다. 창업한 지 10년이 되지 않아 우리 삶에 깊숙이 파고든 모바일 기업은 사실상 카카오가 유일하다. 이제 카카오는 움직이는 행보 하나하나에 긍정적이거나 부정적 평가가 동시에 쏟아지는 화제와 논란의 중심에 선 기업이 됐다. 카카오가 성장하고 존재감이 커질수록 불안함과 경계심도 늘어나는 모순된 상황이 교차하고 있다. 카카오톡은 떼려야 뗄 수 없는 생활의 일부가 됐지만 카카오톡 서비스 초창기의 참신한 느낌은 사라진 지 오래다.

카카오가 예전 같지 않다는 평이 많으나 여전히 눈에 띄는 이유는 카카오의 성장 과정이 우리나라 모바일 발전사와 궤를 정확히 같이하고 있기 때문이다. 카카오를 파악해야 모바일 시대의 오늘과 내일을 짐작할 수 있다. 카카오톡은 스마트폰을 태동시킨 아이폰이 국내 출시된 지 4개월 만에 나온 서비스다. 카카오는 우리나라 모바일 진화의 변곡점마다 굵직한 서비스를 선보였다. '애니팡' 열풍을 일으킨 카카오게임 플랫폼으로 모바일 소셜 게임 시대를 알렸고, 택시 호출 앱 '카카오택시'로 온·오프라인의 장벽을 허무는 O2O(Online to Offline) 경험을 본격적으로 대중화했다. 2017년 모습을 드러내는 '카카오뱅크'는 국내 최초의 인터넷 전문 은행으로 핀테크(FinTech) 시대의 정점을 찍는다.

이제 카카오는 미디어, 자율 주행차, 배달, 음원 사업 등으로 전천후 이종 결합을 시도하고 있다. 실적이 좋지 않은 상황에서도 내비게이션 '국민내비 김기사'를 626억 원에, 음원 서비스 '멜론'과 가수 아이유가 소속된 로엔엔터테인먼트를 1조 8,775억 원에 인수해 화제를 모았다. 실적 비판과 문어발식 사업 지적이 연관 검색어처럼 따라다녀도 카카오는 신사업을 멈추지 않는다. 카카오가 원하는 것은 도대체 무엇일까? 무엇을 위해 실적 부진 속에서도 사업을 이리저리 확장하는 것일까? 이 논란의 기업은 우리 생활에 어떤 모습으로 기억될 것인가? 카카오 주요 경영진의 인터뷰에서 실마리를 찾을 수 있다.

"카카오는 '미래 라이프스타일 디자이너'가 되려 한다."
"생활의 불편함을 기술로 해결하는 모바일 라이프 플랫폼을 지향한다."
"무엇을 어떻게 연결시키며 어떠한 새로운 가치를 제공할지를 늘 고민한다."
"카카오에서 굉장히 중요하게 생각하는 핵심 질문은 '무엇을 어떻게 연결할까?'이다."
"사업은 라이트 타임, 라이트 액션(Right Time, Right Action)이다. 적절한 시기에 적절한 행동을 할 때 사업의 성패가 갈린다. 타이밍을 놓치면 의미가 없어진다."

카카오는 세간의 인식보다 훨씬 야심 찬 그림을 그리고 있다. 이제 사람과 사람, 사람과 정보를 연결하는 데서 한 발짝 나아가 이들을 둘러싼 세상까지 모두 연결해버리겠다는 포부다. 교통, 콘텐츠, 게임, 금융 등 일상생활의 거의 모든 영역을 카카오 플랫폼으로 통하게 만든다는 심산이다. 카카오는 '사업은 타이밍'이란 전략 속에 연결을 강조하는 신규 서비스를 쉼 없이 내놓고 있다. 카카오톡과 카카오택시처럼 성공한 서비스도 있지만 대리운전 연결 서비스처럼 '골목 상권' 침해에 휩싸여 시작 전부터 진통을 겪은 사업도 있다.

카카오는 '연결'이란 키워드를 집착에 가까울 정도로 중요하게 여긴다. 사람마다 스마트폰을 갖고 다니는 모바일 시대에 연결의 가치는 기하급수적으로 커졌다. 1990년대 인터넷 혁명 시대에도 연결이 폭증했지만 컴퓨터는 스마트폰처럼 24시간 휴대하긴 어려웠다. 사람마다 움직이는 컴퓨터를 들고 다니는 시대에 이들을 어떻게 연결하느냐에 따라 새로운 시장이 창출된다. O2O 시장이 급성장하는 이유이기도 하다.

결과적으로 스마트폰 이용자의 24시간을 모바일로 촘촘히 수놓는 것이 카카오의 비전이자 사업 전략이다. 카카오는 스마트폰 액정 창을 넘어 오프라인으로 후퇴 없는 전진을 하고 있다. 우리의 일상을 무대로 연결 그리고 또 연결이란 물감으로 끊임없이 채색하고 있다. 카카오톡 이용자라면 필연적으로 카카오의 행보를 맞닥뜨리게 되는 것이다.

이 책은 카카오가 2006년 작은 벤처기업 '아이위랩'으로 출발해 다음카카오 합병을 거쳐 창업 10년차에 접어든 모습을 처음으로 다뤘다. 애플, 구글, 텐센트, 알리바바, 네이버, 다음 등 국내외 IT 기업을 다룬 서적은 많지만 카카오를 논의한 책은 거의 없었다. 책에서는 창업 10년 만에 압축적으로 성장한 카카오의 과거 역사, 현재 진통, 미래 전략 그리고 경영진의 생각을 밝힌다.

카카오는 합병 이후 창립 시기를 다음커뮤니케이션이 설립된 1995년을 삼고 있지만 이 책은 카카오 전신인 아이위랩이 나타난 2006년을 기준으로 한다. 다음카카오가 카카오로 사명을 바꾸며 모바일 기업으로 체질 개선을 한 데다 다음커뮤니케이션 이야기는 많이 알려졌기에 카카오(아이위랩)에만 초점을 맞춘다.

로그인:
모바일 시대,
카카오를 알아야
미래가 보인다

1장 한게임은 어떻게 탄생했을까:
미래를 예감하라

2장 카카오톡은 무료인데 어떻게
성장했을까: 모든 것을 연결하라

3장 카카오는 왜 운수 사업에 뛰어
들까: 타이밍을 맞춰라

4장 카카오에서는 어떻게 일할까:
일에 집중하게 하라

로그아웃:
모바일 온리
(mobile only) 시대,
우리의 자세

책 제목인 '커넥트 에브리씽(Connect Everything, 모든 것을 연결하라)'은 전 세계 정보통신업계의 화두를 뜻한다. 커넥트 에브리씽은 국내 최대 ICT 전시회 '월드IT쇼 2016'의 슬로건이면서 카카오를 비롯한 퀄컴, AT&T 등의 비전이기도 하다. 새로운 연결들이 더 나은 세상을 이끌 것인가가 관전 포인트다.

책은 프롤로그인 '로그인'과 네 개 장의 본문, 에필로그인 '로그아웃'으로 구성되어 있다. 관심 있는 분야를 먼저 읽어도 흐름에 지장은 없다.

로그인은 모바일 시대 카카오에 주목해야 하는 이유와 변곡점에 놓인 카카오를 진단하는 내용으로 시작한다.

1장은 카카오 창업주 김범수 의장이 평범한 직장인에서 한게임을 창업한 계기, 이해진 네이버 창업주와의 NHN 합병, 카카오 전신인 아이위랩을 만들게 된 이야기를 다루며 각각 인터넷과 모바일 시대를 대표하는 기업을 만들게 된 성공 비결과 전략을 짚는다. 김범수 의장이 영화 〈올드보이〉에 주목한 이유, 우리나라 4대 PC통신 등 PC통신에서 인터넷으로 이행하는 시기에 벌어지는 IT 업계의 흥미로운 뒷이야기도 소개한다.

2장은 아이폰에 영감을 받아 만든 카카오 서비스 개발 이야기, 2010년 3월 카카오톡 출시부터 고속 성장까지의 과정을 다룬다. 아이위랩이 '카카오'로 기업 간판을 바꾸고 캐릭터, 게임, 쇼핑, 광고 등으로 사세를 급격히 확장하게 된 시기가 주요 배경이다. 카카오톡이 후발 주자였음에도 빠르게 시장을 장악할 수 있었던 요인을 '스포츠(S.P.O.R.T.S.)'라는 여섯 개 키워드로 풀이한다. CEO 이야기 코너에서는 이해진 네이버 창업주를 다룬다.

3장은 다음카카오 합병 이후 벌어진 카카오의 행보와 미래 전략을 다룬다. 카카오택시를 기점으로 O2O(온·오프라인 연계) 사업에 공격적으로 진출하는 이유, 모바일 트렌드에 대응하는 방식, 글로벌 진출 가능성, 이 과정에서 벌어진 각종 논란과 이슈를 짚는다. CEO 이야기 코너에서는 '카카오-네이버-다음' 삼각관계의 중심인 이재웅 다음커뮤니케이션 창업주 이야기를 짚는다.

4장은 일에 집중하게 하는 카카오의 기업 문화를 다룬다. '카카오 크루'를 선발하는 방식, 한도 없는 법인카드, 독특한 사옥 구조, 상향식 의사 결정, 대표부터 말단 직원이 모두 들어가는 대화방 등 카카오 곳곳에 스며든 '연결'을 분석한다.

로그아웃은 온갖 영욕과 부침을 겪으며 달려온 카카오가 직면한 화두, 모바일 시대의 기업 딜레마를 '스파크(S.P.A.R.K.)'라는 다섯 개 키워드로 짚는다. 우리나라 인구 5,165만 명 가운데 4,148만 8,000명은 매달 카카오톡으로 한 번 이상 메시지를 주고받는다. 모바일 시대에 우리나라 생활 곳곳에 카카오의 흔적이 배어 있다. 카카오에 대한 호불호를 떠나 우리나라 모바일 산업의 미래, 이용자를 맴도는 보이지 않는 손을 이해하려면 카카오를 알아야 한다.

위기와
기회 사이에서
모든 것을
연결하라

제2의 도약을 위한 성장통일까, 성장 절 벽일까? 카카오는 2014년 다음카카오 합 병 이래 실적 문제로 시달리고 있다. 매 분 기 실적 발표회를 할 때 애널리스트와 주 식 투자자들의 실적 지적이 쏟아진다. 증권가에서는 대리운전 호 출 앱과 미용실 예약 앱을 비롯한 카카오 O2O 신사업이 성과를 내기까지 최소 2~3년이 걸릴 것으로 내다보고 있다. 카카오는 2018~2019년에는 실적 반전을 이뤄낼 수 있을까? 아니면 증권가 전망보다 더 빠르게 성과를 낼 것인가?

카카오는 전통적 수익원인 PC 광고 매출이 떨어지고 신규 사업 을 위한 투자는 늘면서 안팎으로 실적 압박을 받고 있다. 카카오 광 고 매출의 78%는 다음 PC와 모바일에서 발생하는데 다음의 점유 율이 떨어지면서 광고 수익에 빨간불이 켜졌다. 원조 커뮤니티 '카 페'와 무료 메일 '한메일'도 예전만큼 활기를 찾을 수 없다. 포털 사 이트 다음의 국내 점유율은 20%를 지키지 못하고 15%까지 무너 진 상태다. 검색 기능은 인터넷 사업자의 가장 확실한 수익 모델이 다. 국내에서 네이버가, 글로벌 시장에서 구글이 1위 사업자에 오 른 데에는 검색 시장을 확실히 잡으면서 광고 수익이 따라왔기 때 문이다. 구글이 유튜브를 인수하고 알파고로 인공지능 기술력을 과시하면서 사세를 확장한 데에는, 탄탄한 광고 매출이 뒷받침됐기 때문이다.

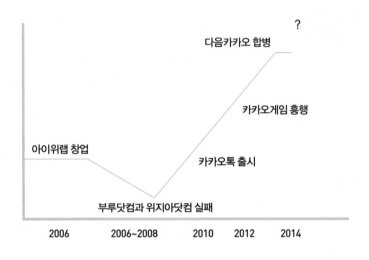

그렇다고 다음을 제외한 카카오 서비스에 뾰족한 묘수가 있는 것은 아니다. 이용층이 튼튼한 카카오톡과 카카오택시에는 아직 수익 모델이 없고, 야심 차게 선보인 대리운전 호출 앱 카카오드라이버는 기존 사업자와의 마찰을 극복해야 하는 무거운 과제를 안고 있다. 카카오 선물하기는 커피 상품권 같은 소액 결제가 많고, 인터넷 전문 은행은 해외 사례로 볼 때 최소 3년 이상은 수익보다 비용이 더 많이 들어간다.

커뮤니케이션즈	콘텐츠	O2O	핀테크	커머스
카카오톡 포털 다음 다음 카페 다음 메일 카카오스토리 브런치 (글쓰기 플랫폼) PATH (인도네시아 SNS)	게임 뉴스 웹툰 · 웹소설 카카오톡 채널 카카오TV 로엔엔터테인먼트 카카오프렌즈 카카오톡 이모티콘	카카오택시 카카오택시 블랙 (고급택시) 카카오드라이버 (대리운전) 카카오헤어샵(미용실) 카카오파킹(주차장) 음식 배달 주문, 쇼핑 등	카카오페이 카카오뱅크 카카오증권	카카오 선물하기 (모바일 상품권) 카카오파머 (제주 특산품 유통) 메이커스위드카카오 (선주문 후제작 물품 유통)

카카오 사업 현황

카카오는 2015년 합병 1년을 맞아 사명을 다음카카오에서 카카오로 바꾸며 모바일 기업으로의 체질 개선을 시도했다. 그러나 모바일 사업이란 바깥 토끼는 물론 다음을 비롯한 인터넷 사업 집토끼까지 모두 놓치는 모양새다. 그사이 카카오는 상반된 평가를 동시에 받는 몇 안 되는 기업이 됐다. 카카오톡과 카카오 캐릭터는 많은 사람이 애용하는 '국민' 반열에 올랐지만 신사업 확장 과정에서 문어발이란 부정적 수식어도 꼬리표처럼 따라다닌다.

일각에서는 합병 후 1~2년 안에는 드라마틱한 성과를 내기에는 시간이 촉박하니 긴 호흡으로 카카오를 지켜보자는 시선도 있다. 혹평이든 호평이든 카카오에 대한 온갖 평가가 쏟아진다는 것은 그만큼 카카오가 관심을 많이 받고, 카카오에 대한 기대가 크다는 뜻이기도 하다. 주가가 예전보다 떨어졌다 해도 카카오는 시가 총액 5조 원대의 코스닥 2위 대장주다. 1위는 셀트리온, 3위는 CJ

E&M이다. 시장에서 평가하는 기업 가치가 여전히 상위권이라고 풀이할 수 있다.

신문의 증권 코너에는 그날의 주가와 전날 대비 등락폭만 나올 뿐 과거 대비 트렌드, 시가총액, 미래 동향에 대한 정보는 없다. 어제 떨어진 주식이 오늘은 오를 수 있고, 내일 다시 떨어질 수도 있다. 호재를 만나면 급상승하기도 한다. 사람이든 기업이든 한 개체를 평가할 때는 통시적으로 살펴볼 필요가 있다. 창립 10년, 합병 3년에 접어든 카카오는 가능성과 한계를 비슷한 무게로 짊어지고 있다. 카카오는 '모든 것을 연결하라(connect everything)'는 비전처럼 카카오톡의 성공 경험을 미래 발전으로 연결시킬 수 있을까? 현재의 위기를 기회로 만들 수 있을까? 아니면 통증을 이기지 못하고 미끄러져 내릴까? 현재 카카오는 변곡점에 서 있다.

차례

한게임은 어떻게 탄생했을까: 미래를 예감하라

2장

카카오톡은 무료인데 어떻게 성장했을까:
모든 것을 연결하라

3장

카카오는 왜 운수 사업에 뛰어들까: 타이밍을 맞춰라

카카오에서는 어떻게 일할까: 일에 집중하게 하라

1장

한게임은 어떻게 탄생했을까:

미래를 예감하라

다큐멘터리가 되어버린 IT 신데렐라?

우리나라 기업 중에서 동화와 다큐멘터리를 극명하게 오가는 기업이 있다. 바로 카카오다. 적자 벤처기업에서 출발해 국내 최대 모바일 기업이 된 이야기는 한 편의 동화 같다. 하지만 성장 과정에서 벌어지는 프라이버시 논란, '골목 상권' 침해 이슈, 기대에 못 미치는 경영 성과 등은 카카오를 냉탕과 온탕에 담금질한다.

카카오는 2006년 12월 아이위랩이란 이름으로 10명 남짓한 인원의 벤처기업으로 시작했다. 아이위랩은 한게임과 NHN을 만든 벤처 신화 김범수 의장이 인터넷 신사업을 위해 만든 회사였다. 하지만 잇따라 내놓은 서비스가 줄줄이 실패하면서 위기에 처한다. 회사가 방향을 잃고 휘청거릴 때 2007년 미국에서 아이폰이 모습을 드러낸다. 아이폰이 촉발한 본격적인 스마트폰 시대에 아이위랩은 사업 아이템을 인터넷에서 모바일로 바꾼다. 스마트폰의 핵심 애플리케이션인 메신저 앱으로 승부수를 던졌다.

2010년 3월 18일. 카카오톡이 세상에 처음 모습을 드러냈다. 애플의 아이폰 1이 한국에 출시된 지 4개월, 삼성전자의 스마트폰 첫 모델 '갤럭시 S'가 나오기 5개월 전이었다. 우리나라 커뮤니케이션 방식을 바꾼 앱이지만 시작은 단출했다. 개발자 2명, 기획자 1명, 디자이너 1명 등 총 4명이 단 두 달 만에 만든 서비스였다. 해외 유명 메신저 왓츠앱과 유사하지만 카카오톡은 무료였으며 모바일 메신저 최초로 단체 대화방이란 기능이 있었다. 한국에는 이미 시장을 선점한 엠앤톡이 있었지만 카카오톡은 과감한 서버 확충과 안정적인 서비스로 금세 이용자를 끌어모은다. 한 건에 20원씩 하던 문자메시지 이용료를 아껴주는 '착한 서비스'란 별명도 얻었다.

카카오톡은 출시 6개월인 2010년 9월 가입자 100만 명, 2011

년 4월 1,000만 명, 2011년 7월 2,000만 명을 넘어서며 폭풍 성장했다. 현재 카카오톡의 월간 실제 이용자는 4,800만 명 안팎으로 전체 다운로드 건수는 1억 회가 넘는다. 사람들의 반응이 좋자 아이위랩은 기업명을 카카오로 바꾼다. 이용자는 빠르게 늘어났으나 무료 서비스라 수익은 한 푼도 없었다. 이용자가 늘어나는 만큼 서버와 인력을 확충해야 하므로 적자는 계속됐다. 카카오는 김범수 의장의 창업 자금으로 버텼다.

마땅한 수익원이 없던 카카오톡은 2012년 7월 선보인 '카카오 게임'으로 본격적으로 돈을 번다. 7개 게임사의 10개 게임으로 시작한 카카오게임은 현재 400여 파트너사, 600여 개 이상의 다양한 장르 게임을 소개하는 모바일 게임 플랫폼의 터줏대감이 됐다.

무섭게 성장한 카카오는 2014년 10월 다음커뮤니케이션과 합병해 '다음카카오'로 출범한다. 다음이 카카오보다 역사가 길고 덩치도 컸지만 합병 비율과 지분 구성 면에서 카카오가 다음을 흡수합병하는 형태였다. 2015년 9월 다음카카오는 기업명을 카카오로 바꾼다.

카카오톡은 이제 메신저를 벗어나 간편 결제, 쇼핑, 택시, 대리운전, 인터넷 전문 은행, 미용실, 주차장, 뉴스, 웹툰, 연예 기획사 등으로 사업 영역을 넓히고 있다. 희대의 서비스 카카오톡을 발판으로 온라인과 오프라인을 끊임없이 잇고자 한다. 이 과정에서 카카오는 카카오톡 감청 논란으로 고개를 숙여야 했고, 문어발식 사업 확장이란 거센 비난에 휘말렸다. 이밖에 신사업 마케팅 비용 증가와 검색 광고 매출 하락으로 투자자와 증권 애널리스트들에게 강하게 실적 압박을 받고 있다.

모든 것이 카카오톡이 세상에 나온 지 5년여 만에 벌어졌다. 2010년 3월 처음 출시됐을 때 신문 단신으로 소개되던 카카오는 이제 정치, 사회, 경제 분야에서 좋은 뉴스와 나쁜 뉴스를 골고루 터뜨리는 화제의 중심이 됐다. 카카오 행보는 동화《신데렐라》의 결말처럼 '영원히 행복하게(Happily ever after)'로 마무리 지을 수 있을까? 카카오톡 마법을 만든 유리 구두는 카카오의 비대해지는 덩치를 끝까지 지탱할 수 있을까?

**태풍이 불면
돼지도 난다**

"태풍이 오는 순간에 있으면 돼지도 난다."
태풍이 움직이는 길목에서 미리 준비하고 있으면 강력한 바람에 힘입어 불가능해 보이는 일도 기적처럼 해낼 수 있다. 마치 평생 우리 안에 갇혀 있을 돼지가 하늘 위로 날아다니는 풍경처럼 말이다.

세상을 요동치게 하는 시대의 변화를 읽고 그 흐름에 올라타야 한다는 뜻의 이 표현은 샤오미 창업주 레이쥔 회장이 2014년 베이

징 대학교 강연에서 한 말로 유명해졌다. 성공하려면 실력과 성실함도 중요하지만 적절한 시운을 잡는 것이 더 결정적이란 뜻이다. 반대로 태풍의 움직임을 읽지 못하면 큰 바람에 휩쓸리며 절체절명의 위기에 빠진다. 거대한 변화는 누군가에게 일생일대의 기회고, 누군가에게 위기다. 모바일이란 거대한 바람 앞에서도 누군가는 태풍에 올라탔고, 또 다른 누군가는 튕겨졌다.

한국으로 눈을 돌려보면 카카오는 휘몰아치는 모바일 태풍에 가장 민첩하게 움직인 기업으로 뽑을 수 있다. 카카오는 스마트폰 시장이 태동한 2010년, 모바일 메신저 '카카오톡'이란 희대의 히트 상품을 만들어내며 모바일 벤처기업 최초로 대기업 반열에 올랐다. 더욱 눈길을 끄는 대목은 카카오 창업주가 게임 포털 한게임(현 NHN엔터테인먼트)을 만든 인물이라는 것이다.

김범수 카카오 이사회 의장은 한게임과 카카오로 각각 PC 시대와 모바일 시대를 대표하는 기업을 두 번씩이나 만들어냈다. 단순히 운만으로 성공 요인을 설명하기는 어렵다. 태풍의 흐름을 꿰뚫는 눈은 어디에서 왔을까? 다가올 변화를 감지해 미래 이용자의 필요를 적중하는 서비스는 어떻게 만들어냈을까?

카카오톡은 국내 최초의 모바일 메신저도 아니고 아주 걸출한 특수 기술이 있던 것도 아니었다. 후발 주자임에도 수많은 유사 서비스를 따돌리고 성장시킬 수 있던 원동력은 분명 존재했다. 벤처

업계에서는 창업할 때 돈과 아이템을 보지 말고 사람을 보란 격언이 있다. 아무리 많은 돈과 참신한 아이템이 있어도 경영은 결국 사람이 하기 때문이다. 인물을 알아야 그 기업을 안다. 김범수 의장을 먼저 짚어본다.

■ ■ ■

미래에 대한 촉을 세워라

누구나 미래를 궁금해한다. 입사 시험에 붙을 수 있을까, 진행하는 프로젝트는 성공할까, 앞으로 무엇이 유행할까 등등 앞으로 벌어질 일을 알고 싶어 한다. 하지만 변화의 속도가 점점 빨라지는 시대에 1년 뒤, 10년 뒤 미래가 어떻다고 예측하는 것은 오답이 될 가능성이 크다. 정보 통신 기술이 발전하면서 불확실성은 더욱 커지고 있다. 이 때문에 미래에 대한 호기심은 두려운 감정과 뒤섞인다. 미래는 아직 오지 않은 것[未來]이기 때문에 어떠한 모습으로 나타날지 알 수 없다.

하지만 미래는 현재라는 가면을 쓰고 이미 드넓게 퍼져 있다. 어떤 현상이 미래가 될 수 있겠다는 감을 잡으면 미래는 두려움의 대상이 아닌 기회의 발판이 된다. 미래를 알고 미래에 대비하려면 이를 감지하는 촉을 먼저 세워야 한다. 2009년 11월 애플의 '아이폰'이 우리나라에 들어오면서 스마트폰 시장이 본격적으로 달아오른다. 어떤 사람들은 스마트폰을 일시적 유행으로 봤고, 어떤 사람들은 스마트폰이 대세를 완전히 뒤엎을 것으로 예상했다. 스마트폰의 활성화, 애플리케이션 생태계에 대해서도 의견은 엇갈렸다. 지금은 스마트폰이 생활 판도를 바꾸어놓았지만 불과 몇 년 전까지만 해도 스마트폰을 받아들이는 시각은 다양했다. 스마트폰을 기회로 본 사람들 중에는 카카오 창업주 김범수 의장도 있었다. 김 의장은 스마트폰이라는 새로운 연결 수단에 맞는 커뮤니케이션 애플리케이션이 필요하다고 생각하여 2010년 3월 카카오톡을 선보였다.

그는 PC통신 시절에 '유니텔', 인터넷 시대에는 '한게임', 모바일 시대에는 '카카오'를 만들어내면서 IT 업계에서 획을 긋는 기업들을 키워냈다. 이 때문에 한때 김 의장은 중국과 일본에서 '미래에서 온 사람'이라고 불리기도 했다.

김 의장에게 미래를 예견하는 특별한 능력이 있는 것은 아니다. 그 자신도 "시대 변화가 빨라지면서 몇 년 뒤 미래가 어떻다고 말하는 것은 거짓말이 될 확률이 높다"고 말한 바 있다. 하지만 "미래를 맞출 수는 없지만 어떤 것이 미래가 될 것 같다는 느낌은 꼭 가져야 한다"며 "그 느낌을 바탕으로 세상에 뛰어들 용기만 있다면 미래를 걱정할 일이 없을 것"이라고 했다.

김 의장은 1990년대 초 PC통신을 보고 '연결'이 미래의 테마가 되겠다는 촉을 세웠다. 대학원 시절 우연히 후배의 하숙집에 놀러갔다가 PC통신을 처음 접했다. 파란색 화면 속 전자 게시판(BBS, Bulletin Board System)에서 사람들이 채팅을 하고 무협소설을 나누는 광경은 기존에는 없던 소통 방식이었다. 김 의장은 공간 제약이 없는 온라인 커뮤니케이션에서 새로운 세계가 열릴 것임을 직감했다.

사람들의 가장 오래된 커뮤니케이션 방식은 대면 대화다. 직접 마주 보며 대화하는 방법은 가장 본질적이긴 하지만 공간 제약이 따른다. 이후 문자와 종이가 발명되면서 편지가 발달했지만 우편을 주고받는 시간 때문에 신속한 소통이 어렵다. 전화는 커뮤니케이션의 혁신을 불러왔지만 서로 모르는 사람을 연결하긴 어렵고 밤늦게 통화하기 불편한 경우가 많다.

하지만 PC통신은 거리가 멀리 떨어져 있어도, 설령 잘 알지 못하는 사이더라도 24시간 내내 대화 문턱의 장벽을 낮춘다. 커뮤니케이션 방식이 진화하면서 시공간을 초월하는 다른 세계가 펼쳐지는 것이다.

PC통신에 푹 빠진 김 의장은 급기야 대학원 졸업 논문 주제를 PC통신으로 바꿨다. 그는 논문을 쓰면서 연구실 사람들에게 "PC통신은 학술적 주제로 다루기에 지나치게 세속적이다"는 핀잔을 들어야 했다. 우여곡절 끝에 PC통신을 주제로 석사 과정을 마친 김 의장은 삼성데이터시스템(현 삼성SDS)에 들어갔다. 당시 대부분의 공대생들이 삼성전자와 삼성물산에 지원한 것과 다른 선택이었다. 김 의장은 삼성SDS에 들어가면 컴퓨터를 마음껏 쓸 수 있다고 생각했다. 비슷한 시기 삼성SDS에 입사한 동료로 네이버(구 네이버컴)를 창업한 이해진 의장이 있다. 이 의장 역시 컴퓨터를 제대로 다뤄보고 싶다는 마음에 삼성SDS에 들어갔다.

훗날 김 의장과 이 의장은 각각 한게임과 네이버를 전략적으로 합병해 NHN이란 국내 최대 IT 서비스 기업을 만들어낸다. NHN은 2013년 각각 NHN엔터테인먼트와 네이버로 분사한다. 만일 김범수 의장과 이해진 의장이 당시 인기 있던 삼성전자나 삼성물산에 들어갔다면 오늘날 한게임, 네이버, NHN은 없었을 것이다. 시대의 걸출한 기업은 우연한 인연에서 운명처럼 탄생했다.

김 의장의 삼성SDS 입사 과정에서 눈길을 끄는 일화가 있다. 그는 삼성SDS 정식 채용 기간이 아닌데도 불쑥 찾아가 입사 지원서를 제출했다. 삼성SDS가 컴퓨터를 원 없이 다룰 수 있는 직장이란 생각에 면박당할 각오를 무릅쓰고 문을 두드린 것이다. 때로는 무모해 보여도 마음이 끌리는 대로 가는 것이 더 큰 결과를 낳기도 한다.

2013년 대학생들과의 강연에서 김 의장은 "PC통신에 관심을 갖게 되고, 컴퓨터를 공부해야겠다고 마음을 먹고 무작정 삼성SDS에 원서를 냈다"며 "나는 어떤 일을 할 때 너무나도 고민이 많

다. 돌이켜보면 부질없는 잡념과 망설임이 대부분이더라. 마음을
굳힌 그 순간 실천하는 태도가 인생을 바꿨다"고 말했다.

난 파란 피가 흘러: 우리나라 4대 PC통신

"난 파란 피가 흘러." 날카로운 것에 베인 손가락 끝에서 빨간색 대신 파란색의 피가 묻어 나온다. 2000년 나우누리의 광고는 신인 모델 정은아가 "난 파란 피"를 외치고 끝이 난다. 다소 난해한 이 영상은 'PC통신을 쓰는 사람은 기존 세대와 흐르는 피 자체가 다른 밀레니엄 신세대'란 점을 강조한다.

천리안, 하이텔, 나우누리, 유니텔은 우리나라 4대 PC통신으로 꼽힌다. 가장 늦게 나온 유니텔을 빼고 3대 PC통신으로 부르는 경우도 있다. PC통신을 이용하려면 전화 모뎀으로 접속해야 했는데 모뎀 특유의 접속음 '삐비빅~'은 다른 공간의 낯선 사람들과 만나는 연결 소리이기도 했다. PC통신에서 이용할 수 있는 기능은 게시판과 채팅이 대표적이었고 인기 무협지가 극비리에 유통되는 공간이기도 했다. 1997년 영화 〈접속〉에서 PC통신은 한석규와 전도연을 이어주는 매개로 등장하며 영화 관객이 늘어날수록 PC통신 가입자도 증가하는 현상을 보인다. 당시 영화 속 PC통신은 유니텔로 삼성SDS가 마케팅 차원에서 참여했다.

PC통신이 번성하던 시기는 1990년대 후반으로, 이 시기 광고들에는 2000년 밀레니엄 혼란기에 맞춘 독특하면서도 다소 난해한 스타일이 많았다. 1999년 유니텔과 천리안은 각각 당대 톱스타였던 김희선과 유지태를 모델로 기용했는데 서비스에 대해서는 아무런 설명을 하지 않는다. 울적

한 날을 보내던 김희선은 어떠한 계기로 즐거운 세상을 만나고, 유지태가 부는 풍선껌에는 '@'만 적혀 있다. "난 파란 피"라는 다소 섬뜩한 광고 카피로 화제를 모은 나우누리는 광고를 송출하기 전, 나우누리 회원을 초청해 시사회를 열며 팬 커뮤니티를 꾸렸다. 치열한 경쟁을 벌인 4개 PC통신사 가운데 이용자 수는 하이텔이 가장 많았다.

PC통신은 신개념 커뮤니케이션으로 한 시대를 풍미했지만 초고속 인터넷 보급과 함께 하락세를 겪다가 2015년 천리안을 끝으로 모두 역사 속으로 사라졌다. 이제는 인터넷 연결선과 상관없이 모바일 기기로 언제 어디서나 무선 인터넷을 즐기는 세상이다. 그럼에도 PC통신 특유의 디지털 경험을 그리워하는 팬들은 여전히 많다.

6개월 뒤를 예상하라

김범수 의장은 첫 직장인 삼성SDS에서 양식 편집기인 '폼 에디터(Form Editor)', 호암 미술관 소장품 화상 관리 시스템 개발에 참여했다. 평범한 직장 생활을 하던 김 의장에게 인생을 뒤흔드는 소식이 들려왔다. 삼성SDS가 소프트웨어를 개발할 줄 아는 사내 직원을 모집한다는 공지를 낸 것이다.

당시 삼성SDS는 PC통신 사업에 진출하기 위해 태스크포스(TF) 팀을 꾸리고 있었다. 다만 아무리 삼성이어도 PC통신 시장에서는 후발 주자라 불리했다. 삼성SDS는 새로운 방식의 PC통신을 만들고자 했다. 김 의장에게 큰 기회가 찾아온 것이다. 대학원 시절부터 PC통신에 관심이 많았던 김 의장은 태스크포스팀에 지원했다. 김 의장은 '유니텔' 스태프로서 PC통신의 개발부터 서비스 전 과정에 참여할 수 있었다. 대학원 시절부터 가져온 PC통신에 대한 관심을 실무에 접목시키며 시야를 넓혔다.

그는 소프트웨어 개발 업무를 맡았지만 컴퓨터 프로그래밍을 오랫동안 공부한 전산학, 컴퓨터공학과 출신 동료들에 비해 실력이 떨어지는 것을 실감했다. 초조해진 그는 6개월 뒤를 떠올렸다. '6개월 뒤 최고가 될 수 있는 방법은 무엇일까?', '6개월 뒤 사람들은 어떤 사용자 경험을 원할 것인가?', '지금 처한 상황과 그동안의

노력을 바탕으로 6개월 뒤 어떤 차별화된 경쟁력을 가질 것인가?'
등의 질문을 했다. 6개월이란 숫자는 대략적인 시간 감각이었다.
1년 이상은 너무 길어 예측이 어렵지만 6개월은 너무 짧지 않고
적당하다.

당시 IT 업계에서는 '앞으로 마이크로소프트의 윈도우가 뜰 것
이다'란 소문이 퍼지고 있었다. 6개월 뒤의 일을 극심히 고민하던
김 의장은 이 말을 흘려듣지 않았다. 그는 윈도우에서 힌트를 얻고
윈도우를 집중적으로 파기로 했다. 1990년대 컴퓨터 언어로 코볼
(COBOL), 포트란(FORTRAN) 등이 많이 쓰였지만 김 의장은 이것
들을 건너뛰고 윈도우에 쓰이는 C++ 언어만 공부했다.

기회는 준비된 자에게 온다는 말처럼 절묘한 타이밍이 다가왔
다. 삼성SDS가 윈도우 기반의 프로젝트를 수주한 것이다. 하지만
사내에서 윈도우를 아는 사람이 별로 없었다. 김 의장은 윈도우를
한창 공부하는 입장이었지만 남들보다 6개월 먼저 터득한 공력으
로 윈도우 사내 강사가 됐다. 김 의장의 발 빠른 윈도우 숙지는 높
은 평가를 받는다. 불과 6개월 전까지 평범한 개발 실력을 지닌 스
태프가 사내 최고 윈도우 전문가가 된 것이다. 김 의장의 예상대로
약 6개월 후 컴퓨터 업계의 흐름이 윈도우 중심으로 재편됐고, 동
료들에게 뒤처지던 그는 윈도우만큼은 남들보다 뛰어난 개발자로
자리매김했다.

김 의장은 유니텔 태스크포스팀에서 3년 동안 프로그램 개발부터 기획, 설계, 유통에 이르기까지 전 과정을 두루 맡았다. 개발자 출신으로서는 드물게 기획, 마케팅까지 모두 경험하면서 이는 훗날 한게임과 카카오를 창업할 때 든든한 자양분이 된다.

윈도우 사건 이후로 김 의장은 '6개월 이론'을 만들었다. 6개월 뒤를 감안하여 현재 무슨 일을 해야 할지 결론을 내릴 수 있다면 남보다 앞설 수 있다는 것이다. 김 의장은 '6개월 이론'이 언제 어떤 상황에서도 적용됐다고 밝혔다.

경쟁력을 확보하는 원천은 크게 두 축에서 나온다고 볼 수 있다. 남보다 잘하거나 남들과 다르거나. 이 둘을 합쳐서 남들과 다른 분야에서 잘하면 경쟁력은 배가된다. 다른 사람들이 많이 도전하고 활동하는 분야에서 두각을 드러내는 것도 분명 중요하다. 다만 이런 분야는 대부분 경쟁이 치열한 레드오션이고 장기적인 인생 플랜으로 길게 끌고 가기에는 무리가 있다. 때로는 남들이 시도하지 않는 분야에 뛰어드는 것도 전략이 될 수 있다. 여기서 두각을 나타내면 독보적인 지위를 누릴 수 있다.

. . .

한게임, 퀴즈 이벤트에서 떠올리다
남들과 다른 분야에서 실력을 쌓고 있으면 분명 기회는 온다. 김 의장은 윈도우 사내 강사로 활동하면서 1996년 유니텔 출시 전 과정에 참여했다. 사람과 사람을 연결하는 네트워크에 관심이 많던 그는 이후 유니텔 클라이언트 프로그램 '유니윈 2.0'과 업그레이드 버전 '유니윈 98'을 설계·개발하면서 인터넷을 더 깊이 이해하게 됐다. 유니텔은 윈도우 기반의 간편하고 세련된 디자인, 그림 아이콘을 마우스로 클릭해 이용하는 방식, 영화 〈접속〉 홍보 효과 등으로 후발 주자임에도 시장에 빠르게 파고들었다.

무엇보다 유니텔의 이름을 알린 것은 OX 퀴즈였다. 삼성SDS는 유니텔 홍보를 알리기 위해 OX 퀴즈 이벤트를 벌였는데 8만 명이 응모하는 대흥행을 거뒀다. 삼성SDS는 이건희 삼성 그룹 회장이 국제올림픽위원회(IOC) 위원에 당선된 것을 기념하는 퀴즈를 냈다. 우리나라의 88 올림픽을 기념하고자 퀴즈는 88개 문제로 구성됐고 이 문제를 모두 푼 참여자에게 경품을 증정했다. 유니텔 이용자들은 퀴즈 이벤트에 열광했다. 이후 PC통신에 퀴즈 소모임 유행이 불기도 한다. 온라인에서의 놀이 문화 열기는 뜨거웠다. 김 의장은 유니텔 퀴즈 이벤트에서 '게임'을 떠올렸다. PC통신은 채팅과 소설, 소모임 등의 정보 교류만으로도 인기를 끌었지만, 김 의장은 여기에 게임 콘텐츠를 더하면 그 파괴력은 더 클 것이라고 예상했다. 오래전부터 내려오는 바둑, 체스, 포커, 화투 등의 보드게임을 온라인에서 즐기는 모습을 상상했다. 보드게임을 하고 싶어도 같이할 상대를 구하기 어려울 때 온라인으로 연결하면 반응이 좋을 것 같았다. 소소해 보일 수 있는 올림픽 퀴즈 이벤트에서 인생을 거는 사업 기회를 포착한 것이다.

그 시기 초고속 인터넷이 전국에 빠르게 보급되면서 통신망의 중심이 PC통신에서 인터넷으로 넘어가고 있었다. 인터넷 전국망 구축이 정부의 정보 통신 정책으로 선정됐기 때문이다. 정부 정책뿐 아니라 온라인 게임 스타크래프트의 폭발적 인기, IMF 외환 위기로 인한 PC방 창업 붐, 닷컴 벤처 열풍 등으로 인터넷은 온라인 시대의 대세가 됐다. '월드와이드웹(www)'으로 대변되는 인터넷은 PC통신보다 국제적이고 개방성이 뛰어났다. 유니텔 이용자는 유니텔 통신망을 이용해서만 다른 이용자들과 교류할 수 있었다. 천리안, 하이텔, 나우누리도 같은 상황이었다. 경쟁 PC통신 사업자들 간의 정보 교류도 어려웠다. 유니텔에서 천리안 게시판을 보고 싶어도 건너갈 수 없었고 이는 해외도 마찬가지였다. 하지만 인터넷은 가입 회사에 상관없이 'www'로 시작하는 인터넷 주소만 치면 전 세계 온라인 바다를 누빌 수 있다. 더욱이 인터넷은 PC통신보다 요금이 저렴하고 속도도 빨랐다. 인터페이스도 훨씬 간결해 사용하기 쉬웠다.

김 의장은 유니텔 퀴즈 이벤트와 인터넷 대중화에서 또 한 번 미래를 예감한다. '누구나 재밌게 모여 즐길 수 있는 인터넷 게임 공간을 만들자.' 그때까지만 해도 온라인 게임은 소수의 마니아가 즐기는 놀이 문화였다. 게임은 동네 오락실에 가거나 소니의 플레이스테이션 같은 고급 콘솔 기기가 있어야만 집에서 즐길 수 있는 콘텐츠였다. 컴퓨터 게임을 하려면 값비싼 CD를 구입해 설치해야 하고 친구들과 같은 게임을 하는 네트워크 기능이 극히 드물었다.

김 의장은 온라인 게임 포털을 창업 아이템으로 구체화했다. 인터넷은 PC통신보다 저렴하고 속도가 빨라 대중성이 뛰어나다. 이는 사람과 사람을 연결하는 속도가 더욱 빨라지는 것을 의미한다. 사람 간의 연결이 빨라지면 더 많은 사람이 연결될 수 있고, 개인마다 인터넷을 통해 새로운 세상과 만나는 접점도 넓어진다. 게임은 여러 명이 모여 함께해야 재밌다. 어떤 게임은 혼자서 하기 어려워 함께 즐길 상대를 찾아야 한다. 이때 인터넷은 게임 친구를 빠르고 손쉽게 연결해준다. 성별과 나이에 상관없이 거리가 멀리 떨어져 있어도 시간만 맞으면 게임을 함께 할 수 있다.

김 의장은 대학 시절부터 즐겨 했던 바둑, 포커, 화투 등의 보드게임을 온라인에 접목시키기로 했다. 처음 만나는 온라인 사용자끼리 바둑을 두고 화투를 치는 수요가 많을 것 같았다. 본인 스스로 게임을 좋아하고 즐겼기 때문에 이 분야에 대해 어느 정도 자신이 있었고, 인터넷과 게임을 적절히 결합하면 빠른 시간 안에 대중화될 것이라는 확신이 생겼다. '가장 자신 있는 곳에서 시작하라'는 창업의 기본 원칙에 따라 충분히 해볼 만하다고 판단했다. 누구나 건전하게 게임을 즐기는 인터넷 게임 공간을 만들면 게임에 대한 부정적 시선을 바꾸는 순기능도 있다고 봤다.

그는 한게임이란 인터넷 게임 공간을 창업 아이템으로 굳히고 삼성SDS를 나오기로 했다. 자신의 비전에 공감하는 동료 5명도 창업에 동참했다. 다만 가족들은 안정적인 대기업을 다니던 김 의장의 창업 선언을 이해하지 못했다. '인터넷 게임 공간'이란 사업 아이템은 매우 생소한 데다 IMF 외환 위기 여파로 경기가 냉랭할 때라 미래가 불투명했다. 김 의장은 인터넷 시대에 하고 싶어 하는 일에 대해 가족들과 끊임없이 대화를 나누었다. 가족들은 고심 끝에 김 의장의 선택을 지지했다.

게임의 쾌감은 결과를 알 수 없는 긴장감, 이기고 싶다는 승부욕에서 나온다. 게임을 좋아하던 김 의장에게 창업은 인생을 건 또 다른 게임이었다. 김 의장은 한게임을 창업하면서 이렇게 말했다. "나를 긴장시키고 몰입할 수 있는 순간이 좋다. 그래서 게임은 다 좋아한다. 나의 모든 놀이 문화에는 이러한 승부가 중심이 됐다."

■ ■ ■

미션 넘버 원, 창업 자금 마련을 위한 PC방 사업?

김범수 의장이 삼성SDS를 나와 가장 먼저 창업한 것은 엉뚱하게도 PC방이었다. 온라인 게임 공간이란 사업 아이템에 확신은 있었지만 밑천이 없었다. 창업 동료들에게 월급을 주지 못할 상황까지 닥치자 PC방을 떠올렸다. 한게임 창업에 필요한 자금을 모으고 PC방에서 자신이 만든 게임을 테스트하기 위한 목적이었다. 1990년대 PC방은 소규모 창업의 대명사였지만 김 의장은 집 담보 대출까지 받아가며 약 3억 원을 마련했다. 이 돈으로 1998년 6월 당시 전국 최대 규모의 PC 방을 서울 행당동 한양대학교 앞에 차렸다. 시장을 장악하려면 큰 규모로 해야 한다는 과감한 전략이었다. PC방 이름은 '미션 넘버 원'이었다. 온라인 게임에서 1등을 하겠다는 야심 찬 간판이었다.

PC방은 기대 이상으로 잘됐다. 예약하지 않으면 자리가 없을 정도로 문전성시를 이뤘다. 주변에서 PC방 1시간에 1,000원을 받을 때 2,000원을 받아도 항상 만석이었다. 김 의장은 손님을 받으면서 PC방 한쪽 구석에서 한게임 창업 준비를 했다. PC방 운영에서 창업 자금을 만들기 위해 PC방 관리 프로그램 판매, 프랜차이즈 도입 등의 수익 사업을 벌였다.

특히 PC방 관리 프로그램 '미션데스크'는 PC방 업주들로부터 큰 관심을 받았다. 지금이야 모든 PC방이 손님의 PC방 이용 시간과 요금을 계산하는 관리 프로그램을 쓰지만 당시만 해도 매우 혁신적인 방식이었다. 1990년대만 해도 PC방 업주들은 노트에 손님들의 PC방 이용 시간을 손으로 적어가며 요금을 청구했다. PC방 관리 프로그램은 김 의장 창업 동료였던 문태식 현 마음골프 대표가 만들었다. 문 대표는 삼성SDS에서 개발을 담당했던 삼성의료원 주차 관리 프로그램에서 아이디어를 얻었다. 주차 관리 프로그램은 입차와 출차 시간을 계산해 주차비를 청구하는 시스템이고 PC방 관리 프로그램 역시 고객의 이용 시간을 자동으로 계산해 요금을 알려주는 방식이다. PC방 업주들은 획기적인 자동 요금 정산 프로그램에 열광했다.

'미션 넘버 원' 운영진들은 PC방 과금 프로그램을 한게임 홍보 수단으로 활용했다. 그들은 동네 PC방을 찾아다니며 프로그램을 홍보했다. PC방 관리 프로그램을 설치하면서 프로모션 형태로 한게임을 컴퓨터의 바탕화면에 깔았다. PC방 업주들 입장에서는 어려운 일이 아니었다. 이 시기 동네 PC방을 찾아다니며 PC방 관리 프로그램을 깔아준 이가 남궁훈 현 카카오게임즈 대표다. 그도 삼성SDS 출신으로 자신만의 사업을 하기 위해 회사를 나온 터였다.

PC방 '미션 넘버 원'은 분점을 내는 등 성장 궤도에 올랐다. 그러나 김범수 의장은 PC방 관리 프로그램은 한게임 창업을 위한 수단이지 목적이 될 수 없다고 판단했다. PC방 사업이 안정되자 그는 한게임에 선보일 게임을 본격적으로 만들었다. 한게임의 대표 게임 고스톱, 바둑, 포커 등은 6개월간 집중적으로 개발됐다. 김범수 의장은 PC방을 운영해 마련한 사업 자금 5,000만 원을 갖고 1998

년 1월 한게임커뮤니케이션을 설립했다. PC방 사업은 한게임이 발전하는 데 산파 역할을 할 것이라고 생각해 섣불리 접지 않았다.

한게임은 1999년 12월 1일 정식으로 운영을 시작했다. 모든 게임을 무료로 서비스했다. 그동안 PC방 관리 프로그램으로 마케팅 씨앗을 뿌려둔 덕분에 한게임은 입소문을 빠르게 타며 가입자를 불려나간다. PC방 이용자들은 컴퓨터의 배경화면에 깔린 한게임 아이콘을 클릭하며 고스톱, 포커, 바둑을 즐겼다. 서비스를 시작한 지 한 달 만에 한국기술투자로부터 10억 원을 투자받았고, 3개월 만에 회원수 100만 명을 돌파했다. 닷컴 비즈니스에서 사상 초유의 일이었다. 놀라운 성장은 거듭돼 한게임은 2000년 2월에 회원수 200만 명을 넘어서며 덩치를 불려나갔다.

한게임의 번창은 기쁘면서도 걱정스러운 일이었다. 회원 수가 빠르게 늘어날수록 관리 비용도 증가했다. 급증하는 동시 접속자를 감당하려면 서버를 확충하고, 이를 담당하는 운영진도 신규 채용해야 한다. 서버 담당자뿐 아니라 경영 지원과 개발을 맡을 인력도 필요했다. 시설을 늘리고 사람을 뽑는 일은 이래저래 돈이 드는 일이었다. 하지만 한게임은 무료 서비스였기에 자체적인 수입이 없었다. PC방 매출로는 성장하는 한게임 서비스를 감당하기에 역부족인 순간이 왔다. 김범수 의장은 위기 의식을 느꼈다.

왜 IT 벤처 창업자들은 86학번이 많을까?

1966년생	김범수(전 NHN 공동 대표, 카카오 의장), 이석우(NHN 이사, 전 다음카카오 공동 대표)
1967년생	이해진(전 NHN 공동 대표, 네이버 의장), 김택진(엔씨소프트 대표), 송재경(넥슨 창업 멤버, 엑스엘게임즈 대표), 최세훈(다음커뮤니케이션 대표 · 다음카카오 공동 대표), 김상범(넥슨 창업 멤버 · 전 넥슨 이사), 김정호(전 NHN 한게임 대표, 베어베터 대표)
1968년생	이재웅(다음커뮤니케이션 창업주 · 전 대표), 김정주(넥슨 지주회사 NXC 대표), 방준혁(넷마블게임즈 의장), 배인식(그래텍 이사회 의장), 양승현(코난테크놀로지 최고 기술 책임자)

카카오, 네이버, 다음커뮤니케이션, 넥슨. 이들 IT 기업의 창업주들에게는 독특한 공통점이 있다. 출신 학교는 달라도 86학번, 1960년대 중후반 출생, 대학생 시절 PC통신을 접한 세대, 1990년대 PC통신, 인터넷 회사에 다니거나 직접 IT 기업을 창업한 점 등이다. PC통신 '하이텔'의 커뮤니티 '여의도 통신 동호회'는 IT에 관심 많다는 이들의 성지였다. 이들이 걸출한 기업을 세운 배경에는 절묘하게 맞아떨어진 시대적 타이밍이 있었다. 말콤 글래드웰은 《아웃라이어》에서 성공하기 위해서는 개인의 노력은 물론 시대의 흐름을 타고나는 것도 중요하다고 밝힌다. 아웃라이어는 행동과 성과가 남들보다 돋보이는 사람들을 뜻한다. 말콤 글래드웰은 마이크로소프트를 만든 빌 게이츠(1955년생)와 스티브 발머(1956년생), 애플 창업주 스티브 잡스(1955년생) 등이 동년배인 이유가 미국 온라인 산업 태동기와

무관하지 않다고 설명한다. 우리나라에서도 대한민국 IT 업계에 획을 그은 '아웃라이어'들이 정보 통신의 급변기에 다수 나타났다.

우선 김범수 카카오 창업주와 이해진 네이버 창업주는 삼성SDS 입사 동기로 86학번이다. 김범수 창업주는 1966년생이지만 한 번 재수를 해서 86학번이 됐다. 이재웅 다음 창업주는 이해진 창업주의 동네 친구였다. 당시 두 사람은 고등학교는 달랐지만 아파트 위아래 층에 산 인연으로 어머니들 소개로 친구가 됐다. 이후 IT에 대한 공통된 관심사 덕분에 두 사람은 막역한 사이로 지내면서 각각 토종 포털 '다음'과 '네이버'를 만들며 선의의 경쟁을 벌인다.

김정주 넥슨 창업주 및 넥슨 지주회사 NXC 대표는 이해진 의장과 카이스트 대학원 기숙사에서 같은 방을 썼다. 두 사람은 전산학을 전공했는데 카이스트 연구실에 있는 컴퓨터를 마음껏 사용하며 인터넷 시대에 대비할 수 있었다. 김정주 창업주와 이해진 의장 기숙사 옆방에는 송재경 엑스엘게임즈 대표와 김상범 전 넥슨 이사가 있었다.

김정주 창업주는 중학교 3학년 때 당시로는 무척 귀했던 개인용 컴퓨터를 선물받은 뒤 컴퓨터와 관련된 일을 하겠다고 마음을 먹었다. 넥슨의 데뷔작인 '바람의 나라'는 1996년 당시 국내 최초 그래픽 기반의 다중접속역할수행게임(MMORPG)이다. 당시 바람의 나라의 그래픽은 투박했고, 조이스틱을 이용한 콘솔 게임보다 게임성이 뛰어나지도 않았다. 그런데도 엄청나게 흥행한 이유는 여러 명의 이용자가 동시에 플레이를 한다는 색다른 게임 경험을 선사했기 때문이다. '기존의 것과 전혀 다른 경험을 제공하라'는 명제는 이제 IT 서비스의 보편적 가치가 됐다.

바람의 나라는 '천재 개발자'로 불리는 송재경 대표와 함께 만들었다. 이

게임은 신일숙 작가의 고구려를 배경으로 한 판타지 만화가 원작인데 평소 만화를 즐기던 송 대표가 영감을 얻어 게임 세계관에 반영해 공전의 히트를 기록한다. 송 대표는 엔씨소프트의 MMORPG인 '리니지' 개발에도 참여한 뒤 엑스엘게임즈를 창업했다. 그는 대표이면서도 직접 컴퓨터 앞에서 게임을 개발하는 실무형 대표로 활약하고 있다. 김상범 전 넥슨 이사 역시 넥슨 창업 멤버로 넥슨이 글로벌 게임 기업으로 성장하는 데 일조했다.

NHN 탄생, 합병으로 약점을 보완하라

흔히 카카오와 네이버를 경쟁사로 본다. 각각 검색 포털 사이트인 다음과 네이버, 모바일 메신저인 카카오톡과 라인 등 겹치는 서비스가 많기 때문이다. 오묘한 점은 카카오와 네이버가 과거 한 솥밥을 먹던 사이였다는 사실이다. 김범수 카카오 창업주와 이해진 네이버 창업주는 삼성SDS 기술연구소를 같이 다닌 회사 동료였다. 이후 김 의장은 한게임을 창업하기 위해 회사를 나왔고, 이 의장은 삼성SDS 사내 벤처로 시작한 네이버가 독립함으로써 두 사람은 인터넷 시대를 대표하는 기업가로 변신한다. 2000년 한게임과 네이버는 시너지 효과를 내기 위해 NHN이란 합병 기업으로 뭉쳤는데 이때 김범수 의장과 이해진 의장은 공동 대표를 맡았다.

한게임과 네이버의 합병은 우리나라 비즈니스 역사상 가장 성공적인 합병 사례로 꼽히고 있다. 해외의 유명한 경영대학원과 비즈니스 스쿨에서도 NHN을 연구하기 위해 찾아올 정도였다. 한게임은 늘어나는 이용자를 감당하기 위한 자금이 필요했고, 네이버는 이용자를 끌어모아 수익 모델을 만드는 서비스가 필요했다. 김범수 의장과 이해진 의장은 삼성SDS의 인연을 바탕으로 인터넷 비즈니스에 대한 생각과 창업가로서의 뜻이 잘 맞아 자주 만났다. 이 과정에서 자연스럽게 한게임과 네이버가 공동 마케팅을 벌이며 합병 청사진을 그리기 시작했다. 한게임과 네이버는 서로 갖지 못한 장점이 있어 합병하면 단점을 보완하는 차원을 넘어 어마어마한 시너지를 낼 것이라고 판단했다. 두 회사가 합치면 한게임은 자금난에서 숨통을 틔우고, 네이버는 야후와 라이코스 등 외국 기업에 맞서 수많은 회원을 단숨에 유치할 수 있다.

그러나 합병이 순탄하게 이뤄진 것만은 아니다. 당시 한게임과 네이버는 각각 커다란 사업적 변화를 겪는 상태였다. 당시 네이버는 애초 새롬기술과 합병을 하려 했지만 합병 방법에 대한 의견 차이로 무산되는 진통을 겪었다. 한게임은 자금난을 해결할 막대한 투자 제의를 받은 상태였고 네이버가 아닌 더 영향력이 큰 포털 사이트와의 합병도 고려해볼 상황이었다.

직원 설득도 만만치 않은 과제였다. 네이버와 한게임의 합병 비율은 4 대 1이었는데 한게임이 밀리는 것처럼 비춰져 합병에 반감을 갖는 분위기도 있었다. 김범수 의장과 이해진 의장이 공동 대표 체제로 합병 법인을 운영하기로 했지만 네이버 지분율이 압도적으로 높았기 때문에 한게임과의 융합에 진통이 있을 것이란 해석이 나왔다. 이밖에도 인터넷보다 게임 비즈니스에 더 비전이 있으니 합병이 필요 없다는 한게임 내부 의견도 우세했다.

김범수 의장은 직원들에게 합병의 당위성과 시너지 효과를 설파하는 데 상당한 공을 들였다. 김 의장은 외부의 평가와 시선에는 특별히 대응하지 않는 스타일이다. 그러나 사내 이슈에 관해서는 면담이든 동영상 대화로든 적극적으로 해명한다. 그는 "디지털 시대에는 0과 1만이 존재할 뿐이고 인터넷 업계에서 넘버원이 되지 않고서는 생존할 수 없다고 설득했다. 한게임과 네이버가 합병하면 이제 막 태동기에 있는 우리나라 인터넷 시대를 주도하는 강력한 회사가 될 것이다"라고 회고했다. 1등이 아니면 의미가 없는 냉혹한 IT 세계에서 살아남으려면 자신이 갖지 못한 것을 지닌 기업과 손잡는 것이 최선의 방법이었다. 2000년 한게임과 네이버는 역사적인 합병을 발표했다.

이 합병은 검색 솔루션 개발사 서치솔루션과 마케팅 회사 원큐까지 합해 네 개의 회사가 손을 잡는 대규모 인수 합병이었다. 인수 합병의 주체는 네이버였다. 다른 세 개 회사를 인수 합병한 네이버는 한게임의 게임, 서치솔루션의 검색 기술, 원큐의 마케팅 노하우를 보유하게 됐다. 합병 뒤 네이버의 자본금은 22억 원, 직원 수는 100여 명에 달했다.

한게임의 엄청난 트래픽과 막강한 회원 수를 기반으로 네이버는 급성장했다. 합병 이후 네이버는 포털 사이트 만년 5위의 한계를 벗어나 1초에 7,400여 개의 검색이 이뤄지는 시장 지배적 사업자가 됐다. 네이버의 국내 포털 사이트 점유율은 80% 안팎으로, 2007년 이후 10년 넘게 줄곧 1위를 달리고 있다.

합병 효과는 기대 이상이었다. 두 회사의 합병이 성공할 수 있었던 요인은 무엇이었을까? 타이밍, 서비스, 경영 전략, 임직원 단합과 노력 등이 빠질 수 없다. 이에 더해 김범수 의장은 이해진 의장과의 두터운 신뢰 관계가 결정적인 성공 요인이었다고 평한다. 그는 "두 CEO의 신뢰는 곧 양사 직원들의 융화와 조직 관리에서도 빛을 발하기 시작했다. 이해진 CEO는 지난 3년 5개월간 공동 대표 체제를 유지하며 사업을 이끌어간 나의 가장 중요한 사업 파트너이자 친구이자 조언자다"라고 회고한다. 카카오와 네이버, 네이버와 카카오는 불과 몇 년 전까지 한 배를 타던 동업자였다. 스마트폰 시대에 새로운 라이벌이 되어 선의의 경쟁을 펼치는 점은 흥미진진한 일이다.

한게임과 네이버의 성공적인 합병은, 김범수 의장이 2014년 다음커뮤니케이션과 카카오 합병을 결정할 때도 적잖은 영향을 끼친다. 2000년의 NHN, 2014년의 다음카카오 합병 과정을 보면 다른 시대를 사는 이들의 운명이 비슷하게 전개될 수 있는 '평행 이론'을 보는 듯하다.

다음커뮤니케이션과 카카오 합병의 가장 큰 취지는, 다음커뮤니케이션이 PC 시절부터 쌓아온 검색 기술과 각종 커뮤니티 운영 노하우를 카카오의 모바일 메신저 경쟁력과 합쳐 시너지를 내자는 것이었다. 또한 상장으로 막대한 자금을 수혈하면 신사업에 속도를 낼 수 있다. 무엇보다 카카오 입장에서는 다음커뮤니케이션을 통해 우회 상장하는 장점도 있었다. 카카오는 사세를 급격히 확장하는 과정에서 스톡옵션을 전제로 인재를 충원했기에 상장에 대한 대내외 압박을 꾸준히 받아왔다. 다음과 합병해서 우회 상장을 하면, 카카오 자체로 상장을 추진하는 것보다 상장 시기를 앞당길 수 있다. 다음카카오 합병에 대한 이야기는 3장에서 자세히 다룰 것이다.

김 의장의 평소 지론은 '1등이 아니면 의미가 없다'는 것이다. 합병으로 네이버는 국내 업계 1위 인터넷 사업자가 되는 데 성공했다. 다음카카오는 이미 업계 1위 카카오톡을 보유하고 있고 다음

	NHN	다음카카오
합병 기업	한게임+네이버컴	다음커뮤니케이션+카카오
합병 시기	2000년	2014년
경영진	김범수 · 이해진 공동 대표	김범수 이사회 의장 최세훈 · 이석우 공동 대표
효과	– 한게임의 이용자 트래픽과 네이버컴의 자본 결합 – 네이버, 국내 인터넷 점유율 1위 달성 – 한게임 부분 유료화 성공과 네이버 지식인 흥행	– 다음의 검색, 뉴스 등 사업 노하우와 카카오의 카카오톡, 게임을 비롯한 모바일 사업 융합 – 합병으로 카카오는 우회 상장 – 인재 수혈과 인프라 공유
경과	– 2013년 네이버와 NHN엔터테인먼트(한게임)로 분할 – 김범수 대표는 2006년 아이위랩 창업 및 2008년 NHN 등기 이사 사임	– 2015년 카카오로 사명 변경 및 임지훈 대표 교체 선임

NHN과 다음카카오 평행 이론

합병을 통해 제2의 카카오톡을 만들려 했다. 다음카카오는 출범한 지 1년 만에 모바일 라이프 플랫폼을 지향하며 사명을 카카오로 바꾼다. NHN과 카카오. 김 의장은 우리나라 IT 업계에서 가장 큰 인수 합병을 두 번이나 성사시킨 인물이란 기록을 남기게 됐다. NHN의 성공적인 합병 노하우가 카카오에 그대로 전이될지는 꾸준히 지켜봐야 할 듯하다.

NHN이란 국내 최대 IT 기업을 이끌던 김 의장은 2007년 대표이사직을 내려놓고 2008년 홀연히 회사를 떠나 큰 화제를 뿌렸다. 세간에서는 이해진 의장과의 불화설, NHN의 한게임과 네이버 출신 간의 알력 다툼에서 한게임이 밀렸다는 평이 나왔다. 창업자가 자신이 만든 회사를 스스로 나오는 것은 매우 이례적이었다. 이해진 의장도 김 의장의 퇴사에 대해 의아해한 것으로 전해졌다. 지금도 김 의장이 가장 많이 받는 질문은 그때 왜 NHN을 떠났느냐는 것이다. 그럴 때마다 김 의장은 기다렸다는 듯이 준비된 답변을 한다.

"배는 항구에 정박해 있을 때 가장 안전하다. 하지만 정박이 배의 목적은 아니다. NHN에 안주하기엔 아직 젊다고 생각했고, 새로운 도전은 밖에서 하고 싶었다. NHN에서 내가 생각했던 목표를 기대 이상으로 초과 달성했다. 목표를 이뤘다고 생각하니 더 이상 가슴 뛰는 설렘이 없었고, 길은 잃은 느낌이었다. NHN을 떠나는 데 아쉬움이 없지는 않지만 작은 회사에서 시작해 큰 회사를 이룬 경험을 나누는 것이 한 기업을 더 크게 키우는 것보다 의미 있다고 봤다."

김범수 의장은 빈손으로 NHN을 나오지 않았다. 두둑한 스톡옵션과 퇴직금 그리고 인터넷 서비스를 만드는 벤처 아이디어가 있었다. 그는 이 사업 아이템으로 아이위랩(I.W.I. LAB)이란 벤처기업을 만든다. 아이위랩은 훗날 카카오가 된다.

아이폰 쇼크, 모바일 시대에 올라타기

김범수 의장은 NHN USA 대표 시절, 미국에서 인기를 끌고 있는 소셜 네트워크 서비스(SNS)와 사용자 참여형 인터넷 생태계 '웹 2.0'에 영감을 얻어 2006년 12월 아이위랩의 사업자 등록을 마쳤다. 아이위랩은 '나(I)'와 '우리(We)'의 실험실(Laboratory)이란 뜻으로 다양한 서비스를 시도하자는 창업 정신이 반영됐다. I.W.I.는 '인터넷을 통한 혁명(Innovation With Internet)'이라는 의미도 지닌다.

김 의장은 아이위랩 사업을 위해 2007년 스톡옵션으로 받은 NHN 주식 25만 주를 매각해 약 345억 원을 현금화했다. 대출이나 투자 유치 등 외부 자금에 기대지 않고 창업에 뛰어든 것이다. 아이위랩 초기 창업 자금은 80억 원으로 알려졌다. 당시 IT 벤처기업 창업 비용 치고는 상당히 큰 규모였다. 임직원 수는 20명으로 대부분 김 의장을 따라 나온 NHN 출신으로 구성됐다.

　벤처기업답지 않은 벤처기업, 아이위랩은 32살 대표로도 화제를 모았다. 김범수 의장은 대학 친구인 박종헌 서울대 산업공학과 교수를 통해 이제범 대표를 소개받았다. 카카오는 2015년 1980년생인 35세의 임지훈 대표를 신임 CEO로 임명해 큰 화제를 모았지만 카카오에서 30대 CEO는 이제범 대표가 처음이었다. 이 대표는 나이는 어렸어도 대학생 시절 창업에 뛰어든 IT 업계에서 잔뼈가 굵은 인물이었다. 김범수 의장은 2007년 이 대표에게 아이위랩 경영을 맡기고, 자신은 이사회 의장이 되어 사업의 큰 그림을 그리는 역할을 한다.

　아이위랩은 김 의장이 NHN 경영에서 손을 뗀 2007년부터 신규 서비스 준비에 착수한다. 아이위랩은 IT 업계를 뒤흔든 구글의 사업 모델들을 검토했다. 구글이 블로그 서비스에 약하다고 분석하고 소셜 미디어 기능을 강조한 인터넷 서비스 모델을 구상했다. 결과적으로 아이위랩은 화려했던 출발과 다르게 잇따라 내놓은 서비스들의 흥행에 실패했다. NHN과 엔씨소프트 등에서 이름을 날리던 개발자, 기획자를 데리고 와서 만들었지만 출시 초반에 반짝 관심을 받았을 뿐 반응은 신통치 않았다.

　2007년 김범수 의장의 복귀작으로 관심을 모았던 부루닷컴은 동영상·사진 공유 서비스로 미국 지사도 설립하며 영미권 시장을 겨냥해 만들었다. 부루닷컴은 친구들이 '즐겨찾기'를 한 웹페이지를 모아 보여주는 서비스다. 부루닷컴은 '소셜 컬렉션 사이트'를 지향하며 이용자들이 작성한 글, 이미지, 동영상 등의 블로그 콘텐츠를 주제별로 분류해 정리할 수 있게 도왔다. 같은 관심사나 주제에 대한 블로그 페이지를 모두 연결시켜 여러 번의 인터넷 검색 없이도 축적된 콘텐츠를 공유할 수 있게 했다. 하지만 부루닷컴에 대한 시장의 반응은 차가웠다.

부루닷컴에서 쓴맛을 본 아이위랩은 2008년 한국 시장으로 돌아와 '위지아닷컴'을 내놓았다. 위지아닷컴은 '비 오는 날 듣기 좋은 음악은?', '개발자 실력을 쌓기 좋은 프로그램은?' 등의 질문을 올리면 이용자들끼리 답변을 달고 이를 투표를 통해 순위를 정하는 서비스였다. 활동 성과에 따라 이용자의 레벨을 유치원생, 초등학생부터 시작해 대학생, 사회인, 부모, 멘토까지 8단계로 나눴다. 다중접속역할수행게임(MMORPG)처럼 캐릭터 레벨을 높이는 재미를 추가한 것이다. 위지아닷컴의 첫 반응은 나쁘지 않았지만 '네

	부루닷컴	위지아닷컴
출시	2007년 미국	2008년 한국
성격	블로그 콘텐츠 주제별 분류	집단지성을 활용한 질의응답 서비스
결과	−저조한 성과로 서비스 조기 종료 −온라인 대신 모바일 서비스 '카카오' 개발로 전략 수정	

이버 지식인과 비슷하다'는 평가 속에 결국 서비스를 접게 됐다.

부루닷컴과 위지아닷컴의 2년 연속 실패로 아이위랩은 혼란에 빠진다. 소셜 미디어 서비스 특성상 이용자가 많아야만 발전하는데 트래픽이 모이지 않다 보니 사업은 제자리걸음이었다. 벤처기업 치고 넉넉했던 창업 자금 덕분에 직원들의 월급은 꼬박꼬박 나왔지만 야심 차게 준비한 굵직한 서비스 두 건이 잇따라 문을 닫으며 혼란스러운 날들이 이어졌다.

'왜 안 됐을까?' 아이위랩은 실패를 분석했다. 가장 큰 요인은 타이밍이었다. 완벽한 서비스를 만들기 위해 많은 시간을 투자하다가 타이밍을 놓친 것이다. 아이위랩은 부루닷컴 출시를 위해 1년 넘게 공을 들였다. 이제범 대표는 2010년 카카오톡 출시 이후 열린 한 토론회에서 "부루닷컴을 너무 오랫동안 준비하다가 시기를 놓쳤다"며 "그사이 유사 서비스들도 많이 생겨나 눈앞이 캄캄했다"고 털어놓았다. 아이위랩은 늦게 내놓으면 시기를 놓친다는 뼈저린 교훈을 얻었다. 분초를 다투는 IT 세상에서는 서비스가 100퍼센트 완벽하지 않아도 빨리 만들어 깃발을 먼저 꽂아야 하는 것이다.

신생 기업이라는 불리한 위치도 단점이었다. 부루닷컴과 위지아닷컴은 온라인 PC를 기반으로 한 서비스였는데 이 분야에는 시장을 선점한 기업이 많고, 주로 대기업이 차지하고 있기에 신규 사업자가 들어가기에는 인지도와 규모가 따라가질 못했다. 서비스를 다양한 관점에서 보는 역량도 아쉬웠다.

　결국 아이위랩은 창업한 지 2년이 지났지만 뾰족한 성과를 거두지 못한 채 2008년을 맞이했다. 많은 개발자가 밤새워 만든 부루닷컴과 위지아닷컴은 세간의 관심에서 사라진 상태였다. 다시 시작해야 했다. 아이위랩은 아무것도 하지 않는 것이 가장 위험하다고 생각했다. 실패를 하더라도 시도하고, 그 과정에서 교훈을 얻어내는 것으로도 의미가 있다고 봤다.

　아이위랩이 좌충우돌하던 2007년 1월 9일. 스티브 잡스가 미국 샌프란시스코에서 열린 '맥월드 컨퍼런스' 무대에 섰다. 청바지와 운동화 차림, 목까지 올라오는 검은색 터틀넥 티셔츠를 입은 그의 손에는 조그만 단말기 하나가 들려 있었다. 조명이 켜지자 그는 '아이폰'이란 이름의 새로운 개념의 휴대폰을 세상에 들어 보였다. 잡스는 "아이폰은 대화면 스크린의 아이팟(애플 음원 서비스), 혁신적인 휴대폰, 인터넷 연결 기기 세 가지를 모두 갖췄다"며 "아이폰은 휴대전화 산업에 혁명을 일으킬 것"이라고 강한 자신감을 나타냈다. 애플 내부에서도 극비리에 개발되던 아이폰의 첫 등장에 애플 임원은 물론 전 세계 IT 관계자들이 탄식을 쏟아냈다.

　'스마트폰'이란 단어를 보통명사로 만들어버린 아이폰은 컴퓨터로 할 수 있는 모든 기능을 3.5인치 풀 터치 스크린의 깔끔한 단말기로 담아냈다. 애플은 아이폰 출시일을 2007년 6월 29일 저녁

6시로 정하고 선착순으로 판매하는 마케팅 전략을 구사했다. 미국 애플 매장 앞은 28일 새벽부터 아이폰을 사려는 수많은 사람들로 붐볐다. 아이폰을 개통하려면 특정 통신사를 이용해야 한다는 불편함, 금융 위기 상황에서 500~600달러의 비싼 단말기 값에도 출시 3일 만에 52만 대가 팔려나갔다. 이후 애플은 애플리케이션을 올리고 내려받을 수 있는 장터 '앱스토어' 생태계를 강화하고, 성능을 끊임없이 업그레이드한 후속 아이폰을 선보이며 스마트폰 시장을 장악해간다.

일각에서는 아이폰을 '찻잔 속의 태풍'이라고 표현했다. 일반 휴대폰(피처폰)으로도 일상생활을 영위하는 데 지장이 없고 아이폰은 대중화하기에는 너무 비쌌기 때문이다. 아이폰 같은 스마트폰이 전 세계 단말기의 표준을 바꾸기에는 시기상조란 반응도 있었다. 하지만 미국에서 시작한 아이폰은 글로벌 소용돌이가 되어 점차 우리나라를 향해 다가오고 있었다. 아이폰을 누군가는 일시적 신드롬으로 봤고, 누군가는 엄청난 변화를 몰고 올 것으로 봤다. 아이위랩의 선택은 후자였다.

〈올드보이〉의 명장면은 따로 있다: 카카오 창업주 김범수

"내가 왜 오대수 당신을 15년 동안 가뒀는지가 아니라, 왜 15년 만에 세상에 풀어줬는지 그걸 생각하란 말이야. 당신은 틀린 질문을 하니까 틀린 답만 찾을 수밖에 없어!"

김범수 의장은 가장 인상 깊은 영화로 박찬욱 감독의 〈올드보이〉를 꼽는다. 김 의장이 〈올드보이〉에 감명을 받은 이유는 기가 막힌 반전이 아닌 이우진(유지태 분)의 날카로운 질문 때문이다. 그가 〈올드보이〉에서 최고로 꼽는 부분은 이우진과 오대수(최민수 분)의 대화다.

이 영화에서 오대수는 어느 날 갑자기 납치돼 15년 동안 갇힌다. 모든 사람이 '오대수는 왜 납치됐을까?', '왜 그는 군만두만 먹으며 15년 동안 감금됐을까?'를 떠올린다. 15년 뒤 풀려난 오대수는 자신을 납치한 이우진을 찾아간다. 그리고 묻는다. "왜 나를 가두었느냐?"고.

이우진은 "왜 가뒀냐가 아니라 왜 15년 후 세상에 풀어줬는지를 궁금해해야 한다"고 답한다. 왜 15년인가? 15년이란 시간은 〈올드보이〉를 이해하는 가장 중요한 단서다. 등장인물 간의 얽히고설킨 갈등을 푸는 가장 중요한 키워드다. 영화 후반부에 드러나는 파격적인 반전도 왜 이우진이 15년 뒤에 오대수를 풀어줬는지를 떠올리면 무릎을 탁 치게 만든다.

김범수 의장은 이 대사를 언급할 때마다 좋은 질문의 중요성을 강조한다. 명쾌한 물음에서 현명한 답들이 쏟아질 수 있다. 정말 어려운 점은 어떤 질문을 던지느냐는 것이다. 질문을 던질 수 있으면 반전을 일으키고, 혁신을 낳는다. 문제를 해결하는 능력보다는 문제를 정의해 현명한 질문을 던지는 능력이 더 중요하다. 김 의장은 "리더의 능력은 답을 찾아주는 것이 아니라, 질문을 제대로 할 줄 아는 데서 나온다"고 말한다.

참신한 질문은 새로운 시선에서 나온다. 이 시선은 정형화된 프레임을 벗어나 관성을 깨는 데서 시작한다. 카카오톡과 카카오택시도 발상의 전환에서 시작됐다. 휴대폰 커뮤니케이션은 문자메시지로 충분하다는 익숙함, 택시는 손을 흔들어 잡거나 전화로 불러야 한다는 관성의 틀을 하나하나 깨나간 것이다.

관성을 깨기 위해서는 무언가 특별한 힘이 필요하다. 김범수 의장의 인생에서 〈올드보이〉만큼 충격을 준 것은 수학자 가우스의 천재성이다. 어린 시절 김범수 의장은 백과사전을 읽다가 가우스 이야기를 접하게 된다. 가우스의 학교 선생님은 아이들을 조용히 시키기 위해 시간이 오래 걸리는 산수 문제를 냈다. 과제는 '1부터 100까지 더하라'는 것이다.

아이들은 인상을 찌푸리며 종이에 1부터 100까지 숫자를 하나씩 더하고 있었다. 그런데 가우스는 얼마 되지 않아 교실의 적막함을 깨고 '문제를 풀었다'고 외쳤다. 다른 친구들은 1부터 100까지 하나씩 더하고 있었을 때, 가우스는 다른 방식으로 문제를 해결했다.

① 반 친구들

1+2+3+4+5+ ·········· 96+97+98+99+100

② 가우스

$1+2+3+4+5+ \cdots\cdots\cdots 96+97+98+99+100$

$100+99+98+97+96+ \cdots\cdots\cdots 5+4+3+2+1$

$(101+101+101+101+101+ \cdots 101+101+101+101+101) \div 2$

가우스는 수식 '1+2+3+ ··· 98+99+100' 밑에 '100+99+98+ ··· 3+2+1' 을 썼다. 두 수식을 각 항목마다 더하면 모두 '101'이 나온다. 101이 100 개이니 10,100. 수식이 두 개였으니 이를 2로 나누면 1부터 100까지 합은 5,050이 나온다. 1부터 100까지 하나하나 더하는 것보다 훨씬 빠르고 쉽게 계산을 마칠 수 있다.

김범수 의장은 남들과 다른 관점이 인생에서 큰 경쟁력이 된다는 사실 을 일찌감치 깨달았다. 그 뒤로 그는 남들이 같은 곳을 바라볼 때 다른 방 향을 생각하는 습관을 들였다. 한게임, 카카오톡 등의 서비스는 관점의 차 이가 빚어낸 결과물이었다.

PC방 '미션 넘버 원', 한게임, NHN 그리고 카카오까지. 김범수 의장은 벌이는 사업마다 잭팟을 터뜨렸다. 그는 미국 경영지 〈포브스〉가 선정하는 세계 상위 1퍼센트 억만장자 명단에 매년 이름을 올리고 있다. 단순히 돈 을 많이 버는 성공의 도구가 아니라 카카오톡을 비롯한 아이템은 이용자 들의 생활 풍경을 바꿔놓았다. 그러나 그의 유년 시절은 화려한 경력과는 거리가 멀었다.

김 의장은 자영업을 하는 집안에서 5남매 중 셋째로 태어났다. 청소년 시절, 아버지의 사업 부도로 할머니까지 포함해 여덟 식구가 단칸방에서 살기도 했다. 어머니는 생계를 위해 지방의 식당에서 일했다. 김 의장은 유년 시절의 아픔으로 크게 두 개를 꼽는다. '가족애'와 '가난'이다. 이 때문에 그는 가족 여행을 자주 다니고 자녀들과 온라인 게임을 같이 즐기는 등 가족적인 것으로 유명하다.

5남매 중 대학을 간 사람은 김 의장이 유일했다. 그는 대학 입시에 한 차례 실패했는데 재수 시절 마음이 흐트러질 때마다 손가락을 베서 혈서를 썼다. 김 의장은 언론 인터뷰에서 "재수할 때 혈서는 3번 썼다. 담배를 끊으려고 낱개로 파는 '까치담배' 3개비를 사다 책상에 올려놓고 진짜 힘들 때만 피자고 다짐했다. 1년 후에 2개비가 남아 있더라"고 회고했다. 힘든 입시를 보냈다는 보상 심리에 '대학교에서 도둑질 빼고 다 해보자'는 각오로 다양한 활동을 했다. 학비를 마련하려고 과외 아르바이트도 하고, 친구들과 밤새도록 카드 게임을 하며 스트레스를 풀었다. 물론 김 의장은 친구들과 소일거리로 즐긴 게임이 자신의 인생을 어떻게 바꿀지 예상하지 못했다. 이때의 게임 경험은 훗날 한게임을 창업하는 데 든든한 자산이 된다. 성공은 남이 제시하는 것이 아닌 자신이 좋아하는 것에 몰두할 때 나오기 마련이다.

김 의장은 독하게 살았어도 악착같이 살지는 않았다고 표현한다. 청년들에게도 '악착같이 살지 말라'고 조언한다. '악착(齷齪)'은 이를 깨물고 모질게 나아가는 모양으로 끔찍스럽다는 의미도 있다. 그는 평소 "남들이 말하는 좋은 직장, 좋은 인생을 살기 위해 애쓰는 것은 현명하지 못하다. 자신에게 맞지 않는 것을 구하기 위해 괜한 수고를 들일 필요는 없다"며 "'희망 고문'이란 유행어가 있는데 '내가 안 되는 것은 열심히 안 해서 그런 거야'란 식으로 스스로를 고문하지 말라"며 "희망조차 고문하며 달달 볶아야 살아남는 지금 세상은 문제가 있다. 힘들수록 내가 좋아하는 것, 내가 잘하는 것에서 출발해야 한다"고 말한다.

　남들이 보기에 김 의장은 성공 코스를 차곡차곡 밟은 것처럼 보인다. 그러나 그의 성공은 세상 사람들이 만든 것이 아닌, 자신이 좋아하고 잘하는 것을 선택하는 데서 나왔다. 가우스의 일화를 보며 수학에 흥미를 가진 그는 전공을 공대로 정한다. 수학 문제에는 다양한 풀이가 있는 것처럼 관점을 달리하면 새롭고 풍부한 세계가 열린다. 다른 관점으로 접근하는 습관을 들이면 탄탄한 경쟁력이 된다. 삼성SDS 근무 시절, '6개월 먼저 생각하기' 철학으로 동료보다 앞선 경험, 유니텔을 만들며 확신을 갖게 된 연결의 가치는 한게임 창업, NHN 합병 그리고 카카오 창업으로 이어진다. 김 의장은 성공을 위한 아이템을 좇지 않았고, 아무도 김 의장의 아이템이 이처럼 성공하리라 예상하지도 못했다. 자신이 좋아하는 분야에 전문성을 쌓으면서 관점을 바꿔 세상을 볼 줄 아는 것. 이 두 가지가 만나는 순간 미래를 만들 수 있다. 그는 2016년 10월 25일에 열린 판교 스타트업캠퍼스 입학식 축사를 피터 드러커의 말을 인용해 마무리했다. "미래를 예측하는 최고의 방법은 미래를 스스로 만드는 것이다."

2장

카카오톡은 무료인데 어떻게 성장했을까:

모든 것을 연결하라

4대2의 법칙, 4명이 두 달 안에 앱을 만들어라

아이폰은 찻잔 속 태풍이 아닌 어마어마한 쓰나미가 되어 우리나라에 닥쳤다. 아이폰은 2009년 KT를 통해 상륙했다. 아이폰이 출시되자 우리나라 얼리어답터들의 관심이 폭발적으로 쏠렸다. 2009년 11월 28일 오후 2시 잠실 실내체육관에서 열린 KT의 아이폰 출시 행사에는 전날 아침부터 긴 줄을 서는 진풍경이 벌어졌다. 1호 개통자는 1년 통신 요금 무료, 선착순 500명은 아이폰 주변 기기 등을 받았다. 아이폰에 대한 놀라운 관심은 출시 10일 만에 가입자 10만 명을 넘어서는 인기로 이어졌다.

아이위랩은 아이폰의 인기를 보며 모바일 시장의 대변화를 예상했다. 스마트폰 열풍을 미리 내다본 아이위랩은 사업 방향을 변경하는 큰 결정을 하게 된다. '닷컴'류의 온라인 사업을 정리하고 모든 회사 역량을 스마트폰 앱에 집중하기로 한 것이다. 20명의 아이위랩 직원들은 한 번 더 도전하기로 했다. 서비스 종목도 바꿨다. 부루닷컴과 위지아닷컴이 인터넷 기반의 서비스였다면 이번에는 모바일에 최적화한 서비스를 만들기로 했다. 기존에 진행되던 프로젝트를 모두 접고 원점으로 돌아왔다. 모바일 시대의 소위 '킬러 서비스' 테마는 '커뮤니케이션'이었다.

김범수 의장은 훗날 기자들과 만난 자리에서 "내가 카카오에서 내린 가장 중요한 결정은 스마트폰 시대에 합류한 것"이라며 "아이폰 열풍을 보면서 스마트폰이 새로운 혁명을 가져올 것이라는 믿음을 가졌다"고 말했다.

그 많은 모바일 서비스 가운데 무엇을 만들어야 할까? 아이위랩은 '어떤 서비스를 만들까?'를 묻기에 앞서 '휴대폰은 무엇인가?'에 주목했다. 휴대폰은 왜 만들어졌는가, 사람들은 주로 어떤 기능을 쓰는가, 휴대폰의 핵심은 무엇인가? 답은 의외로 명쾌했다. 전화와 문자, 즉 '커뮤니케이션'이다. 질문을 뒤집어보니 무엇을 만들어야 할지 훤해졌다.

아이위랩의 신규 서비스 테마는 '모바일 커뮤니케이션'이었다. 인터넷 시대에 검색이 핵심이었다면 모바일 시대에는 커뮤니케이션이 가장 중요할 것이란 이유에서다. 인터넷 시대에는 다음커뮤니케이션, 네이버, 야후, 라이코스, 구글처럼 검색 사업자가 크게 성장했다. 모바일 시대에는 왓츠앱, 페이스북, 트위터, 인스타그램 등 모바일에 특화된 소셜 네트워크 서비스(SNS)가 각광을 받았다. 휴대폰의 가장 기본적 기능은 소통이다. 아이위랩은 음성 통화와 문자메시지가 아닌, 페이스북과 트위터가 지니지 못한 모바일 커뮤니케이션 서비스를 만들기로 한다.

2009년 당시 아이위랩 내부에서는 6개의 신규 프로젝트가 진행되고 있었다. 아이위랩은 신속한 개발을 위해 개발팀을 3개로 재편성했다. 모바일 커뮤니케이션의 종류를 사적인 것, 공적인 것, 그룹적인 것으로 총 3개로 분류해 각 팀에 앱 개발을 맡겼다.

회사의 명운이 걸린 만큼 신규 프로젝트의 일정은 빠듯했다. 타이밍을 놓치지 않으려면 최대한 빨리 서비스를 만들어야 했다. 각 팀은 '4명의 팀원이 두 달 안에 서비스를 만들라'는 4-2 법칙의 특명을 받았다. 팀은 2명의 프로그래머, 1명의 디자이너, 1명의 기획자로 이뤄졌다. 에릭 슈미츠 구글 회장도 '피자 한 판을 나눠 먹을 수 있는 규모의 팀이 이상적'이라고 말한 바 있다. 속도가 중요한 모바일 시대에 신속한 움직임이 중요했다. 이는 부루닷컴과 위지아닷컴의 실패에서 얻은 교훈이기도 하다.

2009년 말과 2010년 초는 우리나라에 100년 만의 한파가 닥친 시기였다. 날씨뿐 아니라 미국발 금융 위기로 사람들 심리도 얼어붙었다. 악조건 속에서도 두 달 만에 신규 앱을 개발하기 위한 세 팀의 열기는 한파를 녹이기 충분했다.

현재도 카카오는 새로운 프로젝트를 위해 한꺼번에 많은 인원을 배정하지 않고 시간을 무한정 길게 잡지도 않는다. 사진 공유 서비스 '카카오스토리'는 직원 6명이 만들었고, 카카오택시도 10명이 안 되는 인원에서 시작했다. 작은 덩치로 빠르게 서비스를 만드는 카카오의 철학은 부루닷컴과 위지아닷컴의 타이밍 실패에서 얻은 뼈저린 교훈이기도 하다.

■ ■ ■

카카오 삼총사의 탄생

세 팀은 각각 카카오아지트, 카카오톡, 카카오수다를 선보였다. 모바일 커뮤니케이션의 종류를 그룹 커뮤니케이션, 지인 커뮤니케이션, 대중 커뮤니케이션으로 분류한 것이다. 카카오아지트는 커뮤니티, 카카오톡은 채팅, 카카오수다는 블로그 기능이 강했다.

	카카오아지트	카카오톡	카카오수다
출시	2010년 2월 8일	2010년 3월 18일	2010년 3월 30일
성격	카페	채팅	블로그
성과	기업용 SNS '아지트'로 진화	국내 메신저 점유율 1위	2012년 서비스 종료

2010년 2월 8일 출시된 카카오아지트는 3가지 서비스 가운데 가장 먼저 모습을 드러냈다. 카카오아지트는 원하는 사람들이 그

룸을 만들어 그룹 구성원끼리 소통하는 모바일 카페다. 예를 들어 자주 모이는 온·오프라인의 그룹 구성원끼리 언제 어디서나 연락하고 싶다면 구성원 중에서 한 멤버가 카카오아지트를 개설하면 된다.

이후 함께하고 싶은 친구들을 이메일, 메신저, 휴대폰 문자메시지를 통해 초대한다. 초대를 통해서만 가입할 수 있는 철저한 비공개 공간이 만들어지고 초대된 친구끼리는 실시간으로 사진, 동영상, 파일, 음악을 바로 공유하며 이야기를 나눌 수 있다. 초대받지 않은 사람은 절대 검색이나 웹 공간에서 그들을 발견할 수도 볼 수도 없다.

당시 이제범 아이위랩 대표는 "우리나라 사람들이 서양인과 달리 '우리'라는 울타리를 만들기 좋아하는 점에 착안했다"며 "카카오아지트는 한국인의 끼리끼리 뭉치는 문화적 특성에 맞춘 서비스"라고 설명했다. 카카오아지트는 기대에 비해 큰 호응을 얻지 못하고 카카오 내부 게시판으로 활용됐다. 이후 카카오는 2016년 카카오아지트를 기업용 SNS '아지트'로 개편해 선보였다.

다음 타자는 2010년 3월 18일 출시된 채팅 서비스 카카오톡이었다. 당시 아이위랩은 카카오톡을 '무료로 문자메시지와 사진·동영상을 주고받고 실시간으로 그룹 채팅을 할 수 있는 서비스', '기존 인터넷 메신저와 달리 상대방의 계정을 등록하고 수락하는 절차가 없으며 본인의 휴대폰 연락처에만 등록돼 있으면 자동으로 친구를 추가할 수 있는 모바일 메신저'로 소개했다.

카카오톡은 해외 유명 메신저 '왓츠앱'과 비슷하지만 결정적인 차별화를 꾀했다. 모바일 메신저 최초로 '단체 채팅' 기능을 넣은 '무료' 서비스란 점이다. 카카오톡의 단체 채팅은 여러 명의 친구들이 동시에 다자 대화를 할 수 있는 기능이다. 단체 채팅은 온라인 메신저에는 있었지만 모바일 메신저에는 처음 시도되는 기능이었다. 여럿이 모임 날짜를 정할 때 카카오톡의 단체 채팅을 이용하면 단체 문자메시지를 보내지 않아도 된다.

카카오톡은 서로 휴대폰에 전화번호가 저장되어 있거나 한쪽만 번호를 알고 있어도 친구가 될 수 있었다. 2010~2012년은 우리나라 스마트폰 보급률이 가파르게 오르던 시기다. 일반 폰에서 스마트폰으로 단말기를 교체하면서 번호도 바꾼 사람들은 카카오톡의 자동 친구 추천 기능으로 연락을 이어갈 수 있었다.

카카오 삼총사 막내인 카카오수다는 2010년 3월 30일에 나왔다. 카카오수다는 스마트폰으로 찍은 사진이나 동영상에 개인 생각과 느낌을 함께 올리는 서비스다. 게시 글을 올리면 실시간 댓글로 다른 사람과 소통할 수 있다. 당시 트위터를 비롯한 SNS는 텍스트나 인터넷 주소 링크로 현장의 분위기를 전달해야 했다. 카카오수다는 직접 동영상이나 사진을 찍어 바로 올리는 점을 강점으로 내세웠다. 카카오수다는 2012년 서비스를 접었지만 현재의 카카오스토리에서 흔적을 찾을 수 있다.

■ ■ ■

핵심적 기능에 집중하기

신규 서비스들의 성적표는 카카오톡이 출시되자마자 순식간에 판가름이 났다. 카카오톡은 '한 건 20원 하는 문자메시지 값을 아끼는 앱', '친구끼리 단체 채팅하는 메신저'로 소문이 나며 출시 3일 만에 앱스토어 소셜 앱 1위를 차지했다. 2주일 만에 11만 명이 내려받는 기록을 세우기도 했다. 2010년 8월 삼성전자 갤럭시 스마트폰 첫 모델이 나오면서 카카오톡은 날개 돋친 듯 메신저 시장을 점령해갔다. 카카오톡이 엄청난 반응을 일으키자 카카오아지트와 카카오수다 담당 직원까지 카카오톡 운영에 투입됐다.

아이위랩은 카카오톡의 예상 가입자를 10만 명으로 예상했다. 출시를 위한 예산과 관리 인력도 10만 명 가입자에 맞췄다. 그러나 카카오톡에 대한 대중의 반응은 아이위랩의 예상을 뛰어넘을 정도로 폭발적이었다. 특별한 마케팅을 하지 않았는데도 카카오톡은 출시 6개월인 2010년 9월 가입자 100만 명, 2011년 4월 1,000만 명, 2011년 7월 2,000만 명, 2012년 6월 5,000만 명을 넘어서며 가파르게 성장했다. 2013년 7월에는 가입자 1억 명을 돌파했다.

2016년 카카오톡 글로벌 월간 이용자는 4,910만 명으로, 우리나라 인구 5,165만 명과 비슷하다.

카카오톡은 빠른 시장 진입과 간편함으로 업계 1위로 오를 수 있었다. 아무리 좋은 서비스도 시기를 놓치면 빛을 보지 못한다. 모바일 메신저 분야는 더욱 그렇다. 가장 먼저 나온 서비스가 시장을 선점하는 데 유리하기 때문이다. 지인이 사용하는 서비스에 영향을 받는 네트워크 효과(network effect)도 모바일 메신저에 중요한 포인트다. 100명이 사용하는 서비스와 10명이 사용하는 서비스가 있다면 스마트폰 사용자들은 더 많은 사람들과 소통할 수 있는 100명의 사용자가 있는 서비스로 몰려드는 경향이 있다.

카카오톡은 모바일 메신저 본연의 기능인 '소통'에 집중했다. 휴대전화 인증 한 번으로 매번 로그인을 할 필요가 없는 편리함, 친구 연락처를 따로 추가하지 않아도 간편히 메시지를 주고받는 단순함이 카카오톡의 매력이었다. 아이폰의 국내 출시에 맞춰 카카오톡을 내놓은 것도 절묘한 타이밍이었다.

더욱이 카카오톡은 무료다. 이미 국내에는 글로벌 메신저 왓츠앱이 두 달 먼저 들어왔으나 유료란 진입 장벽이 있었다. 국내 이용자들은 토종 메신저 카카오톡의 편의성에 더 큰 반응을 보였다. 2010년 카카오톡 출시 당시만 해도 이동통신 3사는 문자 한 건당 20원의 요금을 받고 있었다. 카카오톡은 무선 인터넷 또는 데이터

접속만 되면 메시지 요금이 들지 않는다. 카카오톡 메시지 한 건당 데이터 과금은 몇 원 수준으로 문자메시지보다 훨씬 저렴했다.

모바일 메신저 최초의 단체 채팅 '단톡방'도 폭풍적인 인기를 끌었다. 기존의 메신저 앱은 일대일 채팅 서비스만 제공했다. 카카오톡은 PC 메신저의 그룹 채팅을 그대로 옮겼다. 모바일 메신저의 단체 채팅은 PC와 공통점이 있지만 사용 환경과 편의성 면에서 전혀 다른 재미를 선사한다. PC 메신저에서 그룹 채팅을 하려면 서로 로그인 상태여야 한다. 인터넷이 연결된 컴퓨터가 있는 장소에서만 채팅을 할 수 있다는 한계가 있다. 하지만 카카오톡은 스마트폰만 켜져 있으면 별도의 로그인 없이 늘 소통할 수 있다. 단체 채팅 구성원 모두가 언제 어디서든 함께 있는 것처럼 채팅을 할 수 있다. PC 메신저처럼 컴퓨터가 있는 공간에서만 채팅할 필요도 없다. 버스를 기다리면서, 카페에서 커피를 마시면서도 단체 채팅을 즐길 수 있다. PC 메신저와 기존 모바일 메신저 채팅에서 접할 수 없었던 차별성은 카카오톡으로 이용자들을 몰리게 했다.

카카오톡을 개발할 때 핵심에 집중한 점도 이용자들의 마음에 적중했다. 애초 아이위랩은 카카오톡 개발 단계에서 친구들의 소식을 함께 보는 기능을 넣으려 했다. 하지만 '서비스가 복잡해진다'는 우려 때문에 연락처 기반 모바일 메신저로 간결하게 출시됐다. 하나의 기능에 충실해야 이용자들이 직관적으로 서비스를 이해한다. 이후 아이위랩은 '새로운 서비스를 개발할 때는 특정 기능 하나에 집중한다'는 원칙을 확고히 했다.

한중일 메신저 삼국지: 카 · 웨 · 라

	카카오톡(kakao talk)	웨이신(微信) *영어명 위챗(Wechat)	라인(LINE)
운영사	아이위랩 (현 카카오)	텐센트	NHN재팬 (현 라인주식회사)
출시일	2010년 3월 18일	2011년 1월 21일	2011년 6월 23일
최초 출시 국가	한국	중국	일본
개발 기간	두 달(약 60일)	세 달(약 90일)	한 달 반(약 45일)
간편 결제	2014년 '카카오페이'	2013년 '위챗페이'	2014년 '라인페이'
관련 사업	게임, 택시, 헤어샵, 대리 운전, 인터넷 전문 은행, 주문 · 배달, 캐릭터 등	게임, 택시, 배달, 쇼핑, 병 원 · 공연 예약, QR코드 결제, 인터넷 전문 은행 등	게임, 택시, 오토바이, 알뜰폰, 아르바이트, 주 문 · 배달, 캐릭터 등
특이 사항	-2014년 10월 1일 다음 카카오 합병 -코스닥 시가총액 2위	-카카오 2대 주주(8%) -텐센트게임즈 부사장은 카카오 사외 이사	-네이버 100% 출자 -2016년 7월 15일 미국, 일본 동시 상장

글로벌 IT 업계에서 흥미롭게 여기는 부분은 한국, 중국, 일본의 토종 메신저다. 동아시아는 세계에서 가장 많은 이용자를 거느리고 있는 왓츠앱-페이스북 진영이 정복하지 못한 거의 유일한 지역이기도 하다. '왓츠앱(WhatsApp)'은 서구권 대부분 나라에서 쓰이는 모바일 메신저로 2014년 약 20조 원에 페이스북에 인수돼 엄청난 화제를 모았다. 페이스북은 '페이스북 메신저'란 자체 서비스가 있지만 메신저 사업을 강화하기 위해 왓츠앱을 인수했고 두 서비스를 별도로 운영하고 있다. 왓츠앱은 2010년 1월 출

시된 서비스로 야후 출신의 개발자 브라이언 액턴과 우크라이나계 미국인 얀 코움이 만들었다. 이들은 과거 페이스북에 입사 지원했다가 낙방한 씁쓸한 경험이 있다. 그러나 자신을 떨어뜨린 회사에 왓츠앱을 매각한 사례는 미국 실리콘밸리에서 짜릿한 모험담으로 전해 내려오고 있다.

왓츠앱의 월간 이용자 수는 10억 명, 페이스북은 17억 명 수준이다. 왓츠앱과 페이스북 연합이 정복하지 못한 유일한 곳은 동아시아—동남아시아다. 이곳은 토종 모바일 메신저가 시장을 야무지게 차지하고 있다. 우리나라는 카카오의 '카카오톡', 중국은 텐센트의 '웨이신(微信)', 일본 · 타이완 · 태국 등에서는 라인주식회사의 '라인'이 압도적으로 시장 1위다. 카카오, 텐센트, 라인주식회사는 경영진과 지분 관계로 서로 얽히고설킨 사이라 더욱 눈길을 끈다. 이미 국가별 모바일 메신저 판도는 굳어진 상태이지만 왓츠앱과 페이스북 본사에서는 카카오톡, 웨이신, 라인의 동향을 체크하는 조직을 운영할 정도로 유심히 지켜보고 있다. 앞서 카카오톡 이야기를 짚은 만큼 웨이신과 라인에 대해 살펴본다.

'작은 쪽지'란 뜻의 웨이신은 중국 최대의 IT 기업 텐센트가 2011년 1월 21일 선보인 메신저다. 웨이신은 텐센트 광저우 연구개발센터 직원 짱샤오룽(張小龍)과 텐센트 대표 마화텅(馬化騰)의 의기투합으로 탄생했다. 세상의 모든 앱에 관심이 많던 짱샤오룽은 2010년 10월 19일 캐나다 스타트업 킥 인터랙티브(Kik Interactive)가 출시한 '킥 메신저'를 보고 큰 영감을 얻는다. 당시 텐센트는 'QQ'란 PC 메신저를 운영하고 있었다. 짱샤오룽은 "스마트폰 시대에 QQ 메신저로는 부족하다. 킥 메신저처럼 모바일에 최적화된 메신저를 따로 만들어야 한다. 모바일 서비스가 없으면 텐센트는 흔들릴 것이다"라는 내용의 도발적인 이메일을 마화텅 대표에게 직접 보냈다.

마화텅은 짱샤오롱의 이메일 한 통에 큰 통찰을 받고 "우리도 모바일 메신저를 만들자"고 답장했다. 신규 모바일 메신저 프로젝트는 짱샤오롱이 몸담고 있는 광저우 연구개발센터에서 일사천리로 진행됐다. 텐센트에서는 모바일 시대를 겨냥해 약 6개 팀이 경쟁하고 있었으나 짱샤오롱의 모바일 메신저 모델이 단연 압도적이었다.

텐센트의 신규 메신저 개발은 11월부터 진행됐고, 모바일 서비스 개발경험이 전무했던 개발자 10명이 고군분투한 끝에 2011년 1월 21일 '웨이신'이 빛을 봤다. 그러나 초기 반응은 썩 좋지 않았다. 당시 이용자 7억 명을 보유한 QQ 플랫폼에서 각종 홍보를 하고, 웨이신 호환을 지원했지만 유입률이 높지 않았다. 웨이신보다 한 달 먼저 출시된 샤오미의 '미토크'가 선점 효과를 누리는 점도 텐센트에 악재였다.

텐센트는 웨이신을 중국 국민 메신저로 만드는 신의 한 수를 두는데 바로 2011년 선보인 '워키토키'와 '흔들기'다. 워키토키는 텍스트 없이 음성 메시지로 채팅을 할 수 있는 서비스로 보이스톡과 비슷하다. 한자(간자체)에 서툴거나, 일일이 글자를 입력하기 어려울 때 스마트폰 가까이에 입을 대고 녹음해 전송 버튼을 누르면 된다. 흔들기는 웨이신을 실행한 상태에서 스마트폰을 흔들면 같은 시간에 흔들기 기능을 이용하고 있는 사람과 연결될 수 있다. 음악이 들리는 장소에서 흔들면 음악 제목을 알려주고, 텔레비전 근처에서 흔들면 프로그램 제목이 스마트폰 액정에 뜬다. 흔들기로 어떤 기업이 지금 이 시각 무슨 이벤트를 하는지도 알 수 있다. 워키토키와 흔들기 기능은 디지털 기기에서 느끼기 어려운 감성적 느낌을 주면서 단숨에 가입자를 늘려간다. 우리나라에서도 스마트폰 흔들기를 강조한 모바일 서비스가 다수 있지만 활성화되지 않았다. 특정 기능의 성공은 진출 국가의 문화와 생활 습관에 크게 좌우됨을 알 수 있다.

텐센트는 2012년 4월 웨이신의 영어명 브랜드로 '위챗(Wechat)'을 발표하며 세계 진출을 알렸다. 웨이신(위챗) 이용자의 90퍼센트는 중국인 또는 중국에 거주하는 외국인으로 글로벌 메신저가 되는 데는 발판이 부족해 보인다. 그래도 중국 13억 인구를 감안하면 위챗은 내수 시장을 잡은 것만으로도 세계 몇 나라에서 1위를 한 효과를 누리고 있다.

텐센트는 카카오와 깊은 연관이 있다. 텐센트는 투자 계열사 막시모를 통해 2012년 4월 카카오에 720억 원가량을 투자하며 지분 13.8%를 확보했다. 다음카카오 합병으로 텐센트의 카카오 보유 지분 가치는 5배가량이 뛰었다. 2016년 상반기 기준 카카오 최대 주주는 김범수 의장(43.26%)이고, 2위는 막시모(8.29%)로 텐센트는 카카오의 제2대 주주다.

카카오 사외 이사 중 한 명은 피아오 얀리 텐센트게임즈 부사장이다. 피아오 얀리는 한국에는 잘 알려지지 않은 인물인데 재중 동포 3세이자 1980년생으로, 카카오 이사회 멤버 가운데 최연소이자 유일한 여성이다. 그는 헤이룽지양(흑룡강) 대학에서 경제법을 전공한 인물로 텐센트 초창기에 한국의 우수 게임을 소개하는 역할을 하며 텐센트 성장에 기여했다.

텐센트는 웨이신을 발판으로 중국에서 O2O, 인터넷 전문 은행, 핀테크 사업을 활발히 벌이고 있는데, 카카오도 텐센트 사업 모델에 직간접적으로 영향을 받고 있다고 유추할 수 있다. 텐센트도 웨이신을 발전시킬 때 약 1년 먼저 나온 카카오톡 모델을 참고했다. 웨이신과 카카오톡은 지분 관계가 얽힌 벤치마킹 대상인 동시에 글로벌 시장을 두고 경쟁하는 미묘한 사이다.

한편 라인은 일본을 비롯해 타이완과 태국 등 동남아시아를 주름잡고 있다. 라인을 운영하는 라인주식회사의 전신은 2000년 세워진 한게임재팬으로 이후 NHN재팬, 네이버재팬 등의 이름을 거쳤다. 네이버가 100% 출자한 기업이지만 라인주식회사는 독립 법인으로 네이버와 별개로 독자 경영하고 있다.

라인은 네이버가 글로벌 시장에서 10년 동안 시행착오를 겪은 끝에 맺어진 결실이다. 네이버는 2000년 초부터 일본 진출을 위해 검색 서비스를 선보였지만 이렇다 할 반응을 얻지 못하고 사업을 접어야 했다. 이 과정에서 2010년 3월 나온 카카오톡이 한국에서 대흥행을 거두자 네이버도 이에 대항하기 위해 2011년 2월 16일 모바일 메신저 '네이버톡'을 국내에 선보였다. 그러나 1년 가까운 개발 기간 동안 이용자는 모두 카카오톡에 유입된 상태였고, 이미 메신저 시장 판도가 굳어진 상태에서 네이버는 승부를 뒤집기 어려웠다. 네이버는 국내 시장 점유율 80%를 차지하는 포털 사이트를 갖고 있었지만 이들 이용자가 네이버톡으로 전이되지는 않았다. SNS에 관심이 많던 네이버는 150자 내외의 단문 SNS '미투데이'를 운영하는 벤처기업 ㈜미투데이를 2008년 22억 4,000만 원에 인수해 한국판 트위터로 키우려 했지만 이용성 저조로 2014년 6월 서비스를 접고 만다.

네이버톡과 미투데이는 실패했지만 네이버는 모바일 시대의 킬러 앱이 '메신저'란 확신을 갖고 일본 시장을 겨냥한 메신저를 만들기로 한다. 일본은 우리나라보다 스마트폰 보급률이 낮아서 시장을 장악한 메신저가 특별히 없었다. 네이버가 일본에서의 메신저 가능성을 확인한 계기는 2011년 3월 11일 발생한 동일본 대지진이었다. 당시 지진으로 통신 인프라가 무너져 전화와 인터넷 등의 유선 통신이 단절되면서 가족의 생사를 걱정하는 사람들이 늘어났다.

이해진 창업자를 비롯한 NHN재팬 직원들은 재난 상황에서도 소통이 가능한 모바일 메신저를 만들기로 결정하고 2011년 6월 23일 '라인'을 선보였다. 라인을 만들어 시장에 내놓기까지 걸린 기간은 약 한 달 반이었다. 최소 기능에 집중한 서비스를 하루라도 빨리 만들어 시장을 선점하자는 취지였다. 라인은 출시되자마자 큰 인기를 끌었다. 라인 이모티콘 캐릭터인 브라운, 코니 등 '라인프렌즈'는 일본 이용자의 아기자기한 취향에 맞추어 인기 캐릭터가 된다. 라인의 사업 방식이 카카오톡과 유사하다는 이유로 NHN과 카카오 직원들 사이 미묘한 긴장감이 돌기도 했다.

라인이 일본에서 반응을 얻자 네이버는 네이버톡 운영 인력을 라인에 신속히 투입하며 빠른 대응을 보였다. 네이버톡의 부진은 네이버에 전화위복이었다. 네이버톡이 한국에서 실패하면서 네이버의 메신저 운영 인력을 오롯이 라인에 투입하고, 한국이 아닌 일본과 글로벌 시장으로 사업을 확대하는 계기가 됐기 때문이다. 라인은 타이완과 태국에서도 시장 1위를 차지했는데 2015년 타이완 총통 선거에서 주요 정치인들이 라인을 선거 홍보 채널로 사용해 화제를 모으기도 했다.

네이버는 2012년 3월 네이버톡 서비스를 1년 만에 종료하고 라인으로 통합한다고 밝혔다.이 과정에서 네이버톡 이용자들은 서비스 조기 종료와 라인 통합 공지에 불편한 반응을 보이기도 했다. 네이버는 네이버톡뿐 아니라 2013년 일본 포털 사이트 '네이버 재팬'도 4년 만에 접으며 라인에 집중한다. 2013년 4월에는 회사 이름을 라인주식회사로 바꾸고, 2016년 7월 15일 미국 뉴욕 증권거래소와 일본 도쿄 증권거래소에 동시 상장하며 명실상부 글로벌 기업의 반열에 오른다.

카카오톡, 웨이신, 라인. 동아시아 모바일 메신저 삼국지는 글로벌 IT 업계에서도 매우 흥미로워하는 주제다. 왓츠앱, 페이스북, 스카이프 등 글로벌 IT 공룡의 점유율이 미미하다 못해 존재감이 없을 정도로 토종 메신저가 시장을 꽉 주름잡고 있기 때문이다. 왓츠앱 측에서도 "한국, 중국, 일본에서 우리의 존재는 미미하다"고 평가할 정도다. 동아시아 모바일 메신저기업의 사업 방식도 서구의 메신저 기업과 다르다. 페이스북이 우버 택시와 손잡고 택시 호출 기능을 선보이긴 했지만 카카오톡, 웨이신, 라인은 그수준을 뛰어넘는다. 택시는 기본으로 고급 택시·대리운전(카카오톡), 오토바이(라인 인도네시아) 호출 앱이 있는 데다 카카오톡과 웨이신은 인터넷 전문 은행에도 진출했다. 라인은 일본 알뜰폰 사업에 도전했는데 라인 메신저를 쓸 때 들어가는 데이터 전용 요금제를 선보이며 가입자를 모으고 있다. 카카오톡과 라인은 캐릭터 사업으로도 유명하다. 카카오톡의 '카카오프렌즈', 라인의 '라인프렌즈'는 이모티콘 캐릭터가 오프라인으로 어디까지 확장할 수 있는지 잘 보여주는 사례다.

글로벌 사업에서는 라인이 안정적인 포트폴리오를 갖고 있다. 카카오톡은 한국에서, 웨이신은 중국에서 지지 기반이 확고하지만 라인은 일본뿐아니라 타이완, 태국에서도 압도적 1위 사업자다. 라인은 인도네시아에서도 만만치 않은 영향력을 갖고 있다. 라인이 카카오톡과 웨이신보다 서비스 출시는 늦었어도 스마트폰 보급률이 낮은 국가를 중심으로 해외 진출에 공을 들인 것이 좋은 성과를 거뒀다. 카카오톡과 웨이신이 자국 시장의안착에 신경 쓰느라 글로벌 시장 대응에 시기를 놓친 점도 라인에게 반사이익이었다. 그나마 웨이신에는 중국 인구 13억 명이란 거대한 시장이 있지만 카카오톡에는 대한민국 인구 5,100만 명이 사실상 전부다. 카카오는카카오톡 자체의 해외 진출이 어려운 상황에서 글로벌을 향한 사업을 다각적으로 모색해야 한다.

　카카오톡, 웨이신, 라인의 공통 비전은 '이용자 일상생활의 모든 것을 연결하겠다'는 것이다. 스마트폰 이용자들은 금융, 영화, 배달, 쇼핑, 검색, 교통 등 목적에 따라 각각의 앱을 설치하는데 '카, 웨, 라'는 이들 기능을 자사 메신저에 통합해 자체 생태계를 만들고자 한다. 일부 기능은 강력한 선점 사업자가 있거나 상권 침해 논란 때문에 시도가 어려울 수 있다. 그러나 궁극적으로 '카, 웨, 라'는 자사 모바일 메신저 플랫폼을 구심점으로 일상생활에서 벌어지는 모든 기능을 흡수하고자 한다. 동아시아 모바일 메신저 삼국지를 전 세계 IT 기업이 흥미진진하게 지켜보는 이유이기도 하다.

...

카카오톡은 왜
노란색일까?

어떤 기업을 떠올릴 때 연상되는 이미지가 있다. 삼성 그룹의 푸른색 원, KFC의 흰 양복을 입은 할아버지 동상, 애플의 한 입 베어 문 사과 로고, 버버리의 체크무늬 등이다. 카카오톡 하면 무엇이 떠오를까? 선명하고 강렬한 노란 말풍선이 먼저 생각날 것이다. 카카오톡을 나타내는 글자 없이도 노란색만 보면 카카오톡이 저절로 떠오를 정도다. 카카오톡이 노란 배경화면과 말풍선으로만 구성된 이유 역시 단순함이 주는 각인 효과 때문이다.

시각적으로 노란색과 검은색은 머릿속에 가장 잘 각인되는 조합이다. 전봇대 커버, 공사장 알림 표지 등이 노란색과 검은색으로 디자인된 것도 눈에 잘 띄어 조심하란 이유에서다. 한때 카카오톡 디자인에 대해 염려하는 시선도 있었다. 노란색(황색)을 잘못 쓰면 '황 될 수 있다'는 업계 징크스 때문이다. 하지만 카카오는 징크스와 우려를 뚫고 노란색과 검은색의 브랜드 컬러를 고집했다. 결과는 대성공이었다. 노란색 바탕화면에 짙은 색의 말풍선은 카카오의 상징이 됐다. 카카오톡의 노란색과 검은색 로고는 직관적 디자인이었다.

이제는 보통명사가 되어버린 카카오란 명칭도 단순함에서 나왔다. 아이위랩은 카카오톡이 인기를 끌자 2010년 9월 회사 이름을 아예 '카카오'로 바꾼다. 많은 사람들이 카카오의 의미를 궁금해한다. 아이위랩이란 예전 명칭처럼 여러 의미가 함축된 것인지 말이다. 결론부터 말하자면 카카오에는 특별한 의미가 없다. 카카오란 이름은 아이위랩 직원의 아이디어였다. 신규 브랜드 명칭을 사내 공모했는데 '부르기 쉬우며 귀여운 느낌이 있다'는 이유로 카카오가 채택됐다. 모바일 커뮤니케이션이 주는 즐거움과 카카오의 달콤함이 잘 어우러졌다.

카카오가 'Kakao'로 표기된 이유도 단순하다. 회사 이름에 영어 단어 'Cacao'가 들어간 기업이 여럿 있었고, 인터넷 주소도 누군가 선점하고 있었다. 그래서 C를 K로 바꿨다. 철자는 다르지만 발음은 같으니까 말이다. 나중에 알고 보니 독일은 카카오를 Kakao로 표기하고 있었다. 운 좋게도 철자가 틀린 명칭은 아니게 됐다. 대단한 서비스의 명칭은 의외로 단순한 발상에서 시작됐다. 카카오란 이름은 '메시지를 보내고 받는다'는 단순함에 집중한 카카오톡의 특징과 닮았다.

카카오는 다음커뮤니케이션과의 합병으로 2014년 10월 '다음카카오'란 새 이름을 얻는다. 이후 '모바일 플랫폼' 전략에 따라 2015년 9월 '카카오'로 새 출발을 한다. 카카오는 서비스 이름에서 기업 명칭으로, 기업 명칭에서 서비스들의 결속력을 다지는 강력한 브랜드로 자리매김했다.

그사이 카카오 브랜드 가치도 커졌다. 브랜드 가치 평가 회사인 브랜드스탁에 따르면 카카오톡은 서비스 4년 만에 '삼성 갤럭시', '이마트'와 함께 우리나라 브랜드 파워 '빅3'로 꼽혔다. 카카오는 2016년 한국능률협회컨설팅(KMAC)이 선정한 '2016 한국 산업의 브랜드 파워(K-BPI)'에서 카카오톡과 카카오스토리로 2관왕을 차지했다. 카카오톡의 경우 브랜드 인지도와 충성도 면에서 압도적인 비율로 1위를 차지했다. 카카오톡은 보조 인지도 항목에서도 100%에 가까운 인지도를 보였다. 국내 3,500여 개 브랜드 중 최상위였다. 이제 카카오는 애초의 뜻과 상관없이 그 자체만으로 하나의 강력한 브랜드가 되었다.

■ ■ ■
다양한 의사소통 도구를 찾아라

카카오에서 가장 바쁜 직원은 누구일까? 카카오를 만든 김범수 의장? 임지훈 대표?

아마도 카카오톡 사자 캐릭터 '라이언'일 것이다. 카카오 직원 사이에서는 '라이언이 카카오에서 인기가 많고 돈도 잘 번다. 라 상무님으로 부르자'는 우스갯소리가 있다. 카카오 판교 본사 7층에는 카카오프렌즈 기념품 가게가 있는데 하늘색 후드 티를 입은 라이언은 들어오자마자 품절돼 카카오 내부에서도 품귀 현상을 빚을 정도다. 일명 '후드 티 라이언'은 카카오프렌즈 디자이너들이 라이언에 옷을 이것저것 입혀보다 하늘색 후드 티가 어울려 씌워본 것인데 기대 이상의 대박이 났다. 카카오프렌 즈 오프라인 숍에서도 라이언은 초절정 인기를 누리고 있다.

라이언 사례처럼 카카오톡 인기에 날개를 달아준 이는 카카오톡 캐릭터 '카카오프렌즈'다. 카카오프렌즈의 활동 영역은 카카오톡 이 모티콘을 벗어나 인형, 공책, 빵, 티셔츠 등 온·오프라인을 망라한다.

이미지는 훌륭한 의사소통 수단이다. 이모티콘은 글로 미처 표 현하지 못하는 섬세한 감정이나 느낌을 위트 있게 전해준다. 글로 전하기 어려운 속마음을 이모티콘 하나로 해결하기도 한다. 특히 직접적으로 속내를 표현하기 어려워하는 동아시아권에서 이모티 콘은 대단히 유용한 제2의 언어다. 우리나라에서 카카오프렌즈, 일 본·태국·홍콩에서 라인프렌즈가 큰 인기를 끄는 데는 캐릭터 자 체의 귀여움뿐 아니라 문화적 영향이 크다. 반대로 서양은 일명 '이 모지'로 불리는 스마일 모양의 간단한 이모티콘을 주로 사용한다. 카카오톡과 라인처럼 동물 모양의 큼직한 캐릭터는 낯설고 어린아 이 같다는 정서가 있기 때문이다. 서양보다 직설법 화법이 어렵고 존댓말이 발달한 동아시아에서 이모티콘이 발달한 것은 어쩌면 자 연스러운 결과다.

카카오톡 캐릭터가 만들어지는 시기는 카카오톡이 출시된 지 2년 4개월 뒤인 2012년 7월이었다. 당시 카카오톡은 모바일 메신저로서는 괜찮지만 개성이 부족한 것으로 지적됐다. 카카오는 다양한 의사소통을 위한 도구로 캐릭터를 구상하게 된다.

카카오는 캐릭터 작가 섭외에 나섰다. 카카오톡 캐릭터 작가의 조건은 크게 두 가지였다. 첫째는 유명한 캐릭터와 차별화할 수 있는 개성 있는 사람, 둘째는 동물 캐릭터를 잘 그릴 수 있는 능력의 소유자였다. 사람 캐릭터는 성별을 구분해야 하고, 성격에 따라 호불호가 갈릴 수 있어 개와 고양이 같은 친숙한 동물 캐릭터가 필요했다.

카카오는 이모티콘 개발을 위해 게임 디자이너 출신인 호조 작가(본명 권순호)에게 작업을 맡겼다. 호조 작가는 싸이월드 미니홈피에서 '시니컬 토끼' 캐릭터 상품으로 이미 실력을 검증받은 인물이다. 〈강남스타일〉이 수록된 가수 싸이(PSY)의 6집 앨범 표지 이미지도 호조 작가의 작품이다. 사람과 동물의 특징을 잘 잡아서 재치 있게 표현하는 그의 솜씨는 카카오톡 캐릭터 디자인에 제격이었다.

모바일 메신저 이모티콘 만들기라는 생소한 작업이었지만 호조 작가는 흔쾌히 수락했다. 돈보다는 자신의 디자인이 많은 사람에게 노출될 수 있다는 기회에 끌렸기 때문이다. 2012년에도 이미 카카오톡은 국내 모바일 메신저 플랫폼으로는 압도적 위치였다. 7개의 카카오톡 캐릭터는 작업에 착수한 지 4개월 만인 2012년 12월 세상에 모습을 드러냈다. 카카오톡 캐릭터들은 별개처럼 보여도 촘촘히 연결돼 있다.

흰색 토끼 옷을 걸쳤지만 사실은 단무지인 '무지', 그런 무지를 키워낸 과묵한 정체불명의 악어 '콘', 잡종이란 출생의 비밀이 있는 부유한 도시 개 '프로도', 단발머리 가발을 쓴 새침 고양이 '네오', 어설픈 두더지 비밀 요원 '제이지', 복숭아나무에서 탈출한 악동 복숭아 '어피치', 겁 많고 마음 약한 오리 '튜브'는 사람들의 일상을 빠르게 파고들었다.

기간은 짧았지만 제작 과정은 치열했다. 호조 작가가 처음에 만든 캐릭터와 스토리 설정은 끊임없이 다듬어졌다. 호조 작가와 카카오는 처음에는 3개의 캐릭터를 만들기로 했다. 호조 작가는 고양이 '네오', 강아지 '프로도', 두더지 '제이지'를 먼저 디자인했다. 카카오는 회사를 대표하기 위한 더욱 밝고 모범적인 캐릭터가 필요하다는 의견을 제시했고 호조 작가는 토끼 캐릭터 '무지'를 만들었다.

무지는 카카오 대표 캐릭터로 제격이었지만 색상이 하얗고 단순해 보여서 다소 밋밋했다. 이에 호조 작가는 포인트를 주기 위해 초록색 악어 콘을 무지의 파트너 캐릭터로 만들었다. 이 과정에서 오리와 복숭아 캐릭터가 추가로 탄생했다. 딸기, 귤 캐릭터도 있었지만 이들은 선정되지 못했다.

캐릭터를 만들 때 가장 어려웠던 점은 '카카오톡의 다양한 사용자층을 어떻게 아우를 것인가'였다. 카카오톡은 남성과 여성, 어린이부터 할아버지, 할머니가 모두 사용한다. 카카오톡 캐릭터는 단순한 캐릭터가 아닌 대화의 수단이었기 때문에 여러 가지 사용성을 고려해야 했다. 서비스 사용자층이 좁으면 그 타깃만 고려하면 되지만 카카오톡은 사용 연령대가 워낙 넓었다.

호조 작가는 다양한 배경의 사람들이 이모티콘에 감정을 쉽게 이입할 수 있도록 캐릭터 표정과 동작을 일부러 큼직큼직하게 그렸다. 웃는 모습, 우는 모습, 화내는 모습, 즐거운 모습 등은 과장되게 그렸다. 모든 캐릭터는 성별과 나이를 유추하기 어려운 느낌으로 디자인됐다.

한편 카카오프렌즈가 대성공을 거뒀지만 호조 작가는 추가 수입을 얻지 못한다. 제작 비용만 받고 저작권을 카카오에 넘기기로 계약을 맺었기 때문이다. 이러한 탓에 '호조 작가가 여전히 생활고에 시달린다', '카카오가 계약금을 적게 줬다' 등의 소문이 돌았다. 하지만 호조 작가는 "불만은 없다"고 말했다. 카카오가 호조 작가에게 계약서 내용과는 별도로 추가 보상을 했기 때문이다. 이 내용은 카카오 공식 블로그에도 소개됐다.

호조 작가는 "카카오에 저작권을 넘겼다고 외부에서 굉장히 측은하게 생각하는데 실제로 그렇게 측은하지 않다"며 "카톡 캐릭터

덕분에 노후 걱정을 한 번에 덜었다"고 설명했다. 얼마만큼의 금액이 오갔는지는 철저히 비공개에 부쳐졌다. 윤윤재 카카오 브랜드팀 팀장은 "카카오프렌즈가 국민적 캐릭터로 자리잡는 데 작가의 기여가 컸기 때문에 추가적으로 회사 차원에서 감사 표시를 했다"며 "(보상은) 작가의 기대에 상응하는 수준으로 잘 이뤄졌고, 앞으로도 필요한 협력을 계속 해나갈 예정"이라고 밝혔다.

이후 카카오는 새로운 캐릭터를 계속 선보이고 있다. 2016년 1월 공개된 라이언은 카카오가 3년 만에 선보이는 8번째 캐릭터다. 기존 캐릭터와 달리 라이언은 카카오 내부 디자인팀에서 만들었다. 라이언은 풍부한 감성을 지닌 갈기 없는 수사자 캐릭터다. 개성 강한 기존 캐릭터의 성격을 보완하기 위해 듬직한 사자를 모델로 했다. 동그란 얼굴, 일자의 굵은 눈썹, 멍하면서 순수한 표정의 라이언은 나오자마자 큰 사랑을 받았다. 일각에서는 라이언이 김범수 의장을 본떴다는 해석도 있다. 김 의장의 영어 이름이 '브라이언'이고 동그란 얼굴과 콧수염이 라이언의 모습과 비슷하다는 이유에서다. 카카오는 김 의장과 라이언의 연관을 공식적으로는 부인했지만 이름과 이미지가 비슷한 점은 사실이다.

라이언의 인기는 카카오 사옥의 인테리어도 바꾸었다. 카카오 판교 본사의 로비에는 토끼 캐릭터 '무지'와 두더지 '제이지'의 커다란 모형이 있는데 라이언 모형이 제이지를 제치고 가장 눈에 띄는 자리에 배치돼 눈길을 끌고 있다. 카카오 브랜드팀은 "카카오프렌즈가 지속해서 사랑받기 위해서는 캐릭터 간의 감정과 이야기가 한층 풍성해야 한다고 생각했다"며 "고민 끝에 신규 캐릭터 개발을 시작했고 앞으로도 카카오프렌즈 콘텐츠를 풍부하게 만들 것"이라고 설명했다.

카카오프렌즈가 인기를 끌자 카카오는 지적재산권(IP, intellectual property) 사업을 집중적으로 키우기 위해 2015년 6월 '카카오프렌즈'란 이름으로 캐릭터 사업부를 독립시켰다. 캐릭터 상품을 만들고 판매하는 일은 카카오프렌즈가, 캐릭터를 활용한 콘텐츠 제작 업무는 카카오가 맡는다.

카카오프렌즈는 카카오 캐릭터가 들어간 문구류를 직접 만들거나 제빵류, 주방 용품, 패션, 일반 의약품 등 갖가지 제품에서 카카오프렌즈가 활용되게 업무 제휴를 맺고 있다. 카카오 캐릭터 얼굴이 보석 모양으로 들어간 반지, 골프공, 티셔츠, 어린이 밥그릇, 티머니 카드, USB 등 제휴 상품은 다양하다. 2016년 10월에는 동화약품이 활명수 탄생 119주년을 맞아 카카오프렌즈 캐릭터를 포장지에 그려 넣은 파격 기념판을 선보여 화제를 모았다. 단일 품목으로 매출액이 가장 높았던 상품은 차량용 방향제였다. 샤니와 진행한 '카카오프렌즈 빵'은 빵 포장지 안에 카카오프렌즈 스티커를 넣는 프로모션으로 인기를 끌면서 친근하고 대중적인 이미지를 강화하는 데 기여했다.

한편 2011년 11월 29일 6개 상품으로 시작한 카카오톡 이모티콘은 카카오톡 캐릭터 인기 속에 현재 3,000개 이상 늘어났다. 2012년 7월 3일에는 카카오톡 이모티콘 다운로드가 1억 3,000만 건을 넘어섰다. 이모티콘이 감정을 표현하는 효과적인 수단이 되면서 이용자들은 이모티콘을 구매하기 위해 아낌없이 지갑을 열고 있다. 그동안 이모티콘을 구매한 고객은 1,000만 명이 넘는다. 매월 이모티콘 스토어 방문자는 2,700만 명에 이른다. 매달 발신되는 이모티콘 메시지 수는 20억 건에 달하며, 하루 1,000만 명의 카카오톡 이용자가 이모티콘으로 대화를 주고받는다.

카카오는 이모티콘 사업 초창기에는 카카오톡 캐릭터를 활용해 자체 제작하거나 유명 웹툰 작가에게 부탁해 이모티콘을 만들었다. 서비스 초기에는 웹툰 작가 4명으로 시작했지만 이제는 100명이 넘는 현역 작가가 카카오톡 이모티콘을 선보이고 있다. 전문 디자이너가 아니어도 캐릭터에 관심 있는 누구나 스타 작가가 될 수 있다. 카카오에 따르면 한 달 평균 50~60개의 신규 이모티콘이 최종 심사를 통과해 이용자들과 만난다. 이모티콘 판권은 작가가 가지며 이모티콘 상품 가격 2,000~3,000원의 일정 부분은 카카오와 나눠 갖는다.

'애니팡 신화' 탄생, 카카오의 첫 수익 모델이 되다

카카오톡 이용자라면 '하트' 메시지를 한 번쯤 받아봤을 것이다. 한때 카카오톡 친구의 우정을 확인하는 방법이 '하트를 주느냐 안 주느냐'였다. 하트는 카카오톡과 연동되는 모바일 퍼즐 게임 '애니팡'에서 게임 한 판을 즐기게 해주는 가상의 아이템이다. 하트 숫자만큼 연달아 플레이를 할 수 있는데 30분마다 하트가 하나씩 생성된다. 30분을 못 기다리겠다면 하트를 유료 결제하거나 친구에게 하트를 달라는 카카오톡 요청 메시지를 보내어 품앗이할 수 있다. 애니팡은 싸이월드 앱스토어에 먼저 나온 게임이었지만 당시 인기를 끌지 못했다. 평범한 퍼즐 게임이었던 애니팡은 모바일에 특화된 소셜 게임으로 업그레이드했고 2012년 7월 카카오톡 게임 플랫폼을 만나면서 국민 게임이 된다. 비슷한 모양의 퍼즐을 이어 터뜨린다는 단순한 게임이지만 귀여운 동물 캐릭터와 쉬운 게임 방식, 친구끼리 순위를 겨루는 시스템 등으로 큰 인기를 끈다.

애니팡은 2012년 7월 카카오의 모바일 게임 플랫폼 '카카오게임하기'와 함께 재출시됐다. 이후 출시 74일 만에 이용자 3,000만 명, 하루 평균 하트 전송 건수 2,500만 건 등 각종 기록을 세우며 삼성경제연구소가 발표한 '2012년 10대 히트 상품'에서 가수 싸이의 〈강남스타일〉에 이어 2위에 오르는 기염을 토했다. 애니팡을 만든 게임사 선데이토즈는 소셜 게임 개발사 최초로 2013년 11월 코스닥 상장까지 했다. 애초 애니팡은 PC 게임이었지만 스마트폰 시대를 맞아 모바일 게임으로 재빨리 변신한 것이 주효했다.

애니팡 흥행을 계기로 카카오는 '카카오톡 운영사'에서 '어엿한 기업'으로 자리잡는 데 성공했다. 카카오톡과 연동되는 모바일 게임 플랫폼 '카카오게임하기'가 본격적으로 돈을 벌어다줬기 때문이다. '카카오게임하기'는 입점 기업에 21% 수수료를 받으며 카카오에 본격적인 수익 모델을 만들어준다.

그동안 카카오는 카카오톡 외에는 내세울 만한 서비스가 없었다. 카카오톡이 큰 인기를 끌기는 하지만 무료이기 때문에 수익보다 운영 비용이 많았다. 그렇다고 마땅한 수익 모델이 있던 것도 아니었다. '카카오게임하기'가 나타나기 전까지 카카오는 2006년 창립부터 2011년까지 적자를 면치 못했다. 수익 모델을 고민하던 중 '카카오톡과 연동되는 게임이 있으면 어떻겠느냐'는 아이디어가 나왔다. 2011년 6월 게임사업팀이 꾸려져 본격적으로 카카오톡과 연동되는 게임 서비스를 만들기 시작했다. 막상 '카카오게임하기'라는 플랫폼은 준비됐지만 이곳에 게임을 소개하겠다는 개발사는 별로 없었다. 당시 우리나라 게임업계는 온라인 게임이 주류였고, 모바일 게임을 제공할 만한 회사도 드물었다. 현재 모바일 게임 위상과 달리 2010년대 초반만 해도 우리나라에서 모바일 게임에 대해 저평가하는 분위기가 만만치 않았다. 더욱이 '카카오게임하기' 플랫폼에 어울리는 게임은 카카오톡과 연동되며 소셜 기능을 강조할 수 있는 캐주얼 장르라 관련 게임이 준비된 파트너사가 적었다. 온라인 게임과 달리 캐주얼 게임으로는 돈을 벌 수 없다는 우려의 시선도 컸다. 결국 '카카오게임하기'는 7개 게임사와 10개 게임으로 조촐하게 시작했다.

시작은 미미했지만 이 시기 나온 '애니팡', '쿠키런', '윈드러너' 등이 공전의 히트를 기록하면서 '카카오게임하기'는 재조명받았다. 카카오가 '카카오게임하기'에서 얻는 광고 수익과 입점사에서 얻는 수수료는 카카오 전체 매출의 절반가량을 차지할 정도로 커지게 된다. '카카오게임하기'는 출시 3년 새 400여 파트너사와 600여 개 이상의 게임을 거느린 대형 게임 마켓으로 성장했다. 카카오는 게임을 발판으로 매출과 이익이 급등하면서 가입자 증가와 회사 성장이란 목표를 동시에 이룬다. 게임업계에서는 '카카오게임하기' 입점 기업을 뜻하는 'for Kakao' 표시가 붙지 않은 모바일 게임은 흥행하기 어렵다는 불문율이 퍼지기도 했다. '카카오게임하기' 입점 제휴 심사를 맡는 담당자를 한 번 만나는 것이 하늘의 별 따기란 이야기도 돌았다. '카카오게임하기' 입점 기준이 모호하다는 논란에 대해 카카오는 '게임성, 소셜성, 수익 모델'을 중점적으로 본다고 해명했다.

'카카오게임하기'가 인기를 끌자 경쟁사에서도 모바일 게임 플랫폼을 잇따라 선보였지만 카카오게임의 대항마가 되지는 못했다. 카카오게임보다 수수료를 낮게 책정하면서까지 사세를 늘리려 했지만 'for Kakao' 명성을 넘지 못한 것이다. 카카오톡과 연계된 카카오게임의 방대한 이용자 수와 노출 효과가 주된 이유였다.

애니팡을 비롯해 '카카오게임하기'에서 1,000만 다운로드를 돌파한 게임들의 공통점은 단순함과 지속적인 업데이트였다. 모바일 시대에 이용자는 점점 인내심이 짧아지고 있다. 이 때문에 모바일 게임 첫 로그인 시 나타나는 사용 지침서 '튜토리얼' 없이도 직관적으로 플레이를 할 수 있게 하는 환경이 중요했다. 또한 모바일 게임은 온라인 게임보다 수명이 짧기 때문에 아이템, 맵, 보상 등 지속적인 업데이트로 이용자의 흥미를 돋우는 게임이 오래 인기를 끌었다.

그러나 '열흘 붉은 꽃은 없다'라는 말처럼 '카카오게임하기'의 고속 흥행은 출시 3년 만인 2015년 초부터 흔들린다. 모바일 게임 시장이 포화된 상황에서 '레이븐', '캔디크러시소다', '클래시 오브 클랜' 등 이 시기 출시된 모바일 게임 가운데 'for Kakao' 브랜드 없이도 흥행한 작품들이 다수 나타났기 때문이다. 특히 넷마블게임즈의 액션 역할수행게임(RPG) '레이븐'은 네이버와 손잡고 2015년 3월 출시됐는데 서비스를 시작하자마자 구글 플레이·애플 앱스토어 양대 마켓 최고 매출 1위를 달성했다. 레이븐은 예능 프로그램 〈삼시세끼〉로 한창 인기를 끌던 연예인 차승원 씨를 모델로 발탁하며 게임업계의 '유명인 CF' 유행을 일으키기도 했다.

'카카오게임하기'의 위상이 흔들린 요인은 여럿이지만 소셜 게임의 인기 하락을 들 수 있다. 카카오톡으로 친구에게 게임 초대 메시지를 주고받는 것에 피로를 느끼는 이용자가 늘었는데 '카카오게임하기'가 갖는 가장 큰 장점이 점차 퇴색하는 것이었다. 애니팡 수준의 대박 게임이 나오지 않으면서 '카카오게임하기'로 유인할 만한 동기가 부족한 점도 문제였다. 이용자들을 모을 재미있고 흡입력 있는 게임 콘텐츠도 점점 고갈됐다. 장터가 섰는데 갖고 싶은 물건이 마땅치 않으니 손님의 발길이 점점 줄어드는 모양새였다.

모바일 게임 시장이 커지고, 이와 관련한 개발력이 향상되면서 장르가 다양화한 점도 카카오게임 사업에 악재로 작용했다. 모바일 게임 초창기에는 퍼즐 게임, 소셜 네트워크 게임 등 아기자기하고 감성적인 게임이 대세였다. 그러다 다양한 장르를 경험하고 싶은 모바일 게임 이용자가 늘어나고, 하드보일드 게임을 만들 정도의 모바일 게임 개발력이 점점 향상됐다. 이 때문에 캐주얼 게임이 주류를 이루는 '카카오게임하기'의 입지가 약화되었다. 2015년 액션 RPG가 큰 인기를 끈 데 이어 2016년부터는 MORPG(Multiplayer Online Role Playing Game),

MMORPG(Massive Multiplayer Online Role Playing Game) 등으로 본격적으로 그 규모가 커졌다. MORPG와 MMORPG 모두 여러 이용자가 동시에 같은 공간에서 플레이를 하는 '다중접속역할수행게임'이지만 MORPG보다 MMORPG가 수용할 수 있는 이용자 수가 훨씬 많고 스케일이 더 크다. 우리나라에서는 리니지, 리니지2, 던전앤파이터, 아키에이지, 데빌리언, 붉은보석 등 온라인에서 명성을 떨친 MMORPG가 모바일로 재탄생되면서 모바일 게임 장르가 기존보다 화려해졌다.

카카오게임에 들어가는 수수료(21%)도 만만치 않았다. 개발사 입장에서는 구글과 애플 앱 마켓 입점 비용으로 매출의 30%를 수수료로 내고, 남은 매출의 21%를 또 카카오에 줘야 하는 것이다. 결과적으로 매출의 49%가 남는데 이마저 배급사나 협력사에 떼어주고 나면 가져갈 몫은 더욱 줄어든다. 이 때문에 '카카오게임하기'에 드는 수수료라도 아껴서 TV 광고나 오프라인 마케팅에 쓰는 경우가 늘어났고 이는 자연스레 탈(脫) '카카오게임하기' 현상으로 이어졌다.

■ ■ ■

흔들리는 카카오게임을 어떻게 살리나?

철석같이 믿었던 '카카오게임하기'가 흔들리자 카카오는 입점 이탈자 막기에 나섰다.

카카오게임의 사전 예약 마케팅 지원을 비롯해 중소 개발사의 해외 진출을 돕는 서비스를 늘리는 것이었다. 카카오는 2015년 4월 1일, 카카오게임 이용자와 파트너들을 위한 게임 유통 채널 '카카오게임샵'을 출시했다. 수익 배분 비율은 개발사가 65%, 카카오게임이 25%(결제×입점 수수료 포함), 사용자 보너스 적립 10% 구조다.

이 대책이 충분치 않자 카카오는 게임 총괄 부사장직을 새로 만들며 2015년 12월 남궁훈 전 네오위즈게임즈 대표 겸 카카오 모바일 게임 계열사 엔진 대표를 영입했다. 이후 엔진은 2016년 4월 다음 게임과 합병하고, 그해 7월 '카카오게임즈'로 재출범한다. 다음 게임은 다음커뮤니케이션 시절부터 온라인 게임을 맡는 사업부로, 대표작 '검은사막'이 있다. 카카오는 모바일 게임에 강한 엔진, 온라인 게임에서 다년간 노하우를 지닌 다음게임을 합쳐 시너지를 내겠다는 취지를 밝혔다. 카카오게임즈 대표는 남궁훈 카카오 부사장이 맡았는데 남궁 부사장은 김범수 의장과 각별한 인연이 있다. 두 사람은 삼성SDS 선후배로 만나 김 의장이 한게임 창업을 위해 PC방을 운영할 때 남궁 부사장이 합류하면서 한게임 초창기부터 동고동락한 관계다.

남궁 부사장은 카카오게임을 되살리는 중책을 맡게 됐는데 2016년 1월 기자 간담회인 '카카오게임 사업 방향 및 전략'을 열고 카카오게임 쇄신 방향과 개발사 상생을 강조하는 여러 가지 정책을 발표한다. 기자 간담회를 자주 열지 않는 카카오 선례로 볼 때 대단히 크게 열린 행사였다. 카카오게임의 변화 방향은 크게 네 가지였다.

먼저 게임 배급(퍼블리싱)을 시작하기로 했다. 그동안 카카오게임은 모바일 게임 중개 플랫폼 '카카오게임하기'로 입점 게임과 이용자를 연결하는 사업을 해왔다. 이에 한 발짝 더 나아가 '카카오게임S'란 브랜드로 배급에 나선다는 것이다. 게임 사업은 영화와 비슷해서 제작사와 배급사로 나뉘어 있다. 예를 들어 박찬욱 감독의 영화 〈아가씨〉는 모호필름과 용필름에서 제작했지만 배급사는 CJ E&M으로 배급사는 영화 마케팅과 개봉관 확보 등의 역할을 맡는다.

게임업계도 마찬가지인데 개발과 배급을 한 회사가 맡을 수도 있지만 대부분 나눠서 한다. 영화와 달리 게임업계에서는 배급을 퍼블리싱, 배급사를 퍼블리셔라 부른다. 개발사는 게임 개발에만 오롯이 집중하고 퍼블리싱은 조금 더 규모가 크고 자본력이 있는 곳에 맡긴다. 퍼블리셔는 게임 매출의 일정 부분을 가져가며 게임 개발 단계에서 의견을 제시하기도 한다. 가령 넥슨의 인기 모바일 게임 '도미네이션즈'는 석기 시대부터 산업 시대별 영국, 로마, 중국, 독일 등을 배경으로 자신의 문명을 발전시켜가는 게임이다. 이

게임은 미국 게임 개발사 빅휴즈게임즈가 만들었고 넥슨이 국내 배급을 맡았다. 빅휴즈게임즈는 한국 출시를 위해 '한국'이란 문명을 게임 콘텐츠에 새로 넣어 우리나라 이용자들의 호응을 이끌었다. 도미네이션즈가 인기를 끌자 넥슨은 아예 빅휴즈게임즈를 인수해 화제를 모았다. 카카오도 모바일 게임 중개에 그치지 않고 직접 게임을 배급하며 사업 영역을 넓히려는 것이다.

아울러 카카오게임은 카카오게임 내 광고 상품 '애드플러스(AD+)'를 도입했다. 기존의 게임 부분 유료화 모델과는 별도로 게임 내 모바일 광고로 추가 수익을 내는 모델이다. 이용자들은 게임 속 중간 광고 시청을 통해 보상을 받을 수 있고 개발사는 추가 광고 수익을 낼 수 있다. 카카오는 모바일 게임 내 광고 수익의 70%를 파트너사와 분배한다. AD+ 제휴 파트너에게는 게임 입점 수수료를 차등 적용하기로 했다. 이는 카카오게임 플랫폼의 일괄적인 21% 수수료 정책에 대해 입점 게임사들이 많은 불만을 가지고 있다는 점에서 도입됐다.

다음으로 눈에 띄는 부분은 카카오프렌즈를 활용한 모바일 게

임 다량 제작이다. 이는 퍼블리싱 사업 강화와도 연관이 있는데 카카오톡 캐릭터 게임을 직접 유통하면서 수익을 내겠다는 뜻으로도 해석할 수 있다. 카카오프렌즈를 활용한 게임으로는 퍼즐 게임 '프렌즈팝', 달리기 게임 '프렌즈런', 짝 맞추기 게임 '프렌즈사천성', 퍼즐 게임 '프렌즈팝콘' 등이 있다.

게임업계에서 지적재산권(IP)은 굉장히 중요하다. 증강현실 게임 '포켓몬 고'가 인기를 끌었던 이유는 증강현실 장르보다 포켓몬이라는 친숙한 캐릭터의 힘이 더 컸기 때문이다. 기존에도 증강현실 게임은 있었으나 포켓몬 고는 '익숙하고 귀여운 포켓몬 캐릭터를 현실에서 잡을 수 있다'는 주제로 전 세계적인 인기를 끌었다. 카카오는 카카오프렌즈란 강력한 지적재산권을 갖춘 만큼 이를 톡톡히 활용할 수 있다.

다만 카카오톡 캐릭터는 귀엽고 아기자기한 이미지가 강하므로 적용될 수 있는 모바일 게임 장르가 한정돼 있다는 점이 한계로 지적된다. 카카오프렌즈가 전쟁 전략 게임이나 1인칭 총 쏘기 게임(FPS), 청소년 이용 불가 게임에 활용되는 것은 어색하다. 깜찍한 복숭아 캐릭터 어피치가 유혈이 낭자한 전쟁터를 누비며 상대방에게 총을 겨누는 모습은 쉽사리 상상이 가지 않는다. 카카오가 카카오프렌즈 이미지를 훼손하지 않으면서 게임 장르와 이용자 경험을 다양하게 확대하는 고민이 필요해 보인다.

무엇보다 게임성이 가장 중요하다. 대형 게임 회사가 막대한 자금을 들여 게임을 만들고 홍보해도 재미가 없으면 출시 하루 만에 순위 밖으로 멀어지는 세상이다. 카카오프렌즈 명성에 기대지 않아도 승부를 걸 수 있는 게임 발굴이 카카오게임의 가장 큰 숙제다.

■ ■ ■

시장을 지배하라: 카카오톡의 성공 요인 '스포츠 (S.P.O.R.T.S.)'

우리나라 모바일 커뮤니케이션에서 카카오톡이 차지하는 비중은 어마어마하다. 앱 분석 기업인 와이즈앱의 통계에 따르면 우리나라 스마트폰 이용자가 카카오톡을 설치한 비율은 98%다. 설치자 가운데 91%는 실제로 카카오톡을 이용했다. 카카오톡 사용 시간 점유율은 95%로 사실상 우리나라 사람들은 카카오톡만 쓴다고 볼 수 있다. 일부 이용자들이 '카카오톡을 쓰고 싶지 않아도 안 쓸 수가 없다'고 토로할 정도다.

민간 벤처기업이 만든 서비스가 독점을 누리는 이유는 무엇일까? 카카오톡에는 정부 지원이 있던 것도 아니고, 별다른 광고와 마케팅도 없었다. 아이위랩이 카카오톡 마케팅을 하지 못한 이유는 모바일 앱을 알릴 만한 적절한 수단을 찾기 못했기 때문이다. 그 대신에 모바일 커뮤니티와 소셜 미디어 등에 이름을 알렸는데 오래되지 않아 카카오톡은 저절로 입소문을 탄다.

많은 사람들이 카카오톡은 선점 효과 덕분에 높은 점유율을 차지할 수 있었다고 생각한다. 사실 카카오톡이 나오기 전부터 우리나라에는 국내외에서 개발한 여러 가지 모바일 메신저가 서비스되고 있었다. 엠앤톡, 왓츠앱, 구글 행아웃 등이 대표적이다. 2010년 3월 나온 카카오톡의 반응이 좋자 얼마 되지 않아 다음, 네이버, 이동통신사, 삼성전자 등에서도 메신저를 대거 선보였다. 선점 사업자와 추격자 사이에 낀 샌드위치 신세였던 카카오톡은 어떻게 1위에 오를 수 있었을까? 크게 여섯 가지 요인(S.P.O.R.T.S.)으로 분석할 수 있다.

Speed(속도): 빠른 몸집으로 황금 타이밍을 잡아라

Platform(플랫폼): 이용자와 파트너를 동시에 움직여라

Open(개방): 오늘의 1달러를 참으면 내일의 잭팟이 터진다

Reliable(믿을 수 있는): 적자가 나도 품질을 놓치지 말라

Target(맞춤): 단톡방과 캐릭터로 한국인 취향에 적중하다

Sympathy(공감): 고객이 쓰는 서비스는 고객 의견으로 만든다

■ ■ ■

Speed(속도): 빠른 몸집으로 황금 타이밍을 잡아라   먼저 카카오톡은 직원 4명이 두 달 만에 신속하게(speed) 개발해 선점 서비스와

의 격차를 좁힐 수 있었다. 일명 '4대 2의 법칙'이다. 카카오톡이 나온 2010년 3월은 우리나라 스마트폰 시장이 무르익지 않았던 때라 앞서 나온 엠앤톡, 왓츠앱 등을 따라잡을 만한 시간이 남아 있었다. 2010년 8월 삼성전자가 아이폰에 맞선 갤럭시를 내놓으며 스마트폰 시장이 커지자 카카오톡에는 시운까지 따랐다. 반대로 카카오톡보다 적게는 두 달, 많게는 1~2년 뒤 출시된 마이피플, 네이버톡, 조인, 틱톡, 쳇온 등은 타이밍을 놓쳐 대세를 뒤집지 못한다. 이들 메신저 가운데 일부는 카카오톡보다 먼저 나올 수 있었지만 서비스를 너무 완벽하게 만들려다 황금 타이밍을 놓치고 만다. 특히 대기업에서 만드는 메신저일수록 다양한 기능을 넣으려다 늦게 출시된 경우가 많았다.

아울러 빠르게 포기하는 것도 전략이다. 아이위랩은 모바일 서비스를 만들기 위해 그동안 개발하던 온라인 서비스를 모두 접는 결단을 내렸다. 부루닷컴과 위지아닷컴의 아쉬운 성적표로 다시 한 번 온라인 서비스에 도전하려 했지만, 모바일을 위한 새로운 판을 짜기로 한다. 특히 작은 벤처기업일수록 인력과 자본은 제한적이니 신속한 결정으로 역량을 아껴야 한다. 카카오톡 서비스 기간을 두 달로 정한 것도 같은 맥락이다. 성과가 나지 않는 일에 시간을 무한대로 쏟을 수 없기 때문이다.

완벽한 서비스를 만들려다 타이밍을 놓치는 것보다, 최소한의 기능에 집중해 일단 출시하고 시장의 반응을 보면서 개선하는 '린 스타트업(lean startup)' 전술이 필요하다. 시간을 오래 끈다고 늘 좋은 결과가 나오는 것도 아니다. 카카오톡의 '스피드'는 작고 유연한 조직 문화와 과감한 결단이 뒷받침됐기에 가능했다. 다만 기업 규모가 커지면 의사 결정 속도가 늦어지기 마련인데 합병 기업 카카오를 비롯한 기업들이 유념해야 할 대목이다. 대기업이라고 스타트업을 늘 이기는 것이 아니다. 모바일 세계에서는 작은 기업이 큰 기업을 이기는 광경이 심심찮게 벌어진다.

Platform(플랫폼): 이용자와 파트너를 동시에 움직여라

카카오톡의 둘째 성공 요인은 메신저 플랫폼(platform) 장악이다. 이동통신사는 카카오톡에 대항하기 위해 '조인'이란 연합 메신저를 만들었고, 삼성전자는 '챗온'이란 자체 메신저를 갤럭시 스마트폰에 기본으로 탑재했지만 카카오톡은 대기업에도 밀리지 않았다. 모바일 메신저는 지인이 어떤 서비스를 쓰느냐에 큰 영향을 받으므로 한 번 시장을 장악하면 잘 뒤집히지 않는다. 이는 단단한 네트워크 효과로 이어진다. 플랫폼 전략의 핵심은 '자신의 플랫폼에 조금 더 많은 이용자를 어떻게 확보하느냐'다. 일본에서는 라인을 쓰는 사람이 많으니 선택의 여지가 없이 라인을 쓰게 되고, 우리나라에서는 카카오톡을 많이 사용하니 친구와 대화를 하려면 카카오톡을 쓸 수밖에 없다. 지인이 쓰는 서비스의 영향을 받는 네트워크 효과가 모바일 메신저에서 유난히 강한 이유이기도 하다.

플랫폼이 안착하려면 양면 생태계를 만들어야 하는데 카카오톡은 이 점에서도 영리했다. 플랫폼은 기업 간 거래(B2B, Business to Business)와 기업과 고객 거래(B2C, Business to Customer)로 구분된다. 예를 들어 카카오톡 선물하기에서는 기업이 커피 모바일 상품권을 판매하고 이용자가 이를 구입하는 양면 시장이 동시에 벌어진다. 커피 회사는 수많은 카카오톡 고객에게 커피를 팔 수 있어 좋고, 이용자는 카카오톡 친구끼리 간편히 상품권을 주고받을 수 있어 편리하다. 카카오게임의 경우 모바일 게임 기업은 카카오톡 이용자에게 게임을 노출시키고, 이용자는 카카오톡으로 게임을 즐긴다는 이점이 있다. 카카오는 이 과정에서 수수료를 취한다. 사업자는 플랫폼 참가자들의 참여를 독려하는 인센티브를 제공해야 플랫폼 리더십을 강화할 수 있는데 카카오톡은 이러한 측면에서 성공적인 비즈니스 모델을 만들어냈다.

Open(개방): 오늘의 1달러를 참으면 내일의 잭팟이 터진다

셋째로 카카오톡은 무료로 개방(open)됐다. 카카오톡은 무료로 서비스하며 이용자를 모을 수 있었고, 글로벌 메신저 왓츠앱을 이기는 데도 탄력을 받는다. 전 세계에서 가장 많이 쓰이는 왓츠앱은 우리나라 얼리어답터들 사이에서 큰 인기를 끌었는데 카카오톡이 출시될 무렵 '연회비 1달러' 유료화를 선언했다. 수익 모델을 고심하던 왓츠앱은 광고보다는 회원비가 낫겠다고 판단했다.

하지만 왓츠앱보다 훨씬 규모도 작고 이용자도 적었던 아이위랩은 '카카오톡 유료화는 100년 후에야 가능하다'는 선언으로 처음부터 끝까지 무료를 고집했다. 모바일 메신저는 다운로드 건당 돈을 버는 모델이 아닌 이용자가 많을수록 부가가치를 내는 서비스 모델이란 판단에서다. 눈앞의 유료화를 참으면 더 큰 잭팟이 터질 것이란 확신도 있었다. 카카오는 카카오톡 자체로 돈을 버는 대신 이모티콘, 모바일 상품권, 카카오게임의 부분 유료 아이템 등으로 수익을 낸다. 카카오톡에 광고를 띄우자는 제안도 있었지만 거절했다. 2015년 왓츠앱은 메신저 유료화의 한계를 인정하고 이내 다시 무료로 정책을 바꾼다. 하지만 적어도 한국 시장에서는 카카오톡에 1위를 빼앗긴 뒤였다.

카카오톡을 다른 서비스와 연동하게 한 점도 카카오톡 확산에 보탬이 됐다. 카카오는 카카오 개발자 플랫폼을 통해 카카오톡, 카카오스토리, 채팅 상담 등의 서비스 API(application programming interface)를 개방하고 있다. API란 특정 소프트웨어를 외부 사업자가 이용할 수 있게 제공하는 프로그램이다. 예를 들어 카카오와 관련 없는 서비스를 카카오톡 계정으로도 로그인하는 것이 대표적이다. 유통 기업이 카카오톡 채팅 상담 API를 활용하면 카카오톡을 통해 고객의 상품 질문에 대응할 수 있다. 아이위랩은 카카오톡 초창기부터 API를 개방하며 외부 사업자와 시너지를 내고, 카카오톡 생태계를 공고히 할 수 있었다. 개방 API는 IT 서비스업계 최대 화두로 구글과 네이버 등도 API를 공유하며 시장 확대에 나서고 있다.

■ ■ ■

Reliable(믿을 수 있는): 적자가 나도 품질을 놓치지 말라

카카오톡은 과감한 시설 투자로 장애 없는 메신저(reliable)란 이미지를 남겼다. 모든 IT 서비스의 딜레마가 이용자가 늘어날수록 서버도 확충해야 한다는 점이다. 서버를 늘리려면 고가의 서버를 새로 구입하고, 이를 관리할 사람도 더 뽑아야 하므로 결국 비용 문제로 귀결된다.

아이위랩은 한해 수십억 원의 적자를 보면서도 서버 구입과 인력 채용에 돈을 아끼지 않았다. 새로운 서버가 들어오는 시간이 오래 걸리면 카카오톡 메시지 송수신 이외의 기능을 최소화하며 서버 부담을 낮추었다. 프로필 사진 교체 등의 부가 기능을 임시 중단하더라도 카카오톡 메시지 장애를 막는 선택을 한 것이다. 2011년까지만 해도 우리나라에서는 엠앤톡이 카카오톡보다 이용자가 더 많았다. 하지만 엠앤톡이 늘어나는 이용자를 감당하지 못하며 잦은 서비스 장애를 일으키자 사람들은 카카오톡으로 갈아탄다. '카카오톡은 에러가 없다'는 이용자 인식이 퍼지면서 카카오톡은 선점 사업자를 제치게 된다.

물론 카카오톡도 장애가 없던 것은 아니다. 몇 차례 대규모 장애를 일으키며 곤욕을 치러야 했다. 재발을 막기 위해 카카오 직원들은 자발적으로 4인 1조의 '카카오톡 장애 대응팀'을 만들어 매일 당번을 섰다. 고장에 대비한 매뉴얼도 준비해 만일의 장애가 발생하더라도 신속히 대처하게 했다. 임직원이 포상 휴가를 가는 순간에도 카카오톡 서버 담당자들은 다르게 움직였다. 오래전부터 카카오에는 "카카오톡 가입자 1억 명을 넘어서면 전 직원 하와이 여행을 가자"는 농담 반 진담 반의 얘기가 있었다. 2013년 카카오톡 누적 가입자가 실제로 1억 명을 넘자, 당시 350여 명의 카카오 임직원은 회사 부담으로 3박 5일 하와이 여행을 떠났다. 이때 카카오톡 서버 담당자들은 시차를 두며 비행기를 탔다. 카카오 관계자는

"하와이 여행 기간에 카카오톡 장애가 터지거나 서버가 고장날까 봐 서버 담당자들이 동시에 자리를 비울 수 없었다"면서 "서로 순서를 정해 하와이에 다녀오는 시간을 다르게 맞췄다"고 떠올렸다. 그 뒤 2016년 9월 경주 지진 당시의 카카오톡 장애는 역대 최악으로 꼽힌다. 여진까지 계속되면서 이 장애 때문에 카카오는 카카오톡 메시지 처리량을 기존보다 늘렸다.

■ ■ ■

Target(맞춤): 단톡방과 캐릭터로 한국인 취향에 적중하다

단체 카카오톡 대화방과 아기자기한 이 모티콘은 한국인 정서에 꼭 들어맞았다(target). 우리나라 사람들은 여럿이 뭉치는 성향이 강하고, 직설 화법은 낯설어한다.

단체 대화방은 지금은 새삼스럽지 않은 기능이지만 그동안 모바일 메신저는 일대일 대화에 초점을 맞춰왔다. 카카오는 단체 대화방이란 참신한 기능을 도입해 가입자 확보에 탄력을 받는다. 친구들끼리 약속 장소를 정하거나 동료들과 회의 내용을 공유할 때 단체 대화방은 매우 유용하다. 아울러 연락처가 한 명이라도 등록되어 있으면 친구로 자동 추천해주는 기능의 반응도 좋았다. 2010년대 초반에는 스마트폰으로 단말기를 교체하면서 번호가 바뀐 사람들이 많았다. 카카오톡의 자동 친구 추천 기능은 연락 두절을 막

아주며 호평을 받았다. 인맥 넓히기를 선호하면서 커뮤니티에서 빠지면 불안해하는 한국인 심리와 어울리는 기능이었다.

카카오톡 캐릭터 '카카오프렌즈'도 우리나라 사람들의 언어 습관을 잘 반영한 콘텐츠다. 한국인은 직설적 표현을 어려워하고, 나이와 직급에 따른 서열 관계가 뚜렷해 대화 과정에서 미묘한 불편함이 종종 발생한다. 특히 비대면 문자 채팅에서는 상대방의 뉘앙스와 대화 분위기를 감지하기 어렵다. 이럴 때 이모티콘은 채팅 분위기를 부드럽게 만들고, 글자로 표현하기 어려운 의도를 자연스럽고 재치 있게 전해준다. 결과적으로 카카오프렌즈는 카카오를 먹여 살리는 1등 직원이 됐다. 카카오프렌즈 캐릭터가 들어간 오프라인 상품과 이모티콘 매출은 분기마다 점점 늘어나고 있다. 카카오프렌즈는 카카오톡의 이용 경험을 모바일에서 오프라인으로 확장시킨 의의도 있다.

■ ■ ■

Sympathy(공감): 고객이 쓰는 서비스는 고객 의견으로 만든다

마지막으로 카카오톡은 이용자와 교감(sympathy)하며 업그레이드했다. 카카오는 카카오톡 고객의 의견을 듣는 '겁나 빠른 황소 프로젝트'와 '100가지 기능 개선 프로젝트' 등을 진행하며 카카오톡 성능 테스트, 카카오톡 개선 사업을 벌였다. 고객이 쓰는 서비스는 고객 의견으로 만든다는 원칙을 세운 것이다.

겁나 빠른 황소 프로젝트란 카카오톡의 성능 속도를 높이는 체험단을 운영하는 것이었다. 카카오는 프로젝트에 참여할 카카오톡 이용자를 공개 모집해 이들과 카카오톡 성능을 개선하는 작업을 했다. 2011년 처음 진행된 100가지 기능 개선 프로젝트에는 무려 3만 건이 넘는 이용자 의견이 접수됐다. '카카오톡으로 음성 통화를 하면 좋겠다', '음악과 동영상을 카카오톡으로 공유하는 기능이 필요하다' 등의 의견이 대표적으로, 이 의견들은 대부분 서비스에 반영되었다.

이러한 프로젝트는 일반 이용자의 눈높이에서 카카오톡을 만드는 기능을 했다. 카카오톡을 이용자들과 함께 만들어간다는 인상을 주며 플랫폼 리더십을 강화하는 장점도 있다. 다만 카카오의 시도가 언제나 바람직하게 통한 것은 아니다. 2016년 10월, 카카오는 친구 자동 추천을 업그레이드한 '알 수도 있는 사람 추천' 기능을 선보였다가 이틀 만에 취소했다. 이 기능은 휴대폰 번호나 아이디를 등록하지 않은 사이라도 서로 친구로 추천해주는 기능이다. 카카오는 새로운 지인 관계를 확장하는 취지로 선보였지만 이용자들에게 충분한 사전 설명이 없었다는 비판, 카카오톡은 일반 소셜 서비스보다 사적 성격이 강하다는 지적, 헤어진 애인이나 사이가 좋지 않은 사람 등 원치 않은 인물까지 추천되는 부작용 등으로 해당 기능을 서둘러 철회했다. 카카오에서는 다양한 의견을 바탕으로 선보인 기능이었지만 예상치 못한 거센 역풍을 만나야 했다. 모바일 시대가 진화할수록 이용자를 예측하기 어려워졌다는 사례이기도 하다. 기업이 새로운 정책을 추진할 때 이용자 입장에서 꼼꼼하고 세심하게 검토해야 할 필요성이 더욱 커졌다.

매일 2시간을 자기 계발에 쓴 사람
: 네이버 창업주 이해진

카카오를 이해하려면 역설적으로 네이버를 알아야 한다. 김범수 의장과 이해진 의장은 첫 직장인 삼성SDS에서 한솥밥을 먹던 사이고 NHN 합병 기업도 함께 만들어냈다. 이해진 의장은 대학원을 마치고 삼성SDS 연구소에 입사해 7년 동안 일했다. 이해진 의장은 언뜻 보면 사업가보다는 학자 스타일로 보인다. 안경을 쓴 예리한 인상, 키가 큰 마른 체형의 이 의장은 화려한 수사 없이 요점 위주로 논리적으로 말하는 스타일이다. 흔히 '자수성가 CEO' 하면 떠오르는 카리스마형과는 거리가 있지만 이러한 치밀함과 신중함은 이른 나이에 네이버라는 거대한 기업을 일구게 했다.

이 의장의 아버지는 이시용 전 삼성생명 대표로, 보험업계에서 모르는 사람이 없는 대한민국 보험업계의 원로다. 이시용 전 대표는 삼성생명의 전신인 동방생명 공채 1기로 입사해 삼성생명 대표까지 지낸 인물로, 대단히 꼼꼼하고 엄격한 업무 스타일로 유명했다. 이시용 대표는 신입 직원을 뽑을 때 임원만 심사에 참여하는 관례를 깨고 과장급을 투입했는데, '같이 일할 사람은 실무자가 뽑아야 한다'는 취지였다. 1990년대 보수적인 금융업계에서는 매우 파격적인 정책이었다. 현재 네이버는 직원을 뽑을 때 실무자들이 심사에 참여한다. 이 의장 부친의 영향이 직간접적으로 이어져 오는 부분이다.

한편 이해진 의장은 삼성SDS를 다니던 7년 동안 남다른 자기 관리 철학을 갖고 있었다. 바로 근무 시간의 25%를 자기 계발에 쓰자는 '25% 법칙'이었다. 그는 신문에서 25%를 도입하는 외국계 기업의 사례를 접하고 자신도 실천하기로 했다. 하루 평균 근무 시간 8시간의 25%는 2시간이다. 2시간 동안 자기 계발을 하려면 남들이 8시간 넘게 끝내는 일을 6시간 안에 마쳐야 한다. 무리한 목표였지만 이 의장은 꾸준히 25% 법칙을 실천하기로 했다. 그가 정한 자기 계발의 주제는 '내가 설계하고 개발할 만한 기술이 무엇일까?'였고 검색 엔진 연구에 25%를 투자했다.

이 의장은 네이버 초창기 시절 "25% 법칙은 나중에 네이버를 만들 때 소중한 자산이 됐다. 인생의 결정적 장면이 반드시 극적일 필요는 없다고 본다"며 "꾸준히 할 수 있는 일에 최선을 다하는 게 진정한 결정적 장면이 아닐까 싶다"라고 말한 바 있다.

하루하루 25% 법칙을 이어오던 이 의장은 삼성SDS 입사 5년 만인 1997년, 동료 3명과 함께 삼성SDS 사내 벤처 1호 웹글라이더팀을 이끌게 됐다. 여기서 탄생한 것이 검색 포털 '네이버'였다. 네이버는 조종사, 항해사란 뜻의 내비게이터(navigator)와 특정한 일에 종사하는 사람을 뜻하는 접미어 '-er'를 붙여 만든 이름이다. '이웃'이란 네이버(neighbor)와 발음도 같다. 이후 1999년 6월 웹글라이더팀은 네이버컴이란 이름으로 삼성SDS에서 분사하면서 홀로서기에 나선다. 이후 2000년 김범수 의장의 한게임과 NHN으로 합병하면서 업계에 존재감을 드러낸다. 네이버의 포털 서비스는 야후, 라이코스 등의 외국계 회사와 다음, 엠파스 등의 국내 사업자에 밀려 점유율이 미미했다. 그러다 2003년 지식 검색 '지식인'의 대흥행으로 판도를 뒤집는다. 해외 사업에서는 2000년부터 일본 시장에 공을 들여왔다. 일본에서 검색 서비스는 실패했지만 모바일 메신저 '라인'이 기대 이상의 성공을 거둔다.

2016년 7월 15일 네이버 춘천 데이터센터 '각(閣)'에서 열린 라인 일본, 미국 상장 기자 간담회에서 이해진 의장은 오랜만에 모습을 드러냈다. 2013년 11월 일본에서 열린 라인 전 세계 이용자 3억 명 돌파 기자 간담회 이후 약 3년 만이었다. 라인의 상장 숙원을 이뤘다는 성취감 덕분인지 이 의장의 얼굴은 3년 전보다 편안한 느낌이었다.

이 의장은 '네이버는 비전이 없어서 성장했다'고 밝혀 눈길을 끌었다. 그는 "'네이버가 3년 이내 어떤 회사가 될 것으로 보는가?', '경영 철학이 무엇인가?' 등의 질문을 많이 받는다. 3년 뒤, 10년 뒤 기업이 어떻게 되리라 척척 대답하는 사람이 있다면 그 인물에게 경영권을 넘겨줘야 한다"며 "네이버는 그런 비전이 없었기에 유연하게 성장했다. 비전이 강하면 겉으로는 명확해 보여도 조직이 경직된다. 의사 결정자도 자신이 발표한 비전에 대해 의도적이든 의도적이지 않든 맞춰가려는 게 생긴다. 정작 조직이 변화해야 할 때 머뭇거리는 부작용까지 벌어진다. 지금까지 회사를 운영하며 배웠던 것은 '회사는 유연하게 변화할 수 있어야 한다'는 점이다. 절박하면서도 어떤 변화에도 유연하게 움직일 수 있는 자세가 경쟁이 치열한 사회에서 살아남는 기본이라 생각한다"고 말했다.

이 의장은 회사 경영은 유연하게 한다고 밝혔지만 기술에 대해서는 완강할 정도로 욕심이 많았다. 필자는 그때 참석한 기자 중에서 가장 많은 질문을 했다. 질문은 크게 3가지였는데 이해진 의장은 모두 '기술'이란 표현을 넣어 답했다. 반짝이는 아이디어로는 부족하고, 이를 정교하게 실현시킬 기술력이 뒷받침되어야 글로벌 시장에서 승부를 걸 수 있다고 강조했다.

첫 번째 질문은 "국내에서 네이버는 카카오와 많이 비교되는데 진짜 경쟁사는 어디라고 생각하느냐?"였다. 이 의장은 "네이버와 카카오는 국내 경쟁이 아닌 해외 사업자를 상대로 글로벌한 경쟁을 펼쳐야 한다"고 우회적으로 답했다. 우리나라 SNS는 페이스북이, 동영상 플랫폼은 구글의 유튜브가 장악하는 등 거대한 자본을 가진 외국 기업이 잠식했기 때문에 해외를 염두에 두고 경영해야 한다는 생각이었다. 경쟁력의 선결 조건은 역시 기술이었다.

두 번째 질문은 "식당 예약과 택시 호출 등 네이버도 O2O 사업에 진출하고 있다. 네이버 해외 사업의 중심이 라인이라면, 국내 사업의 중심은 O2O냐?"였다. 김 의장은 "O2O가 국내 사업 방향은 아니다. 기술력을 갖춘 글로벌 서비스를 만드는 것이 목표"라고 답했다. 마지막 질문은 "제2의 네이버를 꿈꾸는 창업자들에게 하고 싶은 말은 무엇이냐?"였다. 이 질문에도 이 의장은 '기술'을 강조했다. 그는 "창업자들에게는 아이디어만으로 사업하지 말고, 아이디어를 실현시켜줄 원천 기술에 투자하라고 말하고 싶다"며 "우리나라 스타트업의 기술 개발과 해외 진출에 네이버나 라인이 작게나마 힘이 되겠다"고 밝혔다.

답변에서 볼 수 있듯이 이 의장은 기술과 기술 기반 기업에 대단한 집착을 갖고 있다. 이 의장은 삼성SDS 사내 벤처로 네이버를 처음 만들었을 때부터 인력의 절반은 개발자로 이뤄져야 한다고 생각했다. NHN 공동 대표 시절에도 그는 한 신문 칼럼을 통해 "이공계를 졸업하고 엔지니어로 일하는 사람은 모임에서 별로 주목받지 못한다. 하는 일이 기술적으로는 대단할지 몰라도 대화하기에는 너무 어렵고 재미없다. 법조인과 달리 엔지니어에게는 신세 질 일이 없어 보여 친해보려고 애쓰는 사람도 없다"며 "엔지니어가 주목받을 수 있는 방법은 열심히 개발한 기술을 바탕으로 벤처 기업을 차리고 기술을 상용화시켜 부를 만드는 것이다. 법조인도, 금융인도 중요하지만 상품을 만들고 수익을 창출하고 세금을 내는 기업들이 늘어나야만 사회가 유지될 수 있다. 기술로 커다란 보상과 사회적 인정을 받는 분위기가 있어야 이공계에 진학하는 학생들도 늘어나지 않겠느냐"고 말한 바 있다.

그의 이런 집요함은 미래 기술 연구 조직을 별도 법인으로 만드는 결정으로 이어진다. 네이버의 미래 전략실인 이곳은 로봇, 인공지능, 자율주행, 증강현실, 자동번역 제품과 서비스 개발에 박차를 가하고 있다.

3장

카카오는 왜 운수사업에 뛰어들까:

타이밍을 맞춰라

kakao

■ ■ ■

만우절 루머에서
세기의 결혼으로?

2014년 3월 31일 월요일. 페이스북에 올라온 소식 하나가 전국을 발칵 뒤집어놓는다. 출처를 알 수 없는 익명의 글이었다.

카카오가 ㈜다음커뮤니케이션을 전격 인수한다. 인수가액은 미공개다. 카카오는 보다 나은 경쟁력을 위해 인수를 추진한다고 설명했다. 라인 등에 비해 글로벌 시장 공격 포인트가 적었던 카카오의 승부수다.

카카오가 다음을 인수한다는 소식은 언론 기사로도 크게 다뤄진다. 이튿날인 4월 1일 화요일 다음과 카카오가 소문을 부정하면서 인수설은 '만우절 루머'로 끝났다. 업계는 언제 그랬느냐는 듯 조용해졌다. 카카오는 매년 만우절마다 '카카오톡 유료화' 같은 루머에 시달려왔다. 카카오와 다음 합병설도 만우절 해프닝으로 끝나는 것처럼 보였다.

　그로부터 약 한 달 반 뒤 다음과 카카오 이슈는 전국을 다시 뜨겁게 달군다. 다음과 카카오가 5월 23일 금요일 각각 이사회를 열어 합병을 논의하고, 두 회사 간 주식을 상호 교환하는 방식으로 합병을 추진한다는 보도가 나온 것이다. 이 소식은 5월 24일 토요일에 흘러나왔다.

　주말에도 기자들의 문의가 쏟아지자 이번에도 다음과 카카오는 합병설이 '사실이 아니다', '모르는 내용'이라고 해명했다. 합병설을 부인하는 그 시각 다음과 카카오는 일부 직원에게 주말 비상 출근을 지시했다. 다음과 카카오 직원들 사이에서는 "다음 주 월요일에 대표가 직접 중대 발표를 한다"는 소문이 알음알음 퍼졌다. IT 업계에는 긴장감이 돌았다.

　5월 25일 일요일. 영문도 모른 채 출근한 다음과 카카오 직원들은 "합병 발표를 준비하라"는 소식에 깜짝 놀랐다. 합병은 만우절 해프닝이나 추측 보도인 줄 알았는데 눈앞에 닥친 현실이 된 것이다. 합병 계획이 주식 시장에 미칠 영향을 고려해 월요일 오전 9시 개장 전에 모든 일을 마쳐야 했다. 이들은 공시 자료를 작성하고, 긴급 기자 간담회 준비에 나섰다.

　통상적으로 기자 간담회 초대장은 최소 행사 일주일 전에 담당 기자들에게 전해진다. 그러나 다음과 카카오 합병 간담회는 단 하루 만에 모든 것을 준비해야 했다. 양사 홍보팀은 언론사가 많이 위치한 광화문 위주로 장소 물색에 나섰다. 행사 전날 대형 연회장을 빌리는 것이 불가능해 보였지만 극적으로 서울 시청 근처 한 호텔을 섭외할 수 있었다. 합병 간담회 초대장 메일은 행사 당일 아침인 5월 26일 월요일 오전 7시 30분에 출입 기자들에게 일괄적으로 발송됐다. 전국 언론사는 불쑥 통보된 대형 이슈에 분주한 아침을 시작했다. 초대장 내용은 다음과 같았다.

'다음카카오' 통합 법인 기자 간담회 안내

안녕하세요. 다음커뮤니케이션·카카오입니다.

오늘 다음커뮤니케이션과 카카오가 합병을 통한 '다음카카오' 통합 법인 출범을 공식 발표하는 기자 간담회를 개최합니다.

대한민국 대표 인터넷 기업 '다음커뮤니케이션'과 국내 최대 모바일 플랫폼 '카카오'가 만나, 글로벌 IT-모바일 역사의 새로운 시작을 알리는 뜻깊은 자리에 함께해주시기 바랍니다.

[일시] 5월 26일 월요일 오후2시
[장소] 서울 ○○○호텔

우리나라 IT 업계 역대 최대 규모의 다음카카오 합병은 신속하게 추진됐다. 다음과 카카오는 2014년 초 합병 논의를 처음으로 시작해 5월 중순에 합병 합의를 마쳤다. 평소 다음과 교류가 있던 김범수 의장은 다음 임원진과 만난 자리에서 카카오 상장 계획과 사업 비전에 대한 대화를 나누게 됐다. 이에 합병 청사진을 그리게 됐고, 다음 측에서도 합병에 적극적이었던 것으로 전해졌다. 합병 절차를 진행하는 증권사와 로펌들에는 최종 발표까지 철저한 함구령이 내려졌고, 일부 주요 주주들에게는 일정 기간 주식을 처분하지 않도록 하는 보호예수를 요청했다. 양사는 8월 27일 각각 주주 총회를 열고 주주들에게 합병 승인을 받아 연내 합병을 마무리하기로 했다.

카카오와 다음의 합병은 서로의 이해관계가 맞아떨어졌기에 가능했다. 카카오와 다음 모두 사업 상황에 자극을 주는 돌파구가 필요했다. 유무선이 통합되는 시대에 카카오의 모바일 역량과 다음의 오랜 PC 서비스가 시너지를 낼 부분도 있었다.

다음은 PC 온라인 시절의 절대 강자였지만 모바일 시대에는 위상이 예전만 같지 않았다. 검색, 메일, 카페 서비스는 네이버와 구글에 밀렸다. 다음이 큰 기대를 걸었던 모바일, PC 메신저 '마이피플'은 카카오톡에게 선수를 빼앗겼다. 다음은 마이피플 광고 모델로 걸 그룹 '소녀시대'까지 발탁했지만 대세가 굳어진 메신저 판도를 뒤집지는 못했다. 다음의 인수 합병설은 꾸준히 있었는데 소문에 그친 상대 기업만 해도 마이크로소프트, 야후, 엔씨소프트, SK 텔레콤, KT 등 다양했다. 이 과정에서 이재웅 다음 창업주가 보유 지분을 점점 줄이면서 '다음이 어떠한 모습으로든 인수 합병을 준비한다'는 소문이 오랜 기간 IT 업계에 퍼져 있었다. 다음은 정체된 회사의 분위기에서 벗어날 전환점이 필요해 보였다.

카카오 입장에서는 다음을 통해 우회 상장하면 막대한 자금을 수혈하면서 상장을 원하는 직원들의 요구를 일순 해소할 수 있었다. 애초 카카오는 2015년 5월 상장을 시도하려 했지만 상장 절차가 복잡하고 결과를 낙관하기 어렵다는 걸림돌이 있었다. 앞서 2002년 NHN은 코스닥 상장에 도전했지만 두 번이나 떨어져 충격을 안겼다. 누구도 NHN이 상장 심사에 떨어진다고 생각하지 못했다. NHN은 실적과 성장세가 모두 좋았고 영업이익률은 45%로 업계 최상위였다. 하지만 코스닥 위원회는 NHN 출자 기업의 불안정성과 닷컴 열풍의 불확실성 등을 이유로 보류 판정을 내렸다. NHN은 삼수 끝에 연말 코스닥에 입성했고, 코스닥 시가총액 1위 기업이 되어 2008년 코스피로 이전했다. 당시 NHN 대표였던 김범수 의장은 상장의 우여곡절을 생생히 겪었다. 만에 하나라도 카카오가 상장에 실패하면 NHN 때보다 후폭풍이 컸을 것이다. 그렇다고 상장 시기를 늦추기도 어려웠다. 스톡옵션으로 영입한 직원들의 상장 요구는 점점 커져갔다. 상장으로 외부 자금을 수혈할 기회가 지연되면 카카오의 신사업 추진에도 제약이 생긴다. 다음을 통해 우회 상장하면 카카오는 침착하게 사업 방향을 살필 수 있었다.

다음과 합병하면 상장뿐 아니라 국내 사업 저변이 넓어지는 효과가 있다. 당시 카카오는 카카오게임 이외에는 마땅한 수익 사업이 없었고 카카오톡의 글로벌 진출이 사실상 어려워진 상황에서 신경 쓰이는 점이 한둘이 아니었다. 카카오와 다음이 합병해 역량을 집중한다면 국내 위치는 확실히 굳힐 수 있다. 이 때문에 카카오가 합병을 계기로 불확실한 해외 사업보다 국내에 집중하는 방향으로 전략을 수정했다는 분석도 나왔다.

이밖에 두 회사의 인력과 인프라를 공유할 수 있다. 카카오는 회사가 갑작스레 성장하면서 늘 인력 부족에 시달리고 있었다. 다음과 합병하면 검증된 개발자와 서비스 인력을 단숨에 충원할 수 있다. 다음의 직원 수는 약 1,600명으로 카카오의 약 600명보다 3배 가까이 많았다. 다음의 뉴스, 지도, 쇼핑, 광고 등의 탄탄한 인프라도 큰 장점이었다. 뉴스의 경우 카카오는 2014년 9월 뉴스 추천 서비스 '카카오 토픽'을 선보이며 직접 미디어 사업에 뛰어들었다. 하지만 다음, 네이버 포털 뉴스에 이용률이 밀리고 제휴 언론사 확보에도 어려움이 있었다. 이후 카카오 토픽은 2015년 8월 다음 뉴스에 흡수되며 1년 만에 서비스를 접었다.

다음과 카카오의 '세기의 결혼'은 일사천리로 진행됐다. 다음과 카카오의 합병설부터 긴급 기자 간담회까지 모든 것이 사흘 만에 이뤄졌다. 합병 법인 명칭은 '다음카카오'로 정해지고 최세훈 다음 대표와 이석우 카카오 대표가 공동 대표를, 이제범 카카오 초대 대표는 신사업 총괄을 맡았다. 합병은 코스닥에 등록되어 있는 다음이 존속 법인이 되어 카카오를 흡수하는 형태로 정리됐다. 자세히 들여다보면 비상장 기업이지만 기업 가치가 훨씬 큰 카카오가 다음을 통해 우회 상장하는 형태였다. 다음카카오 최대 주주도 김범수 의장이었다. '카카오가 다음을 인수한다'는 만우절 루머가 퍼진 것도 카카오의 성장세나 기업 가치가 다음을 압도했기 때문이다.

2014년 5월 26일 월요일. 다음과 카카오의 합병 계획을 발표하는 날이 밝았다. 행사장 주변은 이른 아침부터 취재진으로 북적거렸다. 기자 간담회 시작 시간인 오후 2시가 다가오자 직원 두 명이 무대 중앙에 배치할 테이블을 들고 나타났다. 흰색 천이 덧씌워진 테이블에는 '새로 쓰는 IT-모바일 역사 다음카카오 출범'이란 굵은 글씨가 적혀 있었다. 사진기자들의 셔터가 '차르르' 소리를 내며 연달아 터졌다. '어떻게 카카오와 다음이 합병을 해?'라고 웃으며 넘긴 만우절 루머가 사실로 드러나는 순간이었다.

기자 간담회에서 최세훈 다음 대표는 "다음과 카카오는 업계에서 종종 만나면서 '같이 할 것이 없을까'를 자주 논의했다. 양사 경영진들이 항상 그런 생각을 갖고 있다가 그게 발전해서 합병까지

오게 됐다"며 "카카오의 플랫폼과 다음이 보유한 비즈니스 노하우를 결합하면 최상의 시너지를 낼 것"이라고 설명했다. 이석우 카카오 대표는 "모바일 환경은 빠르게 변화하는데 카카오는 벤처기업으로서 유능한 인재 확보, 대규모 자금 유입 면에서 한계가 있었다"며 "국내 증시에 상장하기까지는 많은 시간과 노력이 필요하다. 급변하는 시장에서 내년을 넘기기보다 다음과 빨리 합병해 시너지를 내는 게 맞다고 본다"고 말했다.

다음카카오 출범 날짜는 2014년 10월 1일로 정해졌다. 합병은 카카오 1주당 다음 1.5557456주를 발행함으로써 상장사 다음이 비상장사 카카오를 흡수하는 방식으로 진행된다. 카카오는 다음이 상장된 코스닥에 우회 상장되며 합병 후 김범수 의장은 다음카카오 지분 39.8%를 가진 최대 주주가 됐다.

다음카카오는 합병 첫날인 10월 1일 오전 11시 서울 소공동의 한 호텔에서 기자 간담회를 열었다. 이 행사는 다음의 tv팟으로 일반에도 생중계됐다. 이 자리에서 다음카카오는 신규 기업 로고(CI), 슬로건 '모든 것을 연결하라(connect everything)', 조직 개편 계획 등을 밝혔다. 이석우, 최세훈 공동 대표는 "다음과 카카오의 조직 문화 융합을 위해 호칭은 카카오가 쓰던 영어 이름을 채택했고 부서별 팀장은 출신을 고르게 안배하려 노력했다"고 설명했다. 본사는 다음커뮤니케이션의 제주 본사가 그대로 쓰이며 복지 제도는 직원 선호도가 높은 것 위주로 취사 선택됐다. 예를 들어 다음의 '설렘 휴가'는 근속 3년마다 1개월 안식 휴가를 주는 복지 정책으로 카카오 직원들도 혜택을 받게 됐다.

기자 간담회 현장에서는 '모든 것을 연결하라(connect everything)'라는 슬로건이 도발적이라는 평과 김범수 의장 역할에 대한 질문이 나왔다. 이석우 대표는 "슬로건은 도발적인 것이 맞다. 모든 걸 연결하다 보면 다양한 연결이 나올 수 있다. 인터넷과 모바일로 이전에 없던 연결이 생겨나면서 새로운 서비스와 비즈니스가 나오고, 또 다른 이용자 가치가 나온다"고 설명했다. 이어 "김범수 의장은 통합법인 최대 주주고 이사회 의장을 맡아서 역할이 많아졌다. 다음카카오 일상 경영은 공동 대표가 맡고, 김 의장은 주요 의사 결정이나 장기 전략 등에 관여한다"고 말했다.

다음카카오는 '모든 것을 연결하라'는 슬로건 속에 사람과 사람, 사람과 정보, 온라인과 오프라인, 사람과 사물 등 일상생활을 둘러싼 모든 것을 연결하겠다는 포부를 밝혔다. 이날 행사장에서 다음카카오는 회사의 방향성을 암시하는 동영상을 보여줬다. 동영상에는 한국어로 쓴 카카오톡 메시지가 영어로 자동 번역되고, 옹알이를 하는 아기의 말이 메시지로 해석되어 아빠에게 전송되며, 클라리넷을 배우는 직장인이 길을 지나는데 카카오톡이 근처 악기 매장의 할인 정보를 팝업창으로 띄워주고, 모바일 앱으로 집안의 전

등을 켜며 커피를 끓이고, 자동차 내비게이션에서 자동으로 빈 주차장을 검색해 띄워주는 등의 장면이 소개됐다. 음성 번역과 사물인터넷(IoT) 서비스는 아직 상용화하지 않았지만 주차장 검색·예약은 '카카오파킹'이란 서비스로 이미 출시됐다. 모바일로 모든 일상생활을 연결하겠다는 것이 카카오가 꿈꾸는 세상이었다.

카카오와 다음은 합병으로 각자의 큰 걱정거리를 해소할 수 있었다. 카카오는 발등에 불이 떨어진 상장과 인력 문제를 해결할 수 있었고, 다음은 변화를 향한 전환점을 마련했다. 다만 이질적인 두 회사의 기업 문화가 융화되는 데는 시간이 필요했다. 조직 문화에는 우열이 없고 차이만 있을 뿐이다. 그 간극을 어떻게 좁혀가느냐가 성공적인 합병의 첫 단추였다.

1995년 설립된 다음은 20년여 년 동안 축적된 시스템으로 움직이는 IT 대기업이었고, 2006년 창업한 카카오는 급성장하며 조직을 꾸려온 벤처기업이었다. 당연히 조직 문화와 업무 스타일에 차이가 있을 수밖에 없었다. 다음카카오는 임시 조직인 '길TF'와 '원TF'를 만들어 합병 문화 안착에 힘쓰게 했다. 당시 TF에 관여했던 한 관계자는 "서로 다른 방식으로 일하던 두 회사를 하나의 스타일로 수렴하는 일은 녹록하지 않았다"며 "합병 이후 입사한 경력 직원들은 카카오도 다음 출신도 아니기에 이들까지 융화하는 다음카카오만의 핵심 가치와 문화 스타일을 만드는 데 고민을 많이 했다.

직원들의 의견을 들으며 불만은 개선하고 장점은 강화하는 작업은 계속 이뤄지고 있다"고 말했다.

한편 카카오와 다음의 합병 시너지는 큰 과제다. '1+1=2'가 아닌 그 이상의 숫자를 원하지만 아직까지는 미지수다. 다음을 쓰면 카카오 서비스를, 카카오를 쓰면 다음 서비스를 쓰는 선순환이 일어나야 하는데 따로따로 움직이는 것은 아쉬운 부분이다. 카카오톡을 쓰면서 검색은 네이버를 이용하고, 다음을 쓰면서 카카오스토리 대신 페이스북에 접속하는 현상이 빈번하다. 2015년에는 다음 뮤직이 서비스를 종료했는데 다음 뮤직 이용자가 카카오 뮤직으로 전이되지 않고 멜론, 벅스 등의 다른 음원 서비스로 분산됐던 것도 대표적인 사례다. 카카오, 다음 서비스의 고객층과 이용 환경, 목적이 다른 점은 고민해야 한다. 카카오가 멜론을 인수하면서 음원 서비스 문제는 일부 해소됐지만, 전체적으로 카카오와 다음 이용자 간의 조화로운 소비 경험이 독려될 필요가 있다.

물론 카카오톡의 대화창 검색 기능인 '샵(#) 검색'처럼 다음의 검색 노하우와 카카오톡 플랫폼이 만난 의미 있는 서비스도 있다. 2015년 6월 선보인 샵 검색은 카카오톡 대화창 옆 '#' 버튼을 눌러 궁금한 검색어를 입력하면 곧바로 확인할 수 있는 기능이다. 카카오톡으로 대화하다 궁금한 점이 있으면 다음, 네이버 앱을 켜지 않아도 대화창 안에서 해결하고 친구와 검색 결과를 공유할 수 있다.

샵 검색은 현재 월간 활성 이용자 1,000만 명을 기록하며 맞춤법·
표준어 검색, 카카오내비와 카카오택시 호출 기능과 연동하며 카
카오톡의 핵심 기능으로 진화하고 있다.

■ ■ ■

다음카카오 키워드: 융화, 모바일, 맞춤화

2014년 5월과 10월 두 차례 다음카카오 합병 기자 간담회에서 최대 주주 김범수 의장은 나타나지 않았다. 다음카카오 최대 실세인 그의 행보에 모두의 시선이 쏠려 있던 터였다. 김 의장은 평소 대학교 특강과 언론사 인터뷰 등을 통해 대외 활동을 틈틈이 하는 편이었지만 다음카카오 합병 이슈가 불거진 이후에는 외부에 모습을 잘 드러내지 않았다. 다만 내부 이슈에는 적극적으로 대응하고 있었다. 합병이 결정된 5월 말에는 카카오 임직원들에게 이메일과 오프라인 만남 등을 통해 직접 회사 상황을 설명하고 합병 비전을 밝혔다.

김 의장은 9월 첫째 주 카카오 판교 사옥, 다음 제주 본사, 다음 한남 오피스를 차례로 방문하며 직원들과 '비전 토크' 시간을 가졌다. 비전 토크의 주된 내용은 다음과 카카오 직원 간의 '융화'를 최우선으로 여기고, 사업 방향은 '모바일'로 하되 이용자 개별 '맞춤화' 서비스로 가야 한다는 것이었다. 김 의장은 "미래의 모바일 서

비스는 사람들이 검색 창에 키워드를 입력하기 전에 원하는 콘텐츠를 미리 맞춤·추천해주는 방향으로 가야 한다"고 강조했다. 다음과 카카오 합병으로 인한 조직 개편에 대해서는 "인위적 구조조정은 없고, 직원들의 처우는 동등하게 조정하겠다. 다음 제주 본사도 계속 유지할 것이다. 해결할 일이 많겠지만 대화와 공유를 통해 문제를 풀겠다"고 밝혔다. 글로벌 사업에 대해서는 "답을 찾고 있다. 더 고민해봐야 한다"고 말했다.

김 의장이 밝혔던 사업 방향인 '모바일'과 '맞춤화'는 이미 카카오 서비스 곳곳에 반영되고 있다. 카카오의 신규 서비스는 모두 모바일을 기준으로 하며 빅데이터 기반의 콘텐츠 추천 알고리즘 '루빅스'는 다음 앱과 카카오톡 채널에 적용됐다. 루빅스는 이용자가 자주 클릭하는 콘텐츠를 분석해 차기 접속 시 자동으로 추천한다. 평소 스포츠 뉴스를 즐겨 읽는 이용자에게 올림픽 콘텐츠를 보여주는 식이다.

김 의장은 다음 직원들이 근무하는 판교와 제주 사옥에서는 자신이 걸어온 이야기를 밝히며 소개하는 시간을 가졌다. 학창 시절에 PC통신을 처음 접하며 인터넷 세상에 눈을 뜨게 된 계기, 한게임을 창업해 NHN 합병으로 발전한 과정, 카카오를 창업한 계기와 다음카카오 합병 결정 등이 주 내용으로 IT 패러다임 전환점마다 새로운 도전에 뛰어드는 이유를, 인생 스토리를 곁들여 말했다.

당시 다음 직원들의 비전 토크 후기를 들으면 "김범수 의장이 '다음'을 표현할 때 '우리 다음'이라고 말한 점이 인상 깊다"는 반응이 가장 많았다. 다음카카오 합병으로 불안해하는 다음 직원들을 배려하는 모습이 보인다는 이유에서다. 김 의장이 '우리 다음'이라는 표현을 의도했든, 하지 않았든 합병 준비에서 직원 정서를 민감하게 신경 쓰고 있다는 표시다. 2000년 NHN 합병을 겪으며 느낀 교훈도 있었을 것이다. 김범수 의장은 다음과 카카오 직원 융합을 위한 TF 팀장직을 맡기로 했다. TF 이름은 두 회사 직원이 하나로 뭉치자는 의미에서 '원(ONE)'으로 정했다.

프라이버시 논란, 고객 신뢰 연결에 실패하다

2014년은 카카오가 극과 극을 동시에 겪게 만든 한 해였다. 카카오는 매서운 성장 속에 2014년 10월 다음과 합병하며 숙원이었던 상장을 이뤄냈지만 축제 분위기는 이내 산산조각이 난다. 카카오톡 검열 논란이 불거지면서 이용자들에게 고개를 숙인 것이다. 카카오가 합병 준비로 정신이 없어 해명에 치밀하지 못했다손 치더라도 카카오의 미숙한 위기 대응은 기업 리스크 관리의 실패 사례로 남게 됐다. 이 사건을 계기로 카카오는 IT를 넘어 정치·사회면 기사에 자주 오르내리는 기업이 됐다.

2014년에는 대형 사건이 많았는데 4월 16일 세월호 참사, 6월 4일 지방선거 등의 여파로 여러 가지 정치사회 이슈와 의혹, 루머가 온라인과 카카오톡 등으로 대거 퍼져나갔다. 이 과정에서 9월 18일 대검찰청이 개최한 '사이버상 허위 사실 유포 사범 엄단 범정부 대책 회의'에 국내 인터넷 사업자들도 참석한 사실이 외부에 전해졌다. 당시 다음카카오 합병을 앞둔 카카오도 이 회의에 참석한 사실이 보도되면서 '카카오톡이 감시를 받는 것 아니냐'는 불안감이 이용자들 사이에 퍼져나갔다. 이에 검찰은 "메신저나 SNS와 같은 사적 공간까지 검색하고 수사하는 것은 기술적으로 불가능할 뿐만 아니라 계획에도 없다"고 설명했다.

수사기관은 수사 목적에 따라 감청 영장 또는 압수수색영장을 발부할 수 있다. 감청(監聽)은 수사 목적으로 통신 수단을 이용한 대화 내용을 실시간으로 몰래 들여다보는 일종의 합법적 도청이다. 현재 기술로는 카카오톡과 같은 메신저를 실시간으로 감청할 수 없다. 이에 카카오는 수사기관이 "향후 이날부터 이날까지의 카카오톡 메시지를 달라"고 감청 영장을 제시하면 영장이 접수된 시점으로부터 3~7일의 메시지를 모아 일주일마다 수사기관에 제공해왔다. 이와 달리 압수수색영장은 과거의 메시지를 달라고 요청하는 것으로 카카오는 영장이 접수된 시점으로부터 3~7일의 메시지를 수사기관에 제공했다. 압수수색영장이 발부되어 기업에 접수되기까지 시간이 걸리므로 그사이 수사 대상의 메시지가 서버에 남아 있지 않는 경우도 많다. 이에 감청 영장이 쟁점이 되었다. 이용자들 사이에서는 '나의 카카오톡이 실시간으로 검열을 받을 수 있다'는 의혹으로 일파만파 커져갔다.

카카오톡 실시간 검열은 기술적으로 불가능하다는 검찰과 카카오의 설명에도 프라이버시 논란은 점점 확산됐다. 카카오톡 프라이버시 논란은 각종 정치적 현안과 맞물려 걷잡을 수 없이 번져나갔다. 카카오톡 메시지가 영장이 발부되면 수사 당국에 제공되어 온 사실은 이용자에게 상당한 충격이었다.

모든 기관과 기업은 현행법 테두리 안에서 수사기관에 협조해오고 있다. 국내 이동통신사와 인터넷 기업들은 검찰이 영장을 제시하면 로그인 접속 기록, 통화 시도 기록 등의 이용자 정보를 제공하고 있다. 카카오의 수사 협조가 유별나다고는 볼 수 없는 부분이다. 그러나 이용자들이 카카오톡 프라이버시에 유독 민감한 반응을 보인 것은 카카오톡에 사적 성격이 강하기 때문이다. 카카오톡은 지인 간 사적 대화를 나누는 용도로 많이 쓰이는 만큼 사생활과 더 밀접하게 연관돼 있다.

엎친 데 덮친 격으로 카카오의 투박한 대응은 이용자들의 화를 부채질했다. 2014년 9월 23일 카카오는 공식 트위터 계정을 통해 "카카오톡은 감시와 검열의 대상이 아닙니다. 대화 내용은 3~7일

간만 저장하고, 엄격한 법적 절차 없이 그 누구에게도 보여주지 않습니다. 오해하지 마세요"라는 글을 올렸다. 이 글의 '오해하지 마세요'란 표현은 카카오톡 이용자들에게 무지의 책임을 돌리는 듯한 뉘앙스로 역풍을 일으켰다. 카카오가 다음카카오 출범 준비로 정신이 없던 차에 치밀하게 대응하지 못했을 수는 있지만 이용자와의 교감을 중시해야 하는 메신저 기업으로서 실망스러운 자세였다.

이튿날 국내 애플의 앱스토어에서는 독일의 모바일 메신저 '텔레그램'이 카카오톡을 물리치고 무료 앱 부문 1위를 차지하는 일이 벌어졌다. 카카오톡에 대한 보안 불안감 때문에 해외에 서버를 둔 메신저로 갈아타는 이른바 '사이버 망명'이 가속화한 것이다.

물론 카카오는 억울할 수 있다. "카카오톡을 실시간으로 들여다보는 것은 기술적으로 불가능하다고요! 우리만 수사에 응하는 게 아니고 다른 기업도 다 하는 일이에요"라고 항변하고 싶을지 모른다. 진의를 떠나 카카오를 둘러싼 상황은 긴박하게 흘러갔다. '연결'을 키워드로 삼아 매섭게 성장한 카카오는 정작 고객과 카카오톡 신뢰를 연결하는 데는 신속하지 못했다.

카카오는 공식 입장을 통해 "7일이 지난 대화 내용은 서버에 존재하지 않는다. 압수수색영장 발부 때만 대화 기록이나 내용을 제공하며 카카오는 정보통신법, 형사소송법, 통신비밀보호법 준수 의무가 있다"고 진화에 나섰지만 역부족이었다. 10월 1일 다음카카오 출범 기자 간담회에서도 프라이버시 논란에 대한 질문이 쏟아졌지만 이용자 불안을 잠재울 만한 답변은 눈에 띄지 않았다. 당시 이석우 대표는 "어떤 서비스도 해당 국가의 법에 따라야 하므로 협조해야 한다. 실시간 유출의 가능성은 없으며 카카오톡 메시지를 자체 보관하는 기간이 5~7일로 짧기 때문에 원치 않게 대화 내용이 유출되는 건 쉽지 않다. 영장이 들어오더라도 대화 내용을 드리지 못하는 경우가 상당수이자 대부분"이라고 말했다.

이러한 공식 해명에도 불구하고 사태가 점점 심각해지자 카카오는 10월 8일 공식 블로그에 사과 공지문을 올리고, 그동안 받은 감청, 압수수색영장과 통신 사실 확인 자료 제공 요청 내역을 공개했다. 하지만 카카오의 서면 사과는 이용자들의 불만을 잠재우기에는 역부족이었고 진정성 논란마저 일었다.

카카오는 카카오톡을 둘러싼 각종 의혹을 초기에 잠재우지 못해 사태를 확산시켰다. 루머 초기 단계에서 소통 채널을 일원화해 대표가 나서서 적극적으로 해명했다면 좋았을 것이다. '카카오톡은 기술적으로 감청이 불가하니 이해해주세요'라는 식의 온라인 설명으로는 이용자들의 불안을 누그러뜨리기에 턱없이 부족했다. 카카오는 공식 트위터와 홈페이지 등으로 해명서를 올렸지만 공신력을 갖지 못했다. 디지털 사회라 하더라도 중요하고 무거운 주제에 대해서는 오프라인에서 최고 책임자가 해명해야 이용자들에게 신뢰를 줄 수 있다.

다음카카오로 출범한 뒤에도 카카오톡 프라이버시 논란은 해결될 기미가 보이지 않았다. 다음카카오 최대 주주인 김범수 의장이 직접 나와 사태를 진정시켜야 한다는 지적도 나왔다. 설상가상으로 국정감사 기간이 겹치면서 카카오는 사면초가에 빠졌다. 국회 미래창조과학방송통신위원회, 법제사법위원회에서 카카오톡 검열 논란 등을 이유로 대표이사의 국감 증인 출석을 요구하고 나섰다.

가장 큰 문제는 회사의 존립 기반인 카카오톡을 떠나는 이용자가 점점 많아진다는 점이다. 텔레그램, 왓츠앱 등 서버가 해외에 있는 메신저로 갈아타는 비율이 눈에 띄게 늘어났다. '카카오톡 엑소더스'는 점점 심해졌다. 이용자가 카카오톡에 갖는 불안함이라는 불씨는 점점 걷잡을 수 없는 대형 화재로 번져갔다.

■■■■
비밀 채팅이 도입된 이유는?
'띵동'. 2014년 10월 13일 월요일 오후 4시 20분께 카카오 담당 기자들에게 한 통의 문자메시지가 도착했다. "오후 6시 광화문 프레스센터에서 다음카카오 기자 간담회를 진행합니다"라는 한 줄의 메시지가 전부였다. 문장은 단출했지만 카카오가 중대한 결정을 내렸음이 단번에 전해졌다. 불과 2주 전에 합병 기자 간담회를 진행한 카카오가 당시 상황에서 기자 간담회를 다시 열 이유는 하나밖에 없었다.

시계가 오후 6시 정각을 가리키자 이석우 대표는 연단 앞으로 나와 사과문을 읽었다. 이 대표는 "9월 7일 이후 감청 영장에 불응하고 있다. 앞으로도 감청 영장에 응하지 않으며 사용자의 프라이버시를 우선시하겠다"고 말해 충격을 안겼다. 프라이버시 논란을 불식시키기 위해 어떤 감청 영장 제시에도 협조하지 않겠다는 초강수를 둔 것이다.

이 대표는 "이제까지 수사 당국 요청에 응하는 것이 법의 취지에 부합한다고 생각하고 협조해왔지만, 이번 사태를 겪으면서 이용자들의 준엄한 꾸짖음을 듣고 반성하게 됐다"며 "이용자들의 날카로운 지적과 비난, 서운함에 대처할 수 있는 방법은 프라이버시를 더욱 강화하고 법적인 처벌이 따르더라도 더 이상 감청 영장에 응하지 않는 것이다. 공무 집행 방해 등 법률적으로 위반 행위라고 하더라도 대표이사인 내가 결정했기 때문에 그 벌을 내가 달게 받겠다"고 밝혔다.

이후 카카오는 다양한 프라이버시 보호 대책을 잇따라 선보였다. 우선 카카오톡 대화 내용의 서버 저장 기간을 기존 5~7일에서

2~3일로 줄였다. 아울러 '비밀 채팅'을 새롭게 도입했다. 비밀 채팅에는 메시지 암호를 풀 수 있는 키를 서버에 저장하지 않고 스마트폰에 저장하는 '종단 간 암호화(end-to end encryption)' 기술을 적용했다. 이 기술을 적용하면 암호화된 대화 내용을 풀 수 있는 암호 키가 스마트폰에만 저장돼 회사 서버에서 대화 내용을 확인할 방법이 원천적으로 차단된다. 비밀 채팅은 모바일 버전에서만 지원되며 메시지를 주고받을 때 일반 채팅보다 속도가 느리고 무거운 느낌이 든다.

이밖에 카카오는 매년 반기마다 투명성 보고서를 펴내며 정부의 개인 정보 요청 현황을 공개하고 있다. 2015년 12월에는 프라이버시 정책 자문 위원회를 출범시키며 수사기관의 영장 집행 요구 현황과 이용자 정책 제도를 정기적으로 공개하고 있다.

카카오는 온갖 리스크를 감내한 정책으로 사이버 망명자들의 마음을 돌리는 데 소기의 성과를 거뒀다. 카카오톡은 위기를 넘기며 여전히 국내 점유율 95% 안팎을 유지하는 1위 메신저 위치를 지키고 있다. 하지만 얻는 것이 있으면 잃는 것도 있는 법. 카카오는 고객 잡기에는 성공했으나 '감청 영장 불응' 정책은 결국 정치 문제로 비화했다. 카카오와 검찰, 정부 불화설은 이 시기부터 스멀스멀 퍼져나갔다.

영장 불응 발언을 한 이석우 대표는 IT 기업 대표로는 이례적으로 사회 뉴스에 이름이 오르내리는 일이 많아졌다. 그는 카카오톡 프라이버시 침해 이슈에 답하기 위해 2014년 10월 16일 열린 법제사법위원회 국정감사에 출석했고, 2015년 9월 11일에는 카카오택시의 이용자 정책과 상권 침해 논란으로 국회 국토교통위원회 국감장에 나타나 IT 기업 대표 최초로 2회 연속 국감 증인 출석이라는 기록을 남긴다. 국정감사 현장에서는 여권, 야권 가리지 않고 카카오에 대한 지적이 빗발쳤다.

2015년 10월 이 대표는 카카오 서비스 내에서 음란물 유통을 방치했다는 혐의로 검찰에 불구속되는 수모를 겪기도 했다. 카카오 측은 "음란물 유통을 막기 위해 기업이 취해야 할 사전적 기술 조치에 대해 정부의 명확한 가이드라인이 없다. 이용자 신고 이외에 기업이 음란물 유통을 직접 모니터링을 하는 것은 이용자 사생활 보호를 침해할 수 있다"며 "전직 대표이사 개인을 기소한 것은 이례적인 사안이다. 법적 대응을 통해 무죄 판결을 받을 수 있도록 최선을 다할 것"이라고 항변했다. 그해 12월 이 대표는 카카오를 떠나 첫 직장이었던 중앙일보의 디지털 전략 담당으로 자리를 옮겼다.

한편 이 사건에 대해 2016년 5월 검찰은 이 전 대표에게 벌금 1,000만 원을 구형했지만 그해 8월 법원은 검찰이 내세운 처벌 근거 법률 조항을 문제 삼으며 헌법재판소에 위헌 법률 심

판을 제청했다. 공방이 종결되기까지는 오랜 시간이 걸릴 전망
이다.

카카오톡 이용자 보호 정책은 왜 1년마다 바뀌나?

2014년 10월 감청 불응 → 2015년 10월 감청 협조 재개 → 2016년 10월 감청 협조 중지.

카카오는 합병 이후 매년 가을마다 카카오톡 감청 정책을 번복하는 홍역을 치렀다. 2014년에는 사이버 망명을 막기 위해 자발적으로 감청 협조 거부 선언을 했고, 1년 내내 수사 당국과 대립각을 세우는 모양새를 보이다 2015년 10월 임지훈 신임 대표 취임을 계기로 수사 협조를 재개했다.

2014년 10월 이전, 카카오톡 메시지의 서버 저장 기간은 3~7일로 압수수색영장이 접수되면 서버에 저장된 3~7일치의 대화 내용이 제공됐다. 감청 영장이 발부되면 영장에 적시된 기간에 서버에 저장된 3~7일의 대화 내용을 모아 일주일마다 제공했다. 2014년 10월 프라이버시 논란이 일어난 뒤에는 카카오톡 메시지 서버 저장 기간이 2~3일로 단축됐고 감청 영장에는 응하지 않기로 했다. 압수수색 영장에 한해서만 서버에 저장되어 있는 2~3일치의 메시지가 제공됐다. 2015년 10월, 감청 영장에 다시 응하기로 결정하면서 서버에 저장된 2~3일치의 대화 내용을 모아 영장에 적시된 기간 동안 3~7일 단위로 제공하되 단체 대화방에서는 수사 대상자 이외의 대화 메시지는 블라인드 조치했다.

그로부터 1년 뒤인 카카오는 감청 협조 중지를 발표한다. 2016년 10월 13일 대법원은 국가보안법 위반 혐의로 기소된 시민단체 관계자 3명에게

징역 2년, 자격정지 3년을 선고한 원심을 확정하면서 "검찰이 카카오에 요청해 받은 카카오톡 대화 내용은 증거 능력이 없는 위법"이라고 판결했다. 이 판결에 따르면 통신비밀보호법상 감청은 실시간으로 이뤄져야 하는데 감청 영장에 의하여 확보한 카카오톡 메시지는 실시간 감청이 아닌, 수신이 완료된 내용이므로 증거로 사용할 수 없다는 것이다. 대법원 판결에 따라 카카오톡 메시지는 증거 능력이 없게 됐고, 대검찰청은 수사에 차질이 있을 수 있다고 난색을 표했다.

이튿날 카카오는 "대법원 판결에 따라 카카오톡 이용자에 대한 수사기관의 감청 영장 집행 협조 요청에 대해 기존과 같은 방식의 자료 제공을 중단하기로 결정했다"며 "앞으로의 수사기관 감청 협조 방식에 대해서는 카카오가 결정할 수 있는 부분이 아니다"라고 밝혔다. 이로써 카카오의 지난 한 감청 논란은 한숨을 고르게 됐다. 감청 시시비비에서는 벗어났지만 그렇다고 카카오가 감청 논란에서 완전히 자유로운 것은 아니다. 카카오톡 이용자에게 석연치 않은 설명으로 불안감을 끼치며 사이버 망명을 자초하고, 감청 협조 정책을 세 차례나 바꾼 근본적 원인이 무엇인지 이에 대한 자기 반성이 없다면 제2의 프라이버시 논란은 또다시 벌어질 수 있다.

새 술은 새 부대에:
지식의
저주를 깨라

2015년 9월 카카오는 큰일을 연이어 치른다. 대표이사를 교체하고 기업 간판도 바꾸어 달았다. 대표이사는 이석우, 최세훈 공동대표에서 임지훈 단독 대표로, 사명은 다음카카오에서 카카오로 변경됐다. 카카오는 "단독 대표 체제를 통해 속도감 있는 의사 결정을 강화하고 합병 이후 본격적으로 시너지를 낼 것"이라며 "사명 변경의 경우 웹과 모바일을 대표하는 두 회사의 이름을 물리적으로 나란히 표기하는 '다음카카오' 사명에는 기업이 나아가고자 하는 방향이 모호한 측면이 있었다. 이에 모바일 기업 브랜드 경쟁력을 강화하기 위해 카카오로 사명을 바꾸게 됐다"고 설명했다. 대표 교체와 사명 변경은 그간의 부정적 이슈를 떨치고 젊고 혁신적인 이미지로 거듭나게 하는 효과도 있었다. 이석우 대표가 카카오 출신, 최세훈 대표가 다음 출신이었다면 임지훈 대표는 그 어느 출신도 아닌 만큼 다음과 카카오의 융합을 상징하는 의미도 있다.

카카오는 2015년 8월 11일 임지훈 케이큐브벤처스 대표를 카카오 대표로 내정했다고 발표했다. 케이큐브벤처스는 카카오의 스타트업 초기 투자사다. 유난히 무더웠던 월요일 아침은 카카오의 대형 발표로 발칵 뒤집어진다. 카카오는 그날 오전 11시 30분에 대표이사를 교체한다고 발표했는데, 당시 카카오 담당 기자들은 깜짝 이슈에 점심을 건너뛰며 '카카오 대표 교체', '35세 대표 내정'을 주제로 기사를 썼다. 예상치 못한 대표이사 변경 소식만큼 충격이었던 것은 임지훈 대표의 나이였다. 그는 1980년생으로 대표 선임 당시 나이는 만 35세였다. 우리나라 코스닥 상장사 CEO의 평균 나이 55세보다 한참 어리다. 이석우 전 대표는 1966년생, 최세훈 전 대표는 1967년생으로, 기존 공동 대표와 띠동갑 이상 터울이 있었다. 사실 카카오에는 임 대표보다 젊은 CEO가 있었다. 카카오는 2006년 12월 아이위랩 시절 1978년생인 20대의 이제범 대표를 초대 사장으로 영입했다. 그때와 지금의 차이는, 2006년의 아이위랩은 임직원 20명가량의 작은 기업이었고, 2015년의 카카오는 시가총액만 5조 원, 임직원 2,500명이 넘는 모바일 대기업이라는 점이다.

기자들의 점심 시간이 사라진 이유 중 하나는 기자들에게도 임지훈 대표가 생소한 인물이었기 때문이다. 벤처 투자 업계에 관심이 있지 않은 이상 임지훈 대표는 낯선 존재였다. 그뿐만이 아니었다. 임지훈 대표가 몸담았던 케이큐브벤처스는 어떤 기업인지, 왜 카카오는 투자자 출신의 35세 청년을 대표직에 앉혔는지, 카카오의 실세이자 최고 의사 결정권자인 김범수 의장과 임지훈 대표는 어떤 인연인지 궁금증투성이였다. 김 의장과 임 대표는 나이, 학연, 직장 등에서 겹치는 게 없었다. 카카오, 김범수, 임지훈, 케이큐브벤처스는 어떤 관계일까?

　우선 케이큐브벤처스는 김범수 의장이 지분을 100% 가진 관계 회사로 '100명의 CEO를 만들겠다'는 취지 속에 만들어진 초기 벤처 투자 기업이다. 김범수 의장은 2012년 케이큐브벤처스를 설립할 때 임지훈 대표를 CEO로 영입했다. 김 의장이 임 대표를 알게 된 시점은 카카오톡 출시 반년째인 2010년 8월로 거슬러 올라간다. 당시 임 대표는 소프트뱅크벤처스에서 유망 투자처를 찾는 투자 심사역으로 일했는데 그는 일면식 없는 김범수 의장을 찾아가 카카오톡에 투자하고 싶다고 제안했다. 당시만 해도 카카오톡 외에 엠앤톡, 왓츠앱 등의 모바일 메신저가 대동소이하게 경쟁을 펼칠 때라 카카오톡은 지금처럼 독보적인 위치가 아니었다. 하지만 임 대표는 카카오톡의 전망을 높이 평가하며 카카오의 문을 두드렸다. 김 의장은 임 대표의 맹랑하면서도 야무진 태도를 눈여겨봤다. 김 의장은 "지금은 투자를 받을 생각이 없지만 이 정도 금액의 기업 가치로 평가해준다면 투자를 생각해보겠다"고 답을 보냈다. 임 대표는 한 인터뷰에서 "지금 카카오톡의 기업 가치라면 모를까 2011년 기준으로는 상상을 뛰어넘는 큰 금액"이라고 회고했다. 임 대표는 소프트뱅크벤처스 사무실로 돌아가 카카오의 답신을 알리며 투자를 진행할지 회의를 거듭했다. 결과는 좋지 않았다. 김 의장이 부른 액수가 너무 컸기 때문이다. 그렇게 첫 인연이 끝났다.

두 번째 만남은 그로부터 꼭 1년 만에 이뤄졌다. 2011년 8월 임지훈 대표가 투자를 맡았던 소셜 커머스 업체 로티플을 카카오가 인수하기로 결정하면서 매각 조건을 두고 협상을 벌였던 것이다. 로티플은 '지역(location)을 기반으로 시간(time)을 팔며 사람들(people)을 연결시켜준다'는 뜻을 지닌 임직원 10명 남짓의 벤처기업으로, 이용자의 현재 위치를 파악해 그 주변 매장의 쿠폰을 제공하는 위치 기반 모바일 커머스 기업이다. 임 대표는 로티플이 2011년 4월 서비스를 출시하기 한 달 전에 3억 원, 서비스 출시 후에는 무려 10억 원이라는 만만치 않은 금액을 투자했다. 로티플 서비스는 기대에 비해 큰 흥행은 거두지 못했지만 앱 개발력을 입증하며 개발자가 부족했던 카카오가 눈독을 들이기에 충분했다.

카카오 말고도 로티플을 인수하고 싶어 하는 기업은 많았다. 로티플 경영진은 카카오가 제시한 인수 금액이 가장 높지 않았는데도 카카오를 택했다. 김범수 의장이 직접 로티플 경영진과 만나 기술과 서비스에 대한 대화를 나누며 성의를 보인 노력이 결실로 맺어졌다. 임지훈 대표와 김범수 의장은 로티플 인수 조건을 놓고 몇 차례 일대일로 만나며 업무적인 것 외에도 가치관과 비전을 나누는 단계로 발전한다. 임 대표는 게임 회사 선데이토즈에 2010년 30억 원을 투자했는데 선데이토즈의 모바일 게임 '애니팡'이 대박을 터뜨린 것도 김 의장에게 깊은 인상을 남겼다. 2012년 1월 김 의장은 벤처 업계와 투자 생태계를 고루 아는 임 대표에게 제안한다. '100명의 CEO를 만드는 일을 위해 벤처 투자사를 만들려는데 이 기업의 대표를 맡아달라'는 것이었다. 임 대표가 고심 끝에 제안을 받아들이면서 2012년 4월 IT 스타트업 투자 전문 회사 케이큐브벤처스가 출범한다. 케이큐브벤처스는 유망한 스타트업에 투자를 벌이면서 카카오가 벌이는 신사업과 시너지를 내게 하는 플랫폼 역할을 했다. 임 대표는 케이큐브벤처스를 맡으면서 '아이템'보다 '사람'을 보고 투자를 결정하는 방식으로 이목을 끌었다.

예를 들어 케이큐브벤처스가 투자한 기업 중에 두나무란 벤처기업이 있다. 두나무는 금융 정보를 추천하고 주식을 거래하는 애플리케이션 '증권플러스'를 만들었는데 이 서비스가 카카오증권으로 승격되며 다음과 카카오톡 플랫폼에 증시 콘텐츠를 제공하고 있다.

원래 두나무가 케이큐브벤처스의 투자를 받기 위해 제안한 사업 아이템은 전자책이었다. 임지훈 대표는 "전자책 아이템은 아닌 것 같다"고 말하면서도 두나무에 투자를 진행했다. 사업 아이템은 적합하지 않아도 인물을 보고 결정한 것이다. 이후 두나무는 아이템을 수정해 SNS에서 인기 있는 뉴스를 모아 추천하는 '뉴스메이트' 서비스를 선보였고, 이를 다듬어 카카오증권으로 진화시킨다. 두나무의 송치형 대표는 "처음 제안한 사업 아이템이 부정적 피드백을 받았는데도 투자를 유치해 의외였다. 케이큐브벤처스는 사업 아이템보다 기술력과 사람, 가능성을 보는 것 같다"고 전했다.

카카오가 임지훈 대표를 단독 대표로 선임한 배경을 크게 세 가지로 풀이할 수 있다. 먼저 김 의장의 마음속에는 '지식의 저주(The curse of knowledge)를 깨야 한다'는 의지가 강했을 것이다. 지식의 저주는 스탠퍼드 대학교 칩 히스 교수가 말한 개념으로, 기존 시대의 지식에 매몰돼 있으면 틀을 깨며 발전하기 어렵다는 맥락에서 쓰인다. 영화 평론가가 좋게 평가한 작품이 흥행에는 실패하고, 허니버터칩처럼 내부의 예상보다 엄청난 히트를 치는 것과 같은 사례가 대표적이다. 내가 알고 있는 사실이 타인은 모를 수 있고, 나에게 통했던 성공 방식이 다른 이에게는 통하지 않을 수 있음을 염두에 둘 필요가 있다.

김 의장은 PC 온라인 시대의 한게임 성공 노하우를 바탕으로 온라인 서비스 부루닷컴과 위지아닷컴을 선보였지만 시장의 반응을 얻지 못했다. 이때 김 의장이 모바일로 전환을 하지 않고 온라인 서비스 후속작에 매달렸다면 지금의 카카오톡은 없었을 것이다. 김 의장에게 지식의 저주를 깨는 작업은 사업의 변곡점마다 큰 교훈이 되었다. 김 의장에게 임지훈 대표는 카카오가 처할 수 있는 지식의 저주를 깨겠다는 의지의 표현이기도 하다.

둘째로는 이미지다. 임지훈 대표는 다음 출신도, 카카오 출신도 아니기에 카카오가 합병 기업에서 단일 기업으로 나아가는 과정의 상징적 역할을 할 수 있다. 아울러 35세의 젊은 CEO란 파격 인사는 모바일 기업 특유의 생동감과 젊은 이미지를 세간에 각인시키는 데 도움이 된다. 공동 대표에서 단독 대표로 체제가 바뀐 만큼 의사 결정 속도가 빨라지는 효과도 있다. 김 의장과 임 대표는 케이큐브벤처스 시절부터 일주일에 한 차례 이상 만나 기업 가치와 비전을 공유해왔다. 최대 주주와 마음이 잘 맞는 인물이 대표가 되면 의사 결정에 더욱 속도를 낼 수 있을 것이다.

셋째로는 카카오가 사업하는 과정에서 임 대표의 벤처 투자 경험이 유용할 수 있다. 김범수 의장은 임 대표에게 대표직을 제안할 때 "투자자 시절 여러 스타트업과 네트워크를 형성하며 기업을 성장시키는 데 관여했듯이, 카카오의 다양한 사업을 스타트업처럼 생각하고 경영하면 된다"고 말했다. 임 대표가 소프트뱅크벤처스와 케이큐브벤처스에서 남다른 안목으로 로티플, 선데이토즈 등에 투자해 성공했듯이 카카오에서도 투자 적중률을 발휘할지 기대를 모으는 부분이다.

여기서 주의할 점은 카카오를 벤처기업의 물리적 연합체로 보기에는 그 규모와 위상이 너무 커져버렸다는 것이다. 카카오와 벤처 업계의 미묘한 관계도 유의할 부분이다. 카카오에 투자를 받고 인수되는 벤처기업과 달리 카카오와 사업 영역이 겹치거나 경쟁

관계에 놓인 벤처기업에게 카카오의 행보는 불편하고 두렵다. 카카오가 동종 업계에 진입함으로써 시장을 키우고 업계 고충을 양성화한다는 장점이 있지만, 이 과정에서 '골목 상권' 침해와 소상공인에 대한 위협 지적이 꼬리표처럼 달린다. 임 대표의 그동안 커리어가 카카오에서도 이름값을 할지 눈길을 끄는 대목이다.

교통수단에 IT 미래가 있다

택시, 고급 택시, 대리운전, 내비게이션, 주차장, 버스, 지하철, 공유 차량, 여행…. 운수업계 이야기가 아니다. 카카오가 사업 키워드로 삼고 중점적으로 진출하는 서비스 분야들이다. 카카오를 잘 모르는 외국인 관광객들은 서울 택시에 부착된 카카오택시 랩핑 광고를 보고 카카오를 운수 회사로 오인할 정도다. 현대자동차는 카카오택시 사업을 이끈 정주환 부사장을 사내 특강에 초청하며 카카오가 모빌리티(Mobility, 이동성) O2O에 공들이는 노하우를 공부하기도 했다.

3,000년 전 고대인이 바퀴를 발명한 순간부터 이동은 매우 고전적이고 오래된 생활양식이다. 바퀴를 기폭제로 인류는 더욱 빠르고 편리하게 이동하는 방향으로 발전되어왔다. 자동차, 비행기, 로켓 등 운송 수단의 발전은 통신 기술의 발전과 궤를 같이하며 사람

과 사람 간의 정서적·물리적 거리를 좁혀주었다. IT 업계와 자동차 업계는 만날 때마다 폭발적인 시너지 효과를 만들었다. 신사업에서 새로운 먹거리를 찾으려는 이들 기업에게 모빌리티 O2O는 숙명과 같다. 더욱이 모빌리티 O2O는 위치 기반 기능을 전제로 한다는 점에서 이용자의 동선을 촘촘히 파악해 관련 서비스를 수월하게 만들 수 있다.

이동 영역에서 카카오는 거침없이 사업을 확장하고 있다. 해당 기업을 인수하거나 직접 서비스를 만들어 시장에 뛰어드는 등 상당한 투자 활동를 벌인다. 모빌리티 O2O 발판을 넓히기 위한 전략적 제휴도 활발하다. 통학, 통근, 여행 등 사람들이 상당 부분을 할애하는 이동 시간에서 신규 시장을 창출하려는 전략이다. 물론 이 과정에서도 '카카오가 이것저것 사업을 벌이는데 성과가 나는 게 없다. 돈은 언제 벌 거냐?'는 지적이 꼬리표처럼 따라다닌다. 그러면 왜 카카오는 모빌리티에 눈독을 들이고 있을까? 실적 압박에 시달리면서도 수백억 원의 통 큰 투자를 벌이는 이유는 무엇일까?

우선 이동하는 시간과 운송 수단에서 부가가치를 만들어내기가 용이하다. 스마트폰이 대중화하면서 현대인들은 이동할 때, 식사할 때, 잠자는 순간까지 늘 스마트폰과 함께한다. 이용자가 하루를 어떻게 보내고, 그 과정에서 무엇이 필요할지 분석해 서비스를 선보이면 기업과 이용자 모두 만족할 만한 결과를 얻게 된다. 카카오는 O2O 사업 신호탄으로 카카오택시를 선보이면서 이동 수단에 집중하고 있다.

근무, 공부, 식사, 스포츠, TV 시청, 수면, 이동 등 24시간을 이루는 여러 요소 중에서 이동이 중요한 것은 스마트폰에 집중하는 데 최적의 순간이기 때문이다. 업무를 보거나 수업을 들을 때 스마트폰을 쓸 수는 있지만 대개 용건만 확인한다. 운동을 하거나 잠잘 때는 스마트폰 사용률이 극히 떨어진다. 그러나 이동할 때는 스마트폰에 의지하는 비중이 커진다. 출퇴근길에 지하철이나 버스에서 승객들의 모습을 보면 거의 대부분이 스마트폰을 쳐다보고 있다. 스마트폰에 몰입해 주변을 살피지 않는 사람을 두고 '스몸비(스마트폰과 좀비의 합성어)'라는 신조어까지 나올 정도다.

이동은 사용자의 성별과 나이, 직업에 상관없이 반복성이 높은 영역이라 일정한 패턴을 분석하면 맞춤 마케팅을 하고 파생 서비스를 발굴하기 좋다. 우리나라 사람들의 이동 시간이 꾸준히 늘고 있는 점도 모빌리티 O2O 사업에 용이하다.

통계청이 발표한 '한국인의 생활 시간 변화상(1999~2014년)'에 따르면 20세 이상 성인의 하루 평균 이동 시간은 1999년에 1시간 36분에서 2014년에 1시간 41분으로 늘어났다. 같은 기간 남자는 1시간 50분에서 1시간 53분으로, 여성은 1시간 22분에서 1시간 30분으로 모두 늘면서 이동이 일상생활에서 차지하는 비중은 점차 커지고 있다. 통학과 통근 등 규칙적인 이동 외에 경조사 참석, 출장 등을 더하면 이동 시간은 더욱 늘어난다.

	전체				남자				여자			
	1999	2004	2009	2014	1999	2004	2009	2014	1999	2004	2009	2014
필수생활 시간	10:18	10:34	10:53	11:13	10:19	10:35	10:53	11:11	10:17	10:33	10:53	11:15
수면	7:45	7:46	7:48	7:56	7:48	7:48	7:48	7:55	7:42	7:45	7:48	7:57
식사 및 간식	1:35	1:39	1:47	1:58	1:37	1:42	1:50	2:01	1:33	1:36	1:44	1:56
의무생활 시간	8:45	8:16	8:08	7:55	8:31	8:05	7:57	7:50	8:58	8:26	8:19	8:00
일 (수입노동)	4:28	4:02	3:48	3:43	5:42	5:09	4:52	4:45	3:18	2:58	2:48	2:44
가사노동	2:20	2:12	2:12	2:10	0:33	0:37	0:42	0:47	4:01	3:42	3:37	3:28
학습	0:21	0:20	0:21	0:21	0:26	0:23	0:23	0:25	0:17	0:16	0:19	0:18
이동	1:36	1:42	1:47	1:41	1:50	1:56	2:00	1:53	1:22	1:30	1:35	1:30

출처: 통계청 '한국인의 생활시간 변화상'(2016)

이 때문에 IT 기업들은 이용자의 이동 데이터만 잘 모아도 다양한 사업 전략을 세울 수 있다. 자동차는 움직이는 스마트폰이 되어 다양한 빅데이터를 섬세하게 수집해준다. 예를 들어 이용자는 앱에서 지하철과 버스의 환승 정보를 확인하면서 정류장 근처 맛집을 추천받을 수 있다. 내비게이션은 경로 안내뿐 아니라 목적지 주변 주차장까지 알려준다. 이동하는 순간순간을 포착해 IT 서비스로 묶는 것이다. 모바일 택시가 활성화하면 사람들이 자주 승하차를 하는 장소를 파악해 마케팅에 활용할 수 있다. 매주 금요일 저녁에 판교 테크노밸리에서 강남역으로 가는 택시 건수가 많다면 판교 직장인들은 강남에서 모임을 자주 갖는다고 유추해 맞춤 요일별·시즌별 마케팅 전략을 세울 수 있다. IT 기업은 이용자의 이동 데이터를 사업에 참고하고 제휴 기업들로부터 수수료를 받으며 수익을 낼 수 있다.

카카오는 택시 호출 앱 '카카오택시'를 필두로, 고급 승용차로 서비스하는 고급 택시 '카카오택시 블랙', 대리운전 연결 앱 '카카오드라이버', 주차장 예약 앱 '카카오파킹'을 운영하고 있다. 이들 서비스에는 카카오의 전자 지도인 '카카오내비'가 들어가는데 카카오내비의 전신은 2015년 5월 카카오가 인수한 록앤올의 '국민내비 김기사'다. 일명 '김기사'로 불리던 이 서비스는 626억 원이란 거액에 인수돼 화제를 모았다. 당시 카카오의 역대 인수액 최고가로 그만큼 카카오가 모빌리티라는 키워드에 크게 주목하고 있음을 뜻한다.

모빌리티 O2O를 위한 인수는 김기사만이 아니다. 카카오는 '카카오버스'와 '카카오지하철' 서비스를 위해 각각 버스 정보 앱 '서울 버스'와 지하철 노선 앱 '지하철 내비게이션' 운영사를 인수했다. 주차장 예약 앱 '카카오파킹'을 준비하는 과정에서는 동종 서비스 '파크히어'를 운영하는 파킹스퀘어를 2016년 2월에 사들였다. 카카오는 이들 기업의 인수액은 밝히지 않았으나 수십억 원 규모로 추정된다.

제휴를 통한 우회적 진출도 활발하다. 카카오는 국내 최대 공유 차량 기업 쏘카, 그린카와 업무 제휴를 맺었다. 우선 카카오는 대리운전 호출 앱 '카카오드라이버' 기사 회원들의 출퇴근을 돕는 용도로 공유 차량을 서비스하기로 했다. 그동안 기사 회원은 손님을 목적지까지 데려다준 후 택시를 타고 이동하거나 이용료를 내고 특정 대리운전 업체가 운영하는 셔틀버스를 탔다. 택시는 요금이 비싸고 셔틀버스는 현행법상 불법이라는 한계가 있었다.

이 제휴를 통해 카카오드라이버 기사 회원은 대리운전 운행 전후로 공유 차량을 이용해 저렴한 비용으로 이동할 수 있고, 쏘카, 그린카는 심야-새벽 시간대의 유휴 차량을 활용하는 장점이 있다. 카카오는 일반 고객에게 공유 차량을 서비스할지는 결정한 바 없다고 밝혔지만 대리운전 기사 대상의 운행 결과가 좋으면 공유 차량 서비스를 확대할 가능성이 있다.

이미 카카오뿐 아니라 구글, 우버, 네이버, SK텔레콤, KT 등 국내외 유수 IT 기업들이 모두 바퀴에 주목하고 있다. 역으로 현대자동차, BMW, 메르세데스-벤츠 등 글로벌 자동차 제조사들은 차량에 IT 서비스를 접목하려고 혈안이 됐다. 현대자동차는 미래형 이동 프로젝트 '아이오닉 랩'을 가동시키며 미래형 이동 방식과 모바일 라이프를 접목하고 있다. 2016년 9월 독일 베를린에서 열린 국제 가전 전시회 IFA에서는 역대 처음으로 자동차 기업 대표가 대표 연설을 맡아 화제를 모았다. 디터 체체 메르세데스-벤츠 회장은 "IT가 접목된 자동차는 달리는 사무실이 될 것"이라고 말했다.

자동차와 이동성이 결합되면 어떤 풍경이 펼쳐질까? 일단 차는 개인 비서가 된다. 자동차는 사용자의 등록된 일정을 미리 알려주고, '누구누구에게 전화를 걸어야 한다'고 추천할 수 있다. 카카오톡, 왓츠앱, 위챗, 라인 등의 메신저는 운전하는 동안 음성만으로 작동시킬 수 있다. 달리는 스마트 자동차는 건강 코치 역할도 한다. 운전자의 체온 정보로 차내 온도를 조절하고, 심박수 측정으로 스트레스 지수를 파악해 맞춤 음악을 틀어주며, 자동으로 환기하는 식이다. 카카오의 기업 비전 중 하나가 '사람과 사물의 연결'인 만큼 자동차라는 사물은 사물인터넷 사업의 결정판으로 떠오른다.

자동차가 IT 기술과 만나면 운전자의 시간을 절약해주는 다양한 기능을 제공할 수 있다. 대표적인 것이 '주차장 빈자리 찾기'다. 체체 메르세데스-벤츠 회장은 IFA 기조연설에서 "많은 자동차 업체가 자율 주차 기능을 개발하고 있지만 이는 빈자리를 찾은 다음 이야기"라며 "운전자들은 쇼핑몰 같은 곳에서 빈자리를 찾는 데 시간이 너무 오래 걸리는 점을 불편해한다"고 설명했다. 자동차 제조사와 IT 기업이 전천후 협업을 벌인다면 내비게이션에서 저절로 목적지 근처의 빈 주차장을 검색해주고, 요금 티켓을 끊지 않더라도 모바일 간편 결제로 주차장 요금을 자동으로 계산하며 출차와 입차를 할 수 있다.

운전 중 궁금한 점을 빠르게 물어볼 수도 있다. 카카오는 기아자동차와 제휴를 통해 국내 기업 최초로 카카오톡을 활용한 고객 소통 채널인 'K플라자'를 선보였다. 기아자동차는 이번 협약을 계기로 카카오와 협력해 고객의 의견을 빠르게 수렴하고 실시간 피드백이 가능하도록 소통 채널을 구축한다는 계획이다. K플라자를 통해 신차 출시회, 주요 이벤트 등을 생중계로 진행하는 프로그램을 구상하고 있으며 고객들이 실시간으로 의견을 주고받는 공간으로 활용할 방침이다. 상품 개발 단계에서 고객들이 직접 의견을 제시할 수 있는 실시간 설문 조사 같은 기능도 활성화할 예정이다. 카카오가 모빌리티 O2O 사업에 진전을 보인다면 카카오내비에 카카오파킹을 연동해 빈 주차장을 알려주고, 카카오페이로 주차 요금을 자동 결제하게 할 수 있다. 내비게이션에서 저렴한 주유소를 추천해주고, 목적지 부근의 맛집 쿠폰을 카카오톡 메시지로 전달하는 공동 마케팅 수익 모델도 내놓을 수 있다.

핀테크, 돈이 있는 곳에 돈이 모인다

호랑이를 잡으려면 산에 가야 하고 돈을 벌려면 돈이 흐르는 곳에 가야 한다. 금융(Finance)과 IT 기술(Technology)의 만남을 뜻하는 '핀테크(FinTech)'는 눈독 들일 수밖에 없는 분야다. 핀테크 중에서도 간편 결제 서비스는 디지털 시대 편리한 소비 경험의 결정타다. 엽전, 지폐, 신용카드, 가상 화폐 등 인류의 결제 수단은 빠르고 가벼운 방향으로 끊임없이 진화해왔다. 모바일 간편 결제가 발전하면서 스마트폰만 있으면 두꺼운 지갑과 여러 장의 카드를 들고 다니지 않아도 된다. 핀테크를 잘 만들어놓으면 막강한 플랫폼으로 성장시킬 수 있다.

모바일 간편 결제와 일반 결제의 차이점은 각 서비스별로 특화한 간편 원스톱 시스템이라는 것이다. 예를 들어 기존의 모바일 결제 방식은 신용카드 번호를 입력하고, 카드 뒷자리 CVC 번호를 추가 입력하거나 모바일 결제에 필요한 플러그인·액티브X까지 설치해야 했다. 공인인증서 비밀번호를 요구하면 좁은 스마트폰 액

정의 키보드를 뚫어지게 보면서 행여 오타가 날까 봐 조심조심 비밀번호를 눌러야 했다. 천신만고 끝에 '결제' 버튼을 눌러도 시간 초과나 알 수 없는 오류로 '결제 실패' 팝업창이 떠 낭패를 보는 경우도 잦았다.

간편 결제는 처음 이용할 때만 이용자의 신용 정보를 등록하면 끝이다. 자주 쓰는 신용카드, 공인인증서를 대체할 간편 비밀번호나 지문·홍채를 등록하면 된다. 이후 모바일에서 물건 값을 치를 때 간편 비밀번호를 입력하거나 지문을 인식시켜 3~4초 만에 결제를 마칠 수 있다.

간편 결제의 편리함 때문에 이를 쓰려는 수요는 점점 늘어나고 있다. 덩달아 기업들의 간편 결제 노크도 거세지고 있다. 현재 카카오는 '카카오페이'를, 삼성전자는 '삼성페이'를, 네이버는 '네이버페이'를, NHN엔터테인먼트는 '페이코'를, 알리바바는 '알리페이'를, 위챗은 '위챗페이'를 내놓으며 모바일 지갑을 잡으려고 혈투를 벌이고 있다. 간편 결제에 갖다 붙일 수 있는 수익 모델이 어마어마하기 때문이다. 송금과 결제부터 물건 주문, 음식 배달, 티켓 예매까지 처리하는 간편 결제 플랫폼을 하나 잡으면 든든한 수익 모델이 되어준다. 간편 결제 사업자는 제휴 매장과 제휴 카드사로부터 수수료를 받고, 별도의 광고를 붙일 수도 있다. 이용자의 결제 데이터는 마케팅에 활용되며 맞춤 홍보를 펼치거나 차기 서비스를 만드는 데 든든한 정보가 된다.

무엇보다 간편 결제는 특정 회사의 서비스와 연동되며 충성 고객을 만들기에 좋다. 예를 들어 삼성페이에 익숙해진 고객들은 스마트폰을 바꿀 때 삼성전자 갤럭시 제품을 우선적으로 고려한다. 삼성페이는 삼성전자 스마트폰에서만 지원되기 때문이다. 잇따른 기기 폭발로 안타깝게 단종된 갤럭시노트7은 홍채 인식을 지원하는 단말기로 큰 인기를 끌었다. 이용자가 자신의 홍채를 한 번 등록하면 각종 로그인, 간편 결제 등을 할 때 자판을 누를 필요 없이 카메라가 홍채를 자동 인식해 모든 절차를 진행시키기 때문이다.

카카오는 사업 초창기부터 핀테크에 공을 들여왔다. 2012년 3월 기획된 모바일 지갑 '뱅크월렛카카오'는 미리 돈을 충전해놓으면 카카오톡으로 돈을 주고받을 수 있고 오프라인 매장에서 결제가 가능한 서비스였다. 하지만 당시 우리나라는 핀테크 분위기가 무르익지 않았고, 금융 당국의 보안성 심의 기간까지 오래 걸리면서 뱅크월렛카카오는 착수 2년 8개월 만인 2014년 11월에야 정식 출시될 수 있었다. 이후 뱅크월렛카카오는 카카오페이와 사용성이 겹치면서 서비스를 접기로 했다.

갖은 진통을 겪으면서도 카카오는 이용자의 모바일 지갑을 잡기 위해 꾸준히 서비스를 확대해간다. 2014년 9월 카카오페이, 2015년 2월 카카오페이로 아파트 관리비와 지방세를 고지·결제하는 '카카오페이 청구서', 2015년 4월 카카오톡 대화창에서 계좌 번호 입력 없이 지인 간에 돈을 주고받는 '카카오페이 송금'을 선보이며 핀테크 라인업을 늘렸다. 송금 기능은 점심을 먹고 더치페이를 하거나 경조사비를 전달할 때 많이 쓰이고 있다. 카카오는 카카오페이로 결제 가능한 쇼핑, 주유, 여행, 화장품에 멤버십 제도를 도입한 '카카오페이 멤버십'을 선보이며 단골 고객 관리에도 나섰다. 카카오페이 멤버십은 포인트를 하나의 바코드로 통합해 적립·사용하게 한다.

카카오페이는 모바일 상품권 '카카오 선물하기', 대리운전 호출 앱 '카카오드라이버', 고급 택시 '카카오택시 블랙' 등의 기본 결제 수단으로 쓰이며 이용자를 늘려왔다. 카카오 선물하기의 가맹점은 1,000개가 넘으며 카카오페이는 서비스 2년 만에 1,300만 이용자와 누적 결제액 1조 원을 돌파했다.

핀테크 사업을 야금야금 확장하던 카카오는 인터넷 전문 은행 '한국카카오은행(영업명 카카오뱅크)'에도 뛰어들었다. 인터넷 전문 은행은 오프라인 점포 없이 인터넷과 모바일을 통해 얼굴을 마주하지 않아도 예금 수신이나 대출 등의 업무를 보는 은행을 말한다. 일반 은행보다 운영비가 적어 각종 수수료를 줄이면서 수익을 낼 수 있고, 시중 은행과 달리 24시간 운영하며 중금리 대출에 특화됐다. 인공지능 기반의 상담 서비스 '로봇어드바이저' 도입, 저금리 시대에 이자를 카카오톡 이모티콘이나 게임 아이템 등 비현금으로 지급하는 선택안도 눈길을 끈다.

카카오뱅크는 회원이 4,148만 명 안팎의 카카오톡 플랫폼 활용을 최대 강점으로 내세우고 있다. 친구의 계좌번호가 없어도 카카오톡만으로 상대방에게 돈을 보내고, 몇 번의 터치만으로 '원스톱 금융 서비스'를 이용할 수 있는 환경을 구축한다는 계획이다. 고객의 카카오톡, 카카오스토리에서의 이용 패턴과 결제 내역을 분석하는 신용 평가 시스템 '카카오스코어'도 도입된다.

카카오뱅크에는 한국투자금융지주, KB국민은행, 넷마블게임즈, 로엔엔터테인먼트, SGI서울보증, 우정사업본부, 이베이, 코나아이, YES24, 스카이블루 등 11개사가 참가하고 있다. 참여 회사가 다수인 만큼 시너지를 낼 부분이 많지만 합의하고 의견을 조율하는 과정이 만만치 않을 수 있다는 지적도 나온다. 인터넷 전문 은행 영업명 명칭은 카카오뱅크이지만 카카오 지분은 10%에 불과해 산업자본의 은행 지분율을 높이는 은행법 개정안이 어떻게 통과될지도 큰 변수다.

우리나라에서는 2015년 11월 금융감독원이 카카오·한국투자금융지주 등으로 구성된 한국카카오은행과 KT·우리은행 등으로 구성된 케이뱅크은행에 인터넷 전문 은행 예비 인가를 내어주면서 국내 최초로 점포 없는 은행 시대가 열리게 됐다. 금융위원회가 은행 설립 인가를 내준 것은 1992년 평화은행 이후 23년 만이었다. 카카오와 KT는 인터넷 전문 은행 운영을 위한 별도 법인을 각각 경기도 판교와 서울 중학동에 세우고 본격적인 운영에 들어갔다.

카카오뱅크에는 텐센트가, 케이뱅크에는 알리바바가 참여하고 있는데 중국 자본이 우리나라 최초의 인터넷 전문 은행에 깊숙이 개입해 있는 점이 눈에 띈다. 텐센트와 알리바바는 2015년 중국에서 각각 '위뱅크'와 '마이뱅크' 영업을 시작하며 인터넷 전문 은행 운영 노하우를 쌓고 있다. 텐센트는 메신저 위챗과 간편 결제 서비스인 위챗페이를 바탕으로 이용자의 활동 내역, 온라인 구매 내역 등을 분석한 뒤 이를 토대로 대출 신용 평가를 하고 있다. 위뱅크는 자체 신용 평가 시스템으로 보증이나 담보 없이 한화로 약 4,000만 원까지 신용 대출이 가능하다. 알리바바도 소액 대출 위주의 서비스로 사업을 넓히고 있다. 카카오뱅크와 케이뱅크는 주주로 참여한 텐센트와 알리바바의 도움을 받아 인터넷 전문 은행 초창기에 벌어질 수 있는 시행착오를 줄일 수 있다. 텐센트와 알리바바도 한국의 인터넷 전문 은행 주주 참여를 통해 한국을 방문하는 중국인 관광객 대상의 간편 결제 호환 서비스를 선보이며 수익을 낼 수 있다.

한편 카카오의 인터넷 전문 은행 진출이 더욱 주목받는 이유는 카카오 핀테크 사업의 숙원을 푸는 구원투수로 볼 수 있기 때문이다. 카카오는 카카오톡이 안착한 2012년부터 핀테크 시장에 진출했지만 각종 규제와 제도 미비로 번번이 벽에 부딪혀야 했다. 핀테크 서비스 준비가 지연되거나 어렵사리 시장에 선보이더라도 불안전한 모양새로 출발하기 일쑤였다. 이는 카카오뿐 아니라 국내에서 핀테크 사업을 시작하려는 기업 대다수의 고충이기도 했다.

　우리나라와 달리 중국은 핀테크가 일찌감치 정착됐다. 중국이 모바일 시대로 빨리 접어든 데에는 중국 정부의 전폭적인 지원 그리고 낮은 인터넷 보급률이 컸다. 중국은 땅덩어리가 넓은 대신 유선 인터넷 인프라가 약해 온라인 기반의 금융이 잘 발달하지 못했다. 하지만 '1인 1기기'를 실현하는 스마트폰이 대중화되면서 중국의 IT 흐름은 온라인을 건너뛰어 곧바로 모바일 시대에 접어든다. 중국은 길거리 상점에서 모바일 QR코드로 물건을 살 수 있을 정도로 간편 결제가 발달했는데 이는 신용카드가 보편화되지 않은 중국 문화의 영향도 있다. 중국에서는 모바일 지갑이 신용카드 역할을 대신해주는 것이다. 반대로 우리나라는 인터넷이 빠르고 온라인 뱅킹을 쓰는 데 큰 불편함이 없다. 신용카드 발급도 크게 까다롭지 않고 능력만 되면 여러 장의 신용카드를 동시에 이용할 수 있다. 우리나라에서는 중국과 달리 물건 값을 치를 때 신용카드를 꺼내 결제하든 모바일 간편 결제 서비스로 결제하든 속도와 편의성에 차이가 없다. 우리나라 사람들은 온라인 시대에 만들어진 금융 정책과 서비스 속에 편리하게 길들여진 것이다. 각국마다 환경이 다르기 때문에 어느 나라의 금융 문화가 더 우월하다고 판단하기는 어렵다. 중국, 일본, 유럽에서는 인터넷 전문 은행이 일찌감치 출범했는데 우리나라는 늦었다고 시점만 갖고 비판하기에도 무리가 따른다. 조금 더 복합적으로 내밀하게 들여다봐야 한다. 어쨌든 현재 초고속 인터넷 선진국인 우리나라가 핀테크 시대에는 속도가 뒤처지는 아이러니함을 보였다.

◼◼◼

2조 원에 아이유 소속사를 산 이유는?

달콤하고 시원한 과즙이 많아 먹음직스러운 멜론. 아무리 맛있는 멜론이라도 가격이 1년 연봉보다 높다면 살 수 있을까? 하지만 카카오는 샀다. 무려 1조 8,775억 원에 말이다. 2016년 1월 11일 발표된 카카오의 멜론 인수는 연초 IT 업계의 가장 큰 이슈였다. 극비리에 이뤄진 깜짝 발표인 데다 2조 원에 가까운 어마어마한 인수금액은 더 큰 화제를 모았다. 카카오의 역대 최고 인수액이자 국내 인터넷 업계에서도 보기 드문 고가였다. 멜론을 인수하기 직전 해인 카카오의 2015년 총 연결 기준 매출은 9,321억 5,200만 원, 영업이익은 885억 8,800만 원으로 한 해 수입보다 2배가량 많은 금액을 멜론 인수에 사용했다. 정확히 표현하면 카카오는 멜론을 운영하는 로엔엔터테인먼트를 인수했다. 로엔엔터테인먼트는 음원, 연예 매니지먼트, 음반 제작, 티켓 판매, 빅데이터 분석 등의 사업을 한다.

카카오와 멜론은 인터넷 전문 은행 '한국카카오은행' 출범을 위한 파트너사로 같이 일한 인연이 있다. 카카오는 2016년 3월 멜론의 지분 76.4%(스타인베스트홀딩스 61.4%, SK플래닛 15.0%)를 인수하는 절차를 마치며 최대 주주에 올랐다.

카카오는 경영권 프리미엄을 얹어서 인수 당시 로엔엔터테인먼트 주식 가치보다 23% 높게 인수 금액을 치렀는데 이를 두고 '아무리 봐도 비싸다', '음원 시장을 너무 낙관했다' 등의 평이 쏟아졌다. 멜론은 국내 음원 시장 점유율 58%로 업계 1위이긴 하지만 시장의 예상 가격을 뛰어넘는 인수 금액에 카카오의 넉넉지 못한 곳간이 더 위태로울 수 있다는 분석이 여기저기서 나왔다. 이에 대해 "로엔엔터테인먼트의 시장가는 이미 높게 책정돼 있었다", "인수 합병에서의 경영권 프리미엄 20%는 낮지 않지만 높지도 않은 평균", "음악 서비스는 체류 시간이 높아 이용자를 플랫폼 안에 쉽게 묶어둘 수 있는 콘텐츠로 경쟁력이 있다"는 고무적인 평가도 있다.

아울러 카카오뮤직과 멜론의 서비스가 겹친다는 지적도 있다. 카카오는 NHN엔터테인먼트의 음원 기업 '벅스'와의 제휴를 통해 카카오뮤직을 운영하고 있어 비슷한 두 가지 음악 서비스를 거느리게 됐다. 카카오 관계자는 "멜론이 스트리밍 중심이라면 카카오뮤직은 배경음악 위주이기 때문에 서비스가 겹치지 않는다"고 설명했다. 하지만 카카오가 로엔엔터테인먼트 인수로 멜론이라는 자체 음원 풀을 갖추게 된 만큼 벅스와의 계약이 만료되면 카카오뮤직이 멜론에 흡수될 가능성이 결코 없지 않다.

여러모로 카카오의 멜론 인수에 환영보다 우려의 시선이 큰 것은 사실이다. 카카오가 거액의 멜론을 사들인 이유는 무엇이었을까? 카카오는 멜론을 통해 어떤 시너지를 노리는 것일까? 카카오가 2조 원에 육박하는 인수 금액을 회수하기 위해서는 어떠한 방식으로든 시너지를 내려고 시도할 것이라는 계산이 나온다.

첫째 시나리오는 카카오와 멜론 이용자의 전반적인 증가 효과다. 카카오는 로엔엔터테인먼트 인수를 통해 카카오톡과 멜론이란 시장 지배적 1위 플랫폼을 두 개나 갖게 됐다. 멜론 이용자는 720만 명으로, 카카오는 국내 카카오톡 이용자 4,148만여 명과 서로 이용자를 일부 흡수하거나 각 플랫폼 서비스를 호환할 수 있다. 이미 멜론은 별도로 회원 가입을 하지 않아도 카카오톡과 카카오스토리 ID로 이용할 수 있게 연동 작업을 마쳤다. 카카오페이로 멜론 이용권과 공연 티켓을 예매하는 기능도 추진됐다.

다음으로 기술 교류가 있다. 로엔엔터테인먼트는 연예인 매니지먼트 자회사 7개 외에 소프트웨어 개발사 엠텍크루를 자회사로 두고 있다. 엠텍크루는 빅데이터 처리 기술을 바탕으로 멜론의 방대한 음원을 선별해 이용자 취향에 맞는 음악을 추천한다. 카카오도 개인화한 추천 콘텐츠에 관심이 많은 만큼 로엔엔터테인먼트의 빅데이터 분석과 음원 추천 기술 노하우와 시너지를 낼 영역이 크다.

이용자 증가	카카오톡 ID와 카카오페이의 멜론 연동, 규모의 경제 구현
기술 결합	맞춤 콘텐츠 추천 기술, 음악 인식 기술, 빅데이터 처리 기술
공동 마케팅	이모티콘 증정, 아이유의 카카오게임 모델 발탁 같은 연예인 마케팅
사업 협력	다음 검색, 카카오톡 채널 연동, 음원·연예인 해외 진출 효과
콘텐츠 제휴	카카오뱅크 디지털 이자 종류로 멜론 이용권 지급
실적 개선	로엔엔터테인먼트가 카카오 콘텐츠 매출에 반영되면서 실적 개선 효과

카카오와 로엔엔터테인먼트(멜론)의 기대 효과

아울러 공동 마케팅도 눈에 띄는데 이미 카카오게임즈는 로엔엔터테인먼트의 대표 연예인 아이유를 홍보 모델로 발탁해 각종 홍보를 펼치고 있다. 아이유는 카카오게임이 배급한 소셜네트워크 게임 '놀러와 마이홈' 광고에 출연하고 직접 테마송을 부르는 등 카카오게임의 얼굴로 활동했다. 멜론은 카카오뱅크의 디지털 이자로도 쓰인다. 카카오와 로엔엔터테인먼트는 인수 계약을 맺기 전부터 인터넷 전문 은행 컨소시엄 파트너로 협업해왔다. 카카오뱅크는 저금리 시대에 현금 이자보다 더 큰 액면가를 지닌 디지털 이자로 카카오톡 이모티콘, 멜론 이용권 등을 제시하고 있다.

콘텐츠 측면에서 로엔엔터테인먼트는 카카오의 국내외 사업에 힘을 보탤 수 있다. 다음 검색과 카카오톡 채널에 로엔엔터테인먼트의 음악, 방송, 소속 연예인 소식 등을 검색 결과로 알릴 수 있다. 로엔엔터테인먼트는 7개가 넘는 콘텐츠 자회사를 거느리고 있는데 연예인 매니지먼트 사업을 하는 스타쉽엔터테인먼트, 플랜에이엔터테인먼트, 페이브엔터테인먼트, 크래커엔터테인먼트, 문화인, 킹콩엔터테인먼트 등이다. 킹콩엔터테인먼트의 경우 연예인 매니지먼트 외에 영화·비디오 제작과 배급, 방송용 프로그램 제작·수입 등으로 사업 보폭을 넓히고 있다. 로엔엔터테인먼트와 자회사에 소속된 연예인으로 아이유, 이광수, 에이핑크 등이 있다. 이들은 우리나라뿐 아니라 중화권과 동남아시아에서 맹활약하며 한류 열풍에 기여하고 있다. 다만 매니지먼트 사업은 투자 대비 흥행을 예측하기 어려운 경우가 많고 소속 연예인의 활동 주기와 혹시 날지 모를 스캔들 등에도 민감하다. 하이 리스크, 하이 리턴(high risk, high return)이라는 말처럼 위험 부담이 큰 만큼 성과도 크게 낼 수 있지만 그만큼 불확실성도 크기에 주의할 점이 많다.

한편 로엔엔터테인먼트가 계열사로 편입되면서 카카오의 전체적인 매출, 영업이익이 올라 실적이 개선되어 보이는 효과도 있다.

로엔엔터테인먼트의 실적은 2016년 2분기부터 카카오의 콘텐츠 매출에 반영되고 있다. 카카오는 멜론 효과를 누리게 됐지만 계열사에 기대지 않는 실적 개선이라는 과제는 반드시 풀어야 할 숙제다.

로엔엔터테인먼트는 어떤 회사일까?

멜론을 운영하는 로엔엔터테인먼트는 1978년 설립된 서울음반이 모태다. 시사영어사가 서울음반을 설립해 어학 카세트테이프를 만들어 판매하면서 시작됐다. 2000년대 들어 음반 산업이 카세트테이프, CD에서 인터넷 음원 유통으로 바뀌고 불법 복제가 만연하자 사업 영역을 음반 제작, 연예기획사 등으로 넓힌다. 2005년 SK텔레콤이 콘텐츠 사업 강화를 위해 서울음반 지분 60%를 매입하면서 멜론이 탄생했다. 2008년 SK텔레콤이 멜론 영업권을 자회사인 서울음반에 양도했고, 서울음반은 사명을 로엔엔터테인먼트로 변경했다.

로엔엔터테인먼트와 멜론은 SK텔레콤의 무선통신 시장 1위 점유율을 발판으로 전자 음원 시장을 빠르게 선점했다. SK텔레콤도 멜론을 마케팅 수단으로 활용하며 가입자를 끌어모았다. 멜론은 2016년 기준 2,800만 명의 가입자를 보유하고 있다. 로엔엔터테인먼트는 2011년 SK텔레콤이 플랫폼 사업 강화를 위해 물적분할한 SK플래닛으로 소속이 바뀌었다. 이후 SK그룹은 로엔엔터테인먼트 경영권을 두고 선택의 기로에 놓인다. 당시 SK그룹 지분 구조는 'SK텔레콤 → SK플래닛 → 로엔엔터테인먼트'로 이어졌는데, 공정거래법의 '지주사의 손자 회사가 증손 회사의 지분 100%를 보유해야 한다'는 규정 때문에 SK플래닛은 로엔엔터테인먼트 지분을 100% 확보하거나 다른 회사에 팔아야 했다. 여러 가지 검토 끝에 결국 로엔엔터테인먼트는 2013년 사모펀드 어피너티의 특수 목적 법인인 스타인 베스트홀딩스리미티드에 팔리게 된다. 당시 금액으로는 2,659억 원이다. 약 2년 만에 로엔엔터테인먼트는 카카오에 1조 8,700억 원에 매각되어 카카오 자회사로 편입되며 세 번째 주인을 맞는다.

카카오의 로엔엔터테인먼트 인수를 두고 공정거래법이 다시 화제가 되기도 했다. 공정거래법 규정 때문에 대기업이란 이유만으로 투자에 위축을 겪는 일들이 생긴다는 이유에서다. 이 규정은 대기업 그룹이 자기자본을 몇 푼 들이지 않고 무차별적으로 자회사를 늘려나가는 것을 막는 데 의미가 있지만 기업의 신사업 진출을 억제하고 신성장 동력 확보를 어렵게 한다는 반론도 있다.

홍콩계 사모펀드 스타인베스트홀딩스는 카카오에 로엔엔터테인먼트를 매각하면서 1조 원이 넘는 차익을 올렸다. 이를 두고 "멜론은 SK가 키웠지만 결실은 홍콩계 사모펀드가 챙겼다"는 지적도 들끓었다. 물론 SK플래닛이 2013년 당시 로엔 지분을 모두 사들였다고 하더라도 지금만큼 기업 가치를 높일 수 있었으리라고 100% 장담하기는 어렵다. 과거는 가정만 가능할 뿐이다. 이미 로엔엔터테인먼트는 카카오 품에 안겼지만 이 과정에서 불거진 공정거래법 이슈는 재계에 여러 가지 시사점을 남겼다.

삼성전자와 카카오는 같은 체급? 대기업이 된다는 것은 좋은 소식일까, 나쁜 소식일까? 기업이 커지고 주목받는다는 것은 좋은 소식이지만 마냥 기뻐할 수는 없다. 공정거래위원회가 매년 발표하는 상호 출자 제한 기업 집단, 일명 '대기업 집단'에 지정되면 30여 개의 추가 규제를 받는다. 계열 회사 간 상호 출자, 신규 순환 출자 및 채무보증, 일감 몰아주기가 금지되고 소속 금융·보험사의 의결권 행사가 제한된다. 비상장사의 중요 사항, 대규모 내부 거래의 이사회 의결 및 공시, 기업 집단의 현황 등 경영상의 주요 이슈를 공시해야 하는 의무도 지켜야 한다.

공정거래위원회는 국내 자산 규모가 5조 원 이상인 기업을 매년 대기업 집단으로 규정해 발표한다. 대기업 집단에 드는 것을 피하기 위해 국내 자산 규모를 일부러 5조 원 미만으로 관리하는 '피터팬 증후군' 기업도 은근히 많다. 결과적으로 대기업 지정은 마냥 좋은 소식도, 나쁜 소식도 아니다. 그 기업이 처한 상황과 방향성에 따라 다를 뿐이다.

문제는 카카오가 로엔엔터테인먼트 인수 합병 작업을 3월에 마무리하자 국내 자산 5조 1,000억 원을 기록하면서 시작됐다. 대기업 집단을 충족하는 '5조 원 커트라인'을 턱걸이로 넘기면서 카카오는 2016년 4월 1일 공정거래위원회가 지정하는 대기업 집단 65개 가운데 65등으로 막내 대기업이 된다. 카카오는 바이오 회사 셀트리온과 함께 벤처기업에서 대기업에 오른 첫 사례다. 네이버는 해외 자산을 합치면 5조 원이 넘지만 국내 자산이 4조 원대에 그쳐 대기업 그룹으로 지정되지 않았다.

공정거래위원회의 발표에 카카오는 웃을 수도 울 수도 없었다. 표면적으로는 "모바일 벤처기업 최초로 대기업 집단에 오른 점을 의미 있게 여긴다"는 반응을 보였지만 속으로는 매우 심란하게 계산기를 두들겨야 했다. 대기업 집단으로 지정되면 투자 활동과 회사 덩치를 키우는 일이 강하게 제한된다. 업계에서는 '카카오가 멜론을 인수하면 대기업 집단에 지정된다는 것을 예상하지 못한 것 같다', '카카오가 멜론 인수를 100일만 늦게 했어도 대기업 집단에서 빠졌을 것'이라는 평이 나왔다. 특히 대기업 지정은 인터넷 전문 은행을 준비하는 카카오에 불리하게 작용한다.

우리나라는 산업자본의 금융자본 소유를 제한하는 엄격한 '은산(銀産) 분리' 제도를 도입하고 있다. 일반 기업은 은행 지분을 10%까지, 이 가운데 의결권이 있는 지분은 4%만 소유할 수 있다. 이 때문에 IT 기업이 중심이 되어야 하는 인터넷 전문 은행의 취지가 퇴색한다는 지적이 있다. 은산 분리 완화를 요구하는 은행법 개정안이 국회에 올라와 있지만 여야의 입장 차이로 국회의 통과가 늦어지고 있다. 은행법 개정안은 크게 '대기업을 포함한 모든 기업의 은행 지분을 늘리는 개정안'과 '대기업이 아닌 기업만의 은행 지분을 늘리는 개정안' 두 안건이 있다. 카카오가 인터넷 전문 은행을 비롯해 한창 사업을 확장하는 시기에 삼성 그룹 수준의 규제가 가해지는 대기업 집단 지정은 마냥 좋은 소식이 아님이 분명했다.

재계 순위 (2016년 4월 기준)	기업 집단명	총수	소속 회사 수 (단위: 개)	자산총액 (단위: 원)
1	삼성	이건희	59	348조 2,000억
2	현대자동차	정몽구	51	209억 7,000억
3	한국전력공사	한국전력공사	27	208억 3,000억
4	한국토지주택공사	한국토지주택공사	5	170조
5	SK	최태원	86	160조 8,000억
6	LG	구본무	67	105조 9,000억
7	롯데	신격호	93	103조 3,000억
8	포스코	㈜포스코	45	80조 2,000억
9	GS	허창수	69	60조 3,000억
10	한국도로공사	한국도로공사	3	57조 7,000억
11	한화	김승연	57	54조 7,000억
……				
64	금호석유화학	박찬구	10	5조 1,400억
65	카카오	김범수	45	5조 1,000억

국내 자산 5조 원 이상의 대기업 목록(공정거래위원회 2016년 4월 기준)

국내 자산 10조 이상 대기업 집단 (28개)		삼성, 현대자동차, SK, LG, 롯데, 포스코, GS, 한화, 현대중공업, 농협, 한진, 두산, KT, 신세계, CJ, 부영, LS, 대우조선해양, 대림, 금호아시아나, 현대백화점, 현대, OCI, 효성, 미래에셋, S-오일, 대우건설, 영풍
대기업 집단 해제 기업 (37개)	공기업 (12개)	한국전력공사, 한국토지주택공사, 한국도로공사, 한국가스공사, SH공사, 한국수자원공사, 한국철도공사, 한국석유공사, 인천도시공사, 서울메트로, 서울특별시도시철도공사, 부산항만공사
	국내 5조 원 이상 10조 원 이하 기 업(25개)	하림, KCC, KT&G(한국담배인삼공사), 한국타이어, 코오롱, 교보생명보험, 한국투자금융, 동부, 한라, 동국제강, 한진중공업, 세아, 중흥건설, 이랜드, 한국지엠, 태광, 태영, 아모레퍼시픽, 현대산업개발, 셀트리온, 하이트진로, 삼천리, 한솔, 금호석유화학, 카카오

그러던 중 2016년 9월 카카오는 우여곡절 끝에 대기업 집단 지정에서 풀려난다. 카카오와 셀트리온 등 신생 대기업이 자산 5조 원이 넘었다는 이유로 삼성전자 수준의 규제를 받는 것은 형평성에 맞지 않는다는 논란이 일었기 때문이다. 대기업 집단 기준도 공정거래위원회가 2008년 국내 자산 2조 원에서 5조 원으로 올린 이후 8년째 같은 액수를 유지하고 있어 그사이 경제 규모와 시대 변화를 반영하지 못한다는 지적도 있었다.

결국 대기업 집단 기준이 '10조 원'으로 상향되면서 카카오, 셀트리온, 하림 등 25개 민간기업과 한국전력공사 등 12개 공기업이 대기업 집단 명단에서 빠졌다. 이로써 우리나라 대기업 집단 수는 65개에서 28개로 크게 줄어들었다.

대기업 집단 기준 상향 조정은 6월에 발표가 났는데 이에 카카오는 "정부와 공정거래위원회의 신속한 추진으로 대기업 지정에서 해제돼 환영"이라며 "카카오 관계사 대부분이 중소기업 또는 IT 스타트업인데 이번 결정이 사업 운영에 큰 힘이 될 것으로 예상한다"라고 공식 입장을 냈다.

■ ■ ■

글로벌 진출의 어려움, 어떻게 헤쳐가나?

현재 카카오톡은 약 230개 국, 15개 외국어로 서비스되고 있다. 지원하는 외국어는 영어, 중국어, 일본어, 아랍어 등 다양하다. 그러면 카카오톡은 해외 진출에 성공했다고 볼 수 있을까? 답은 '아니다'다. 카카오톡은 해외 진출국에서 우리나라만큼 독보적 지위를 누리지 못하고 보조 메신저 정도로 쓰이고 있다. 사실상 카카오톡은 해외로 뻗어가기에는 늦었다. 카카오 관계자들 사이에서도 "해외 진출은 숙원"이라는 말이 나올 정도다. '중국=웨이신(위챗)', '일본=라인', '미국=왓츠앱' 공식처럼 모바일 메신저는 이미 국가별로 시장 지배적 사업자가 뚜렷하게 가려진 상태다. 모바일 메신저는 플랫폼 사업인데 플랫폼 세계에서 한 번 굳어진 판을 뒤집기란 매우 어렵다. 독보적인 1위 사업자가 있는 시장에 뛰어드는 것은 기울어진 운동장에서 경기를 펼치는 모양새다.

임지훈 카카오 대표도 카카오톡이 해외에 진출하기가 어려워졌음을 인정한 바 있다. 그는 언론 인터뷰에서 "카카오톡은 해외 시장에 가져가기에 늦었다고 생각한다. 카카오는 그동안 국내 사업을 우선순위에 놓다 보니 자원을 해외로 돌릴 여력이 부족했다"고 언급했다.

카카오가 해외 진출이 어려워졌다고 국내 카카오톡 점유율만 믿고 안주하기도 힘든 상황이다. 일단 국내 시장은 좁다. 우리나라 인구는 약 5,100만 명으로 시장 규모 자체가 작다. 웬만한 국내 기업들이 기를 쓰고 해외에 나가려는 이유다. 같은 물건, 서비스를 팔아도 인구가 1억 명인 나라, 3억 명인 나라에 내놓는 게 훨씬 수익도 좋고 전망이 있다.

우리나라의 시장 규모뿐 아니라 카카오톡의 국내 시장 점유율은 95%로 이미 성장할 만큼 성장했다. 카카오톡 고속 성장을 이끌어준 우리나라 스마트폰 보급률마저 둔화됐다. '애니팡' 열풍을 부른 카카오게임의 기세는 예전만 같지 않고, 광고 수익도 기대에 못 미친다. 시간이 흐를수록 투자자들의 실적 압박은 거세진다. 카카오의 최대 무기는 카카오톡인데 국내 시장은 포화 상태고 해외 진출은 하긴 해야 하는데 마땅치는 않은 상황이다. 카카오는 글로벌 시장을 어떻게 열어야 할까?

카카오는 큰 해결책으로 콘텐츠를 보고 있다. 카카오톡 플랫폼으로 해외에 나가는 것은 어렵지만 게임, 음악, 웹툰·웹소설, 동영상은 국경을 드나들기에 용이하다. 카카오는 다음 웹툰을 분사시키고 멜론을 인수하는 등 콘텐츠 사업에 공을 들이고 있다. 카카오는 다음카카오 합병 전에도 유료 콘텐츠 플랫폼 '카카오페이지'를 만든 것과 같이 콘텐츠에 상당한 투자를 기울여왔다. 김범수 의장 본인이 콘텐츠에 관심이 많고 '양질의 콘텐츠는 유료이어야 한다'는 철학을 갖고 있다. 궁극적으로 카카오가 모든 콘텐츠의 모바일 유통 플랫폼을 지향한다고 평가할 수 있다. 임지훈 대표도 "메신저가 아니라 콘텐츠로 승부한다면 해외 사업 가능성이 남아 있다고 볼 수 있다"고 말했다.

웹툰과 웹소설 사업은 카카오가 기대하는 글로벌 콘텐츠로 꼽힌다. 카카오는 2013년부터 자회사 포도트리가 운영하는 유료 콘텐츠 플랫폼 '카카오페이지'를 통해 웹툰, 웹소설, 일반 서적 등을 서비스하고 있다. 2016년 7월 포도트리는 북미 웹툰·웹소설 플랫폼 타파스(TAPAS)와 전략적 제휴를 시작했다. 타파스는 웹툰 문화가 생소한 북미 시장에 2013년 처음으로 나타난 전문 플랫폼으로 활동 작가는 누적 인원 2만 명, 작품은 40만여 편, 월 순방문자는 120만여 명에 달한다. 이번 전략적 제휴로 카카오페이지는 자사 인기 연재 작품《달빛 조각사》,《왕의 딸로 태어났다고 합니다》,《트레저 헌터》등을 번역해 타파스에 게재하며 북미 독자들에게 선보일 수 있게 됐다.《왕의 딸로 태어났다고 합니다》는 중국 텐센트의 콘텐츠 플랫폼에 선보이며 1개월 만에 1억 원 이상의 수익을 올렸다.

2003년 문을 연 원조 웹툰 플랫폼인 다음 웹툰도 카카오의 킬러 콘텐츠다. 다음 웹툰은 카카오페이지와 달리 대부분의 콘텐츠가 무료이고 대중적 장르가 많은 편이다. 웹툰은 이미 검증된 글로벌 콘텐츠다. 네이버는 조석 작가의《마음의 소리》를 중국에 선보이며 네이버 웹툰 브랜드를 알린 바 있다. 조석 작가의 현지 사인회에는 중국 팬들의 기나긴 줄로 장관을 이뤘다. 네이버는 네이버 웹툰을 사내 독립 기업(Company In Company, CIC)으로 만들며 웹툰 사업에 힘을 실어줬다. 카카오도 2016년 9월 다음 웹툰을 포도트리의 사내 독립 기업(CIC) 형태로 분사시키며 웹툰 사업 키우기에 나섰다. 급성장하는 웹툰 산업에 대응하고 지적재산권(IP) 사업을 강화하기 위한 결정이다. 다음 웹툰 컴퍼니는 독립 이후 웹툰 플랫폼 사업을 뛰어넘어 웹툰 2차 저작물에 대한 투자, 공동 제작, 글로벌 판권 사업을 본격적으로 진행한다. 다음 웹툰의 지적재산권을 영상, 게임, 공연 등 다양한 콘텐츠 사업 영역으로 확장한다는 계획이다.

음악도 글로벌 진출의 물꼬를 터줄 수 있다. 카카오와 로엔엔터테인먼트는 서로 독립적으로 경영하지만 로엔엔터테인먼트 소속 대표 연예인 아이유가 카카오게임 홍보 모델로 활동하는 것과 같이 협력 관계를 이어오고 있다. 중화권과 동남아시아 등지에서 한류가 인기를 끄는 만큼 카카오는 로엔엔터테인먼트를 통해 우회적으로 글로벌 시장에 진입하는 효과를 누린다. 이미 로엔엔터테인먼트는 중국 인터넷 기업 '러스(樂視)'와 중국 내 합작 법인을 설립하며 중국 땅에 발을 디뎠다. 중국은 외국 자본의 자국 진출을 엄격히 제한하기 때문에 우리나라를 비롯한 외국 기업들은 현지 기업과 합작하는 방식으로 중국에 들어간다. 그룹 '빅뱅'의 YG엔터테인먼트도 중국 최대 음원 플랫폼인 텐센트의 QQ뮤직과 손잡고 중국 시장에 진출했다.

디지털 음원 수출은 제작 비용이 거의 들지 않고, 제작사에게 매출이 우호적으로 분배돼 수익성이 좋다. 로엔엔터테인먼트 소속 가수들의 콘서트 개최, 음반 판매, 음원 서비스 등을 더하면 해외 진출 접점은 더욱 넓어진다. 로엔엔터테인먼트 소속 연예인이 부른 노래가 해외 드라마나 영화에 삽입되면 고스란히 음원 매출로 이어지고, 관련 앨범과 공연 개최로 부가 수익을 낼 수 있다. 로엔엔터테인먼트의 영업수익은 카카오의 콘텐츠 사업 매출로 반영되는 만큼 로엔엔터테인먼트의 글로벌 안착은 곧 카카오의 해외 진출 성과로 풀이할 수 있다.

아울러 게임 콘텐츠에서는 다중접속역할수행게임(MMORPG)인 '검은사막'이 북미 시장에서 선전하고 있다. 이 온라인 게임은 다음카카오 합병 전인 2012년 다음게임이 배급을 맡고 펄어비스가 개발해 2015년에 선보인 작품이다. 가상의 왕국 칼페온과 발렌시아가 검은 사막에 묻힌 희귀 자원을 쟁탈한다는 줄거리를 지녔다. 검은사막의 반응은 국내보다 해외에서 더 좋다. 2016년 초 유럽 지역 서비스를 시작한 검은사막은 북미·유럽 서비스 첫 달에 유료 가입자 40만 명, 동시 접속자 10만 명을 기록하며 1년 사이 유료 가입자 수 100만 명, 재접속률 70%대를 기록했다. 검은사막은 이 기세를 몰아 2017년 하반기 중국에 진출할 예정이다.

■ ■ ■

카카오가 콘텐츠를 배달하는 이유는?

카카오는 기업 설명회와 실적 발표회 등을 통해 꾸준히 실적 반등 의지를 피력하고 있다. 2016년 8월 열린 상반기 실적 컨퍼런스 콜에서는 임지훈 대표가 취임 후 처음으로 나타나 카카오 경영 상황과 계획을 밝혀 관심을 모았다. 임 대표는 다음 쇄신, O2O 비즈니스 안착, 카카오톡 수익 모델 접목으로 광고 수익을 반등시켜 실적을 개선하겠다고 밝혔다. 이들 전략을 꿰뚫는 키워드는 적절한 순간에 맞춤 콘텐츠를 추천하는 '라이트 콘텐트, 라이트 모멘트(Right Content, Right Moment)'다. 카카오톡과 다음 이용자에게 맞춤 콘텐츠와 광고를 추천하겠다는 취지다. 서비스별 맞춤 전략이 이용자의 마음도 적중할지 관심을 모은다.

가장 눈길을 끄는 움직임은 카카오톡을 비즈니스 플랫폼으로 진화시키는 전략이다. 그동안 카카오톡은 건드릴 수 없는 성역처럼 여겨졌지만 이제 수익 모델이 붙어가며 본격적으로 변신을 시도하고 있다. 2015년 6월 카카오는 모바일 카카오톡 대화창 옆에 '채널' 탭을 신설했다. 카카오톡의 세 번째 탭에 있다는 이유로 일명 '삼탭'으로 불리는 이곳은 연예, 시사, 생활 정보, 동영상 콘텐츠 등을 한데 모은 일종의 모바일 포털이자 카카오톡 콘텐츠 유통 실험소다. 채널 도입 당시에는 카카오톡 이용자들이 채널 탭을 활발하게 드나들며 카카오톡 잔존율(retention)을 높이고 네이버 앱의 이용률을 상당 부분 가져올 것이라는 기대가 있었다. 모바일 서비스에서 잔존율은 대단히 중요한 개념이다. 특정 앱에 머무는 시간이 길어야 활성 이용자가 많아지고 수익 모델을 접목하기 용이하다.

국내 카카오톡 월간 활성 이용자는 4,149만 명 내외로 해외 이용자를 포함하면 4,910만 명 수준이다. 이 가운데 카카오톡 채널 이용자는 2,600만 명으로 전체 카카오톡 이용자의 53%에 머문다. 카카오톡 이용자들이 주로 채팅 메시지 주고받기에 집중해 채널 탭으로 잘 넘어가지 않고, 채널 탭에서 소비할 만한 콘텐츠가 다양하지 못한 점도 원인으로 지적된다. 다만 꾸준히 카카오톡 채널 이용자가 늘고 있어 카카오톡 안에서의 콘텐츠 소비 습관이 생기는 현상이 나타나고 있다.

2016년 8월 카카오는 카카오톡에 콘텐츠 구독 시스템을 붙여 미디어 업계의 관심을 모았다. 임지훈 대표는 개별 인터뷰에서 "그동안 카카오톡 자체에 비즈니스 모델을 붙이지 않았다. 카카오톡에서 돈을 안 벌고 있었지만 수익을 내는 뒷단들을 잘 만들고 있다"고 말했다. 그 '뒷단'이란 이용자들의 콘텐츠 소비 경험을 늘리며 수익 모델을 발굴하는 것이다.

카카오는 2016년 8월 '플러스 친구' 기능을 통해 카카오톡 채널 제휴 콘텐츠를 카카오톡으로 구독해 받아보는 '뉴플러스친구 프로젝트'를 도입했다. 플러스 친구는 카카오톡의 첫 번째 탭 '친구 검색' 돋보기에서 검색하거나 채널 탭에 뜨는 채널 추천 코너에서 친구로 추가할 수 있다. 이 프로젝트는 2017년 1분기 정식 상용화할 예정이다. 뉴플러스친구 프로젝트는 일종의 카카오톡 뉴스 서비스다. 카카오는 포털 다음과 제휴한 언론사의 주요 뉴스를 카카오톡으로 모바일 배달하는 '뉴스톡'을 운영하면서 연예 소식 채널 '연예톡'과 스포츠 소식 채널 '스포츠톡' 등을 운영하고 있다.

카카오는 자체 콘텐츠 서비스뿐 아니라 언론사, 잡지사, 연예 기획사, 콘텐츠 크리에이터 제휴로 콘텐츠 종류와 양을 늘려가고 있다. 애초 플러스 친구는 요식업체, 홈쇼핑 등 기업들이 이벤트와 신제품 소식을 카카오톡 메시지로 알리는 마케팅 수단으로 쓰여왔다. 카카오는 여기에 콘텐츠 구독 모델을 추가하며 광고, 수수료 등 수익을 내는 발판을 넓히고 있다.

예를 들어 좋아하는 연예 기획사를 플러스 친구로 등록하면 소속 가수의 최근 뉴스뿐 아니라 콘서트와 앨범 발매 소식을 카카오톡 메시지로 받아볼 수 있다. 카카오는 콘텐츠에 동영상이 있을 경우 유튜브처럼 광고 영상을 보게 한 뒤 동영상을 시청하게 하는 수익 모델을 시도할 수 있다. 카카오와 카카오 계열사의 서비스·상품과 공동 마케팅을 펼치거나 가수 콘서트 티켓과 앨범을 카카오페이로 주문·예약·결제하게 할 수 있다. 카카오는 여기서 일정한 수수료를 떼어가고 카카오톡 채널 화면을 광고 지면으로 활용하며 광고 매출로 전환시킬 수 있다.

임지훈 대표는 "지금까지 카카오톡은 이용자와 이용자 간의 소통을 중점적으로 봤지만 이제는 이용자가 원하는 파트너 및 콘텐츠와 연결하는 방향으로 갈 것"이라며 "카카오톡에서 수익이 나타나는 변화하는 모습을 보이겠다"고 설명했다.

그럼 카카오는 다음을 어떻게 되살리려 할까? 카카오는 다음을 다음만의 방식으로 발전시키겠다는 입장이다. 임지훈 대표는 2016년 9월 28일 을지로에서 열린 스타트업 행사에서 의미심장한 말을 남겼다. 그는 "여기 행사장에 계신 분들은 모바일로 뭔가를 검색할 때 네이버를 많이 쓰실 것 같다"는 유머로 객석을 웃음바다로 만들었다. 이어 "다음은 예전의 포털이 아닌 다음만의 방식으로 진화하고 있다. 대표적인 것이 루빅스"라며 "기존의 포털은 사람이 뉴스 콘텐츠를 선별해서 첫 화면에 노출시킨다. 루빅스는 인공지능이 사람의 취향에 맞게 콘텐츠를 그때그때 바꿔주며 다양한 양질의 콘텐츠를 더 많이 보여준다. 여기 계신 참가자 분들의 다음 앱 첫 화면은 서로 다르게 뜰 것이다. 이는 이용자한테도 좋고, 좋은 콘텐츠를 갖고 있는 강소 매체들에게 긍정적일 것"이라고 말했다.

다음 포털의 변화는 모바일 버전에 도입된 기계 학습(Machine Learning) 기반의 '루빅스(RUBICS)'에서 찾아볼 수 있다. 루빅스는 실시간 이용자 반응형 콘텐츠 추천 시스템(Real-time User Behavior-based Interactive Content recommender System)의 약자로, 이용자가 관심을 갖고 클릭하는 콘텐츠 유형을 분석해 첫 화면에 띄워준다. 루빅스는 콘텐츠 추천 후 이용자의 관심사를 지속적으로 학습해 가장 최적화한 콘텐츠를 보여주게 된다. 예를 들어 스포츠 콘텐츠를 많이 보는 이용자에게 스포츠 소식을 첫 화면에 끼워 배치하는 식이다.

루빅스가 PC 버전이 아닌 모바일 버전에 먼저 적용된 이유는 스마트폰은 늘 이용자와 함께하며 개인의 취향을 파악하기에 가장 적합한 디바이스기 때문이다. 카카오는 루빅스 도입 후 다음 메인 화면에 뜨는 콘텐츠의 양이 예전보다 3.5배, 이용자 관심도가 높은 연성 분야의 문화생활 뉴스는 5.5배 이상 증가하는 효과가 나타났다고 설명했다. 루빅스와 별도로 다음 앱 알림 메뉴를 신설해 뉴스속보, 날씨, 로또 번호, 추천 소식 등을 설정에 따라 푸쉬 알림으로 제공하며 이용자 끌어모으기에 나섰다. 카카오의 '다음 심폐 소생술'은 현재 진행 중이다.

다음에도 카카오톡 채널처럼 원하는 콘텐츠를 실시간 배달하는 시스템이 도입됐다. 다음의 모바일 버전인 '다음 앱'은 맞춤형 콘텐츠 유통 플랫폼으로 변신을 시도했다. 2016년 10월 카카오는 다음 앱 이용자가 관심 있는 채널을 고르면 관련 콘텐츠를 자동 추천·배달하는 '딜리버리' 서비스를 시작했다. 채널은 카카오 서비스에서 생산되는 게시 글, 동영상 등 다양한 콘텐츠를 주제별로 선별한 콘텐츠 묶음이다. 다음 앱에서는 날씨, 운세, 맛집, 유머, 직장 생활, 연예인, 패션 등 150여 개 채널이 운영되고 있다.

콘텐츠 배달 신청은 채널 단위로 가능하다. 이 서비스를 이용하려면 다음 앱 오른쪽 상단의 아이콘을 클릭해 원하는 채널 옆의 '배달' 버튼을 클릭하면 된다. 이용자의 콘텐츠 소비 패턴 및 성별·연령을 분석해 맞춤형 콘텐츠도 추천해준다. 카카오는 "딜리버리 서비스를 이용하면 콘텐츠 탐색 시간을 절약하고, 새로운 관심사를 발견할 수 있을 것"이라고 했다.

아울러 카카오는 휘청거리는 광고 사업을 다시 세우기 위해 광고 사업 부문을 별도로 신설했다. 이를 위해 NHN, 이베이, LG전자 출신의 광고 전문가 여민수 씨를 부사장급인 광고 사업 부문장으로 영입했다. 단기 광고 전략으로는 카카오와 다음에서 미처 팔지 못한 광고의 유통을 높이는 '애드 익스체인지(ad exchange)'를 2016년 8월부터 적용했다. 애드 익스체인지는 포털 다음의 광고 공간 중 판매되지 않은 부분이 있다면 외부의 광고를 대신 끼워 넣는 상품이다. 모든 광고 서비스를 100% 판매하기 어려운 만큼 빈 채로 두는 것보다 다른 광고라도 끼워 넣어 수익성을 높이겠다는 취지다. 또한 카카오는 클릭 효율이 높지 않은 단순 보여주기식 광고는 없애기로 했다.

중장기적으로는 광고주의 목적에 최적화한 서비스를 구축하려고 노력하고 있다. 앱 설치, 주문, 구독, 예약 등 광조주의 목적에 따라 광고 효과를 얻는 시스템을 구축하겠다는 것이다. 임지훈 대표는 "페이스북이 잘하는 것이 개인화된 광고다. 카카오톡과 다음 앱 플랫폼에서는 푸싱(앱 알림 서비스)까지 가능하다. 카카오는 '라이트 콘텐트, 라이트 모멘트(Right Content, Right Moment)'란 말처럼 이용자에게 적절한 순간에 보낼 수 있는 최적화된 서비스를 만들고 있다"고 설명했다.

카카오의 새로운 서비스는 어떻게 만들어지나?

카카오가 연결이라는 가치를 집요하게 지향하듯이 신규 서비스의 무게중심도 연결에 있다. 임지훈 대표에 따르면 카카오의 신규 사업의 검토 요건은 크게 두 가지다. 먼저 '카카오가 해당 분야에서 가장 잘하는 곳은 어디인가'다. 카카오가 직접 잘할 수 없다면 제휴하거나 인수할 만한 기업은 무엇인가를 따진다. 이어 '모바일 라이프 플랫폼'이라는 비전 속에 '이용자와 이용자, 이용자와 세상을 어떻게 연결해 새로운 가치를 만들 것인가'를 본다. 거창하게 들리지만 결국 일상 영역에서 모바일 연결 고리가 느슨한 곳을 찾아 의미를 부여하며 직접 또는 인수·합병으로 진출하겠다는 전략이다.

예를 들어 콜택시 앱은 기존에도 있었지만 카카오는 카카오택시를 전국 단위로 서비스하고 대대적인 홍보 활동을 벌이며 택시를 모바일로 호출한다는 O2O 학습 경험을 확산시켰다. 주차장 예약·결제 앱 '카카오파킹' 출시를 위해서는 주차장 정보 앱 '파크히어'를 서비스하는 파킹스퀘어를 인수했다. 한편 출시된 서비스를 수정·보완할 때는 개편 필요성이 얼마나 큰가, 개선하는 데 얼마나 많은 사람이 대상이 되는가, 어떤 유형의 이용자에게 얼마나 불편이 심한가 등을 중점적으로 검토한다.

O2O가 아닌 대다수의 일반 서비스는 아이디어 착상부터 출시까지 카카오 내부에서 이뤄진다. 신규 서비스 기획안을 통과받기 위해서는 해당 서비스가 필요한 이유를 수없이 설득해야 하고 데이터 기반의 시장 분석과 이용자 심층 인터뷰 자료가 근거로 쓰인다. 카카오의 팀들은 시장 조사를 위해 다양한 기업을 방문해 관계자들과 미팅을 갖는데, 세간에 알려진 미팅 기업 업종만 전기 자동차, 배달 업체, 골프 업체 등 분야가 매우 넓다.

이 과정에서 '카카오가 전기 자동차에 진출한다', '카카오 배달 서비스가 임박했다', '카카오가 골프 사업에 뛰어든다' 등의 보도가 수차례 나왔다. 카카오 측은 그럴 때마다 '사실이 아니다', '신사업이 확정된 것 없다' 등으로 해명했지만 결과를 보면 일부는 맞고 일부는 틀릴 때가 있다.

일각에서는 카카오가 시장 조사를 빌미로 기존 사업자의 운영 방식을 베낀다는 지적을 하기도 한다. 카카오는 매우 다양한 업종의 신규 사업을 검토하고 있는데, 추진 과정에서 벌어지는 각종 논란에 얼마나 현명하게 대처하느냐가 사업 성과만큼 중요해 보인다.

사진 공유 서비스 '카카오스토리'와 글쓰기 플랫폼 '브런치' 모두 틈새 시장을 노리고 내부에서 만들어진 서비스인데 카카오 서비스 가운데에서도 효자 노릇을 톡톡히 하고 있다. 2012년 3월 나온 '카카오스토리'의 경우 카카오톡 이용자들이 친구의 프로필 사진과 프로필 메시지를 즐겨 본다는 점에 주목한 서비스다. 2012년 한 리서치 기관에 따르면 카카오톡 이용자의 61%가 "메시지가 없어도 친구 프로필을 보려고 카톡을 한다"고 응답했다. 이는 카카오에서 사진과 소식을 주고받는 별도의 서비스를 만들자는 착상으로 이어졌다. 카카오스토리는 6명의 개발팀으로 시작해 6개월 만에 서비스를 만들었고, 출시 9일 만에 가입자 수 1,000만 명을 돌파하며 '모바일 미니홈피'로 자리를 굳혔다. 카카오스토리는 카카오톡과 연계되며 카카오톡 프로필 사진에서 다 보여주지 못한 사진과 근황을 공유하는 서비스로 안착했다.

카카오스토리 개발팀이 이용자를 연결하는 핵심 키워드는 '쉽게 만들자'였다. 다른 SNS 이용자들을 인터뷰하면서 얻은 교훈이 '아무리 잘 만든 서비스라도 가입하기 번거롭고 기능이 복잡하면 이용자를 끌어모으기 어렵다'는 것이었기 때문이다. 이에 따라 우선 서비스 자체를 쉽게 만들어 진입 문턱을 낮춘 뒤, 갖가지 기능을 추후 추가하자는 전략이 세워졌다. 모바일 서비스는 PC 버전보다 최대한 단순하고 쉽게 만들어 이용자의 마음부터 얻는 것이 중요하다. 개발팀은 이용자들이 카카오스토리 화면만 보고도 사용법을 직관적으로 알 수 있도록 구성했다. 카카오는 일단 카카오스토리를 사진 공유에 특화된 서비스로 단순하게 만들어 시장에 선보였고, 출시 이후 사용자들의 요구 사항을 토대로 점진적으로 기능을 추가해갔다.

카카오스토리는 2012~2014년 선풍적인 인기를 끈 뒤 예전만큼의 열풍은 식은 상태다. 10~20대 젊은 이용자는 페이스북·인스타그램 등으로 많이 갈아탔고, 카카오톡 친구들에게 콘텐츠가 저절로 노출되는 방식과 범람하는 광고성 콘텐츠에 부담을 느낀 사람들도 카카오스토리를 떠났다. 아직 카카오스토리는 월 활성 이용자 2,000만 명을 유지하며 30~40대 이용자를 중심으로 꾸준히 명성을 이어가고 있다. 이후 카카오스토리는 친구 공개 수준을 다양하게 하며 프라이버시 문제를 보완하고, '소소한 일상 속 소소한 이야기, 카카오스토리' 캠페인과 일종의 카카오스토리 칼럼니스트 제도인 '스토리텔러'의 도입으로 재도약을 시도하고 있다. 카카오스토리가 왕년의 명예를 회복할지는 조금 더 지켜봐야 할 듯하다.

2015년 9월 선보인 카카오의 글쓰기 플랫폼 '브런치'도 여러 시행착오 속에서 나온 서비스다. 브런치란 이름은 프로젝트명이 실제 서비스 이름으로 채택된 사례다. 카카오에는 음식과 관련된 단어로 프로젝트 이름을 짓는 유행이 있다. 카카오 브런치는 호흡이 깊은 글쓰기로 소통하고 싶어 하는 사람들을 주목했다. 앞서 브런치팀은 기자, 에세이 작가, 잡지사 에디터, 파워 블로거 등 글쓰기를 업으로 삼는 직업군을 인터뷰하며 시장 조사에 나섰다. "블로그, 온라인에서 글을 쓸 때 무엇이 가장 힘든가요?"란 물음에 "글을 쓰는 것보다 글을 꾸미기가 더 힘들다"는 의외의 공통 답변이 쏟아졌다.

추가 인터뷰를 통해 브런치팀은 이미지와 동영상 영향력이 세지고 있지만 나 홀로 습작하는 잠재 작가군이 많고, 이 집단이 특히 출판에 대한 열망이 높다는 것을 포착할 수 있었다. 이에 브런치팀은 "특별한 스킬이 없어도 한 편의 아름다운 작품을 만드는 서비스를 만들자", "블로그가 인테리어에 신경 써야 하는 공간이라면 브런치는 글에만 집중하는 서재를 지향하겠다"는 가닥을 잡았다. 아울러 기존 블로그들이 광고성 글로 신뢰도가 상당 부분 훼손됐다는 점, 블로그 게시 글이 주목받으려면 글의 완성도만큼 스킨 색상과 글씨체 등 꾸미기에 신경 써야 한다는 피로함이 브런치가 틈새를 개척할 수 있는 영역이라고 판단했다.

브런치팀은 서비스를 추진해가며 '이 서비스를 카카오에서 해야 하는 이유가 무엇인가?', '어떤 고객층과 콘텐츠를 연결할 것인가?', '이미 다음·네이버 블로그, 티스토리가 있는데 이 서비스는 왜 필요한가?' 등의 물음에 답변해갔다. 여러 회의 단계를 거치면서 브런치에는 이용자가 소정의 자기소개와 샘플 원고로 글쓰기 권한을 받는 '작가 인증 시스템'이 도입됐다. '누구나'가 아니라 '뽑힌 사람'만이 글을 쓸 수 있는 온라인 공간을 열어줘 콘텐츠 파워를 키워가자는 전략이었다. 로그인은 카카오톡, 페이스북, 트위터 계정으로 할 수 있게 개방했다. 브런치에서 글을 쓰는 도구는 주요 글씨체와 머리 기호, 인용, 텍스트 구분선 등 최소한의 필수 기능만 지원한다. 디지털 콘텐츠 꾸미기에 능하지 않아도 누구나 뚝딱 글쓰기 콘텐츠를 만들 수 있다.

브런치는 서비스 1년 만에 40만 명의 이용자를 모으며 순항하고 있다. 브런치에 연재되는 양질의 콘텐츠는 다음 첫 화면과 카카오톡 채널에 소개되며 시너지를 내고 있다. 카카오는 검색 품질을 높이고 이용자의 서비스 체류 시간을 늘리며, 브런치 작가는 자신의 콘텐츠를 더 많은 사람에게 알리는 효과가 있다. 브런치는 우수 연재물의 출판을 지원하는 '브런치북 프로젝트'를 정기적으로 진행하는데 10명 선정에 1,300여 명의 작가가 몰리며 뜨거운 호응을 얻었다. 이밖에 브런치는 우수 작가를 백화점 문화센터 강사, 잡지 칼럼니스트 등으로 소개하는 역할도 하며 콘텐츠와 필력을 지닌 자유 기고가를 흡수하는 글쓰기 플랫폼으로 자리를 굳히고 있다. 브런치는 웹툰, 웹소설 등과 함께 카카오의 콘텐츠 사업을 이끄는 한 축으로 성장하게 됐다.

다음-카카오-네이버의 삼각관계:
다음 창업주 이재웅

다음카카오. 다음커뮤니케이션과 카카오는 합병 명칭을 무엇으로 할지 숱하게 고민했다. 결국 다음과 카카오를 나란히 병기하는 다음카카오가 채택됐다. '다음'이 '카카오'보다 앞에 위치한 데에는 연혁, 규모, 어감 등 여러 이유가 있지만 다음이 우리나라 IT 업계에 끼친 영향에 대한 존중으로도 풀이할 수 있다. 1997년 우리나라 원조 포털 사이트 '다음', 최초의 무료 이메일인 '한메일', 인터넷 커뮤니티 붐을 일으킨 '카페', 만화의 새로운 기준을 제시한 '다음 웹툰', 인터넷 여론의 장 '아고라'와 '미디어 다음' 등 다음이 움직이는 족적은 모두 한국 인터넷 역사에 기록됐다. 다음은 글로벌 포털 야후와 라이코스를 물리치고 토종 포털이 인터넷 업계 1위에 오른 위엄도 세웠다. 2003년 들어서는 지식 검색 '지식인'을 앞세운 네이버와 1~2위를 엎치락뒤치락하다 2007년 1위를 네이버에 완전히 내어주게 된다.

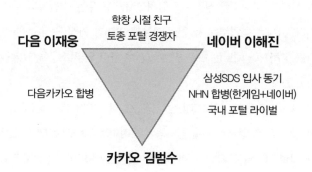

학창 시절 친구
토종 포털 경쟁자

다음 이재웅　　　　　　　　**네이버 이해진**

삼성SDS 입사 동기
NHN 합병(한게임+네이버)
국내 포털 라이벌

다음카카오 합병

카카오 김범수

다음, 카카오, 네이버. 우리나라 인터넷 업계를 주름 잡는 기업들은 삼각 관계로 엮여 있다. 창업주끼리 서로 알고 지내던 사이에서 사업적 파트너로 발전한 점, 각각의 기업들이 때로는 경쟁자, 때로는 협력자가 되는 모습 등이 그렇다. 세 창업주 모두 도전적이고 추진력이 강하다는 공통점이 있다. 다만 성향은 조금씩 다른데 이해진 창업주는 꼼꼼하고 신중한 스타일이다. 세 창업주 가운데 '은둔형'이란 수식어가 강한 인물이기도 하다. 그는 남들 앞에 모습을 드러내기보다 뒤에서 전략을 짜길 선호한다. 라인 서비스를 위해 한국보다 외국에 머문 시간이 많기도 했다. 이해진 창업주는 "본의 아니게 그런 은둔형 이미지를 갖게 됐다. 결코 그렇지 않으며 기자 간담회 같은 행사가 잡히면 며칠 전부터 스트레스를 받는 성격"이라고 밝혔다.

상대적으로 김범수 창업주와 이재웅 창업주는 활달한 성격이다. 이 때문에 김범수 창업주와 이해진 창업주가 NHN을 만들 때 업계에서는 '두 사람 스타일이 다른데 잘 맞을까?'라는 물음을 던지기도 했다. 결과적으로 두 사람은 원만한 파트너십을 선보이며 NHN을 성공적으로 키워냈다. 이재웅 창업주는 다음 경영에서 물러나 유망한 스타트업을 발굴하는 투자자로 변신했다. 무뚝뚝한 성격으로 알려졌지만 할 말은 거침없이 하는 스타일이다. 이재웅 창업주는 세 인물 가운데 SNS를 가장 왕성히 한다. 평소 생각을 밝히거나 때로는 소신 있는 발언을 하며 외부 소통을 활발하게 이어가고 있다.

우리나라 토종 포털의 양대 산맥인 다음과 네이버에는 흥미로운 스토리가 있다. 두 창업주는 서울 청담동 진흥아파트 위아래 층에 산 인연으로 10대 시절부터 알고 지내던 사이이다. 두 사람은 어머니들의 친분으로 가까워졌다. 학교는 달랐어도 전공이 같고, 나이도 비슷해(이해진 1967년생, 이재웅 1968년생) 두 사람은 이내 돈독한 사이가 된다. 이재웅 창업주는 몇몇 언론 인터뷰에서 "해진이가 우리 집에 놀러오면 어머님이 일찍 결혼한 해진이에게 '재웅이 장가 좀 가게 해달라'고 말씀하셔서 민망했던 경험이 있다"며 "우리나라 인터넷 시장이 좁아서 해외로 가야 한다는 고민을 자주 나누는 사이"라고 말하며 돈독함을 과시했다. 이후 이재웅 창업주는 지인 소개로 황현정 KBS 아나운서를 만나 2001년 결혼해 큰 화제를 모았다. 당시이 창업주는 이메일 청첩장을 보내며 "못 오시는 분은 한메일로 축하해주시길 바랍니다"라고 적어 다음커뮤니케이션 대표다운 재치를 보였다.

이재웅 창업주는 건설업을 하는 아버지 덕분에 어릴 적부터 공학용 계산기와 애플 복제 PC 등을 접하며 자랐다. 애플 컴퓨터는 1980년대 국내에 처음 들어왔는데 서울 청계천 세운상가에서 이를 흡사하게 본뜬 애플 복제품이 활발히 거래됐다. 이 창업자는 고등학교 1학년 때 이 컴퓨터로 게임과 프로그래밍을 해보면서 '컴퓨터가 바깥세상과 소통할 수 있는 다리가 되겠다'는 것을 직감했다.

이재웅 창업주는 프랑스 파리에서 인지과학 박사 과정을 밟던 중 〈합의 조작: 노암 촘스키와 미디어〉라는 다큐멘터리를 보고 큰 영감을 얻는다. 이 방송은 거대 미디어가 사회적 여론을 자신에게 유리한 방향으로 형성하는 내용을 담았는데, 이 창업주는 인터넷이 수평적 소통을 만들 수 있다고 판단했다. 이 과정에서 사진을 공부하기 위해 파리로 유학 온 박건희 씨와 운명적으로 만났다. 박건희 씨는 가수 이문세 씨의 7집 앨범의 디자인과 재킷 사진 등을 맡으며 대중성과 작품성을 고루 인정받던 사진가였다. 두 사람은 영동 고등학교 동기였지만 문과, 이과로 나뉘어 얼굴만 아는 사이였다. 파리의 대학 식당에서 우연히 마주친 두 사람은 '인터넷을 활용한 새로운 소통 공간'에 대한 뜻을 모아 중도 귀국하는 승부수를 던진다. 이재웅 창업주의 대학 후배인 이택경 씨도 합류하면서 세 사람은 1995년 2월 다음을 창업하기에 이른다.

'다음'이란 사명은 '소리가 많다[多音]'와 '이후(next)'라는 중의적 뜻을 갖는다. 다음이 카페, 블로그, 아고라, 뉴스, 다음tv팟 등 미디어 서비스에 초점을 맞춘 것도 이 같은 창업 철학이 있었기 때문이다. 같은 시기 네이버는 검색에 집중하는 전략을 펼쳤다. 다음이 모든 소리를 아우르는 미디어 공간을 지향했다면, 네이버는 정보 검색 길잡이가 되어주는 검색 엔진을 추구했다. 다음과 네이버 중 어느 비전이 낫다고 평가하는 것은 무의미하다. 각자의 개성과 강점이 있기 때문이다. 다만 네이버가 10년 넘게 다음을 추월하고, 글로벌 시장에서 구글이 야후를 앞지른 현상을 보면 인터넷 이용의 흐름이 검색으로 옮겨졌다고 판단할 수 있다.

한편 공학도와 사진학도의 만남으로, 다음은 인터넷으로 작품 전시를 기획·공유하는 사이트로 시작했다. 첫 서비스는 박건희 씨의 작품을 올린 가상 갤러리였다. 이 갤러리는 하루 1만 건의 접속 횟수를 기록하면서 국내 최고의 인기 사이트가 되었다. 이후 다음은 서울 만화 페스티벌과 광주 비엔날레를 생중계해 큰 화제를 모았다. 다음의 인기는 해외로도 번져서 미국의 리서치 기업인 포인트커뮤니케이션이 선정하는 세계 우수 웹 사이트 5%에 선정됐다. 다음은 인터넷이 있다면 돈과 장소의 구애 없이 누구나 작품을 교류하고, 공감대를 만들 수 있다는 것을 보여줬다. 하지만 다음은 창업 8개월 만에 큰 상심에 빠진다. 박건희 씨가 1995년 10월 심장마비로 세상을 떠난 것이다. 불과 29세였다.

다음은 아픔을 딛고 사업의 활로를 모색한다. 1997년 5월 '평생 무료 이메일'을 내건 '한메일'로 국내 인터넷 판도를 단숨에 뒤집는다. 한메일은 미국에서 먼저 도입된 '핫메일'보다 훨씬 쓰기 편하고 국내 정서에도 잘 맞았다. 한메일은 우리나라 초고속 인터넷 보급과 함께 빠르게 상승세를 타며 이듬해인 1998년 12월에는 100만 회원을 돌파했다. 이후 다음은 카페, 미디어 다음, 블로그 등 내놓는 것마다 선풍적 인기를 끌며 글로벌 포털 야후를 물리치고 토종 기업 처음으로 1위에 오른다. 한메일은 우리나라 국민의 인터넷 주소였다.

다음은 글로벌 진출을 위해 2004년 미국의 인터넷 기업 라이코스를 스페인 테라네트웍스로부터 9,800만 달러(약 1,001억 원)를 주고 인수해 엄청난 화제를 모았다. 다음은 라이코스 인수를 통해 국제적 인지도와 해외 사업 발판을 확보했다. 다음은 커뮤니티와 검색 분야를 중심으로 라이코스와 시너지를 내겠다고 설명했다. 업계에서는 다음이 해외에서 새로운 수익원을 찾은 점은 긍정적이나 그 비용이 만만찮을 것으로 내다봤다. 라이코스는 2000년 테라네트웍스에 인수될 당시 가격이 무려 125억 달러(약 3조 원)에 달했으나 4년 사이 인수가가 127분의 1로 하락하며 위상이 떨어져 걱정의 시선도 있었다. 일각에서는 다음이 잠재력 있는 라이코스를 저렴한 값에 샀다는 평을 내놓았다. 아쉽게도 라이코스의 시장 점유율은 꾸준히 떨어지면서 5년간 적자를 기록했다. 다음은 라이코스와 시너지 효과를 내지 못하자 인도계 광고 대행사 와이브란트에 라이코스를 3,600만 달러(약 411억 원)에 매각하는 계약을 맺는다. 인수 금액의 절반에도 못 미치는 값에 라이코스를 다시 파는 것이었다. 와이브란트가 매각 잔여금을 제때 지급하지 않으면서 다음이 국제상업회의소에 중재를 신청하는 진통도 있었다. 라이코스 사건은 다음에 상당한 경영 부담으로 작용한다.

한편 이 창업주는 수평적 커뮤니케이션을 일찌감치 실천한 인물이다. 사내 게시판에서 직원들과 격의 없이 토론을 벌이고 호칭 문화도 과감히 바꿨다. 그는 프랑스 유학 시절 교수와 학생이 서로 이름으로만 부르는 모습에 큰 감명을 받았다. 'ㅇㅇ 대리님', 'ㅇㅇ 과장님' 식으로 직위를 넣으면 어쩔 수 없이 상하 관계가 생기기 때문에 이 호칭을 없애고, 이름 뒤에 'ㅇㅇ 씨' 자를 붙여 부르기로 했다. 이재웅 창업주도 '재웅 씨'라고 불렸다. 다음 초창기 때는 'ㅇㅇ 씨' 호칭이 쓰였지만 회사가 커지면서 'ㅇㅇ님'으로 바꿨다. 나이가 있는 외부 경력 직원들이 'ㅇㅇ 씨' 호칭을 어색해하자 변화를 준 것이다. 이름 뒤에 'ㅇㅇ님'을 붙이는 문화는 다음카카오 합병 전까지 다음을 상징하는 대표적 문화로 유지됐다.

2012년 본사를 제주도로 옮긴 것도 파격 중 파격이었다. 2009년 본사 이전 발표 당시 이 창업주는 "창의적인 일을 하려면 좋은 근무 환경이 필요하다. 직원들이 만원 버스와 지하철 출퇴근 없이 10분 안에 여유롭게 회사에 오고, 근무 시간 중간에 바다가 보이는 휴게실에서 쉰다면 창의적 아이디어가 샘솟을 것"이라고 설명했다. 제주 사옥에는 본사 '스페이스닷원'과 게스트하우스 '스페이스닷투'가 있다. 다음은 제주도로 본사를 옮긴 뒤에도 서울 근무자를 위해 한남동에 오피스를 운영했다. 다음카카오 합병 이후 한남 오피스는 판교로 흡수되면서 없어졌으며 제주 본사는 카카오 본사로 쓰이고 있다.

1995년 등장한 '다음'은 2015년 9월 다음카카오가 카카오로 이름을 바꾸면서 기업 명칭으로서 사라지게 됐다. 다음은 포털 다음의 서비스 이름으로만 남았다. 다음이란 이름이 다음 창업 20년 만에 사라지면서 이재웅 창업주는 다시 조명을 받았다. 한 언론에서는 "1995년 이재웅 창업자는 실험주의적이고 낭만주의적인 경영을 펼친 인물"이라고 평가하기도 했다. 이 창업주는 자신의 SNS를 통해 "내가 창업한 이후로 받은 가장 멋진 찬사 같다. 실험은 실험으로 끝날 수도 있다. 물론 실험이 성공해서 세상을 바꿀 수 있었으면 좋았겠지만, 세상이 더 빨리 바뀌었다면 자신도 바뀔 대상이 되었다는 사실을 인정해야 한다. 즐거운 실험은 이제 일단락 지어지는 것 같다"고 밝혔다.

그는 다음이 사라지는 것에 대해 아쉬움을 보이면서 다음이 카카오에서 새롭게 출발하길 바라는 기대도 드러냈다. 이 창업주는 "세상에 존재하지 않던 새로운 문화를 만들어나갔던 20년. 영속하지 못해 아쉽지만, 그 DNA는 영속할 수 있을 것이다. 회사 이름은 소멸되지만 그 문화, 그 DNA, 그리고 그 문화와 DNA를 가지고 있는 우리는 아직 소멸되지 않았다. 우리가 어느 정도는 세상을 살 만한 곳으로 바꾸었다고 생각한다. 멋진 경험이었다"며 "물론 후회도 많다. 다시 기회가 주어져서 이다음에 같은 일을 하면 더 잘할 수 있을 것 같다는 생각도 들지만, 그 경험을 잘 전수해서 새로운 세대가 더 잘 만들 수 있는 기회를 주는 것이 세상이 발전하는 것이라고 생각한다"고 덧붙였다. 글 말미는 아래와 같았다.

"다음은 이제 없어집니다. 전설을 만드느라 모두 고생하셨습니다. 새로운 전설을 기대하느라 가슴이 두근두근 뛰네요! 고맙습니다!"

4장

카카오에서는 어떻게 일할까:

일에 집중하게 하라

kakao

야근 밥값 논쟁, 그 결과는?

과거 카카오에서 '법인 카드로 결제하는 저녁 밥값을 얼마까지 설정해야 하나?'를 두고 치열한 토론을 벌인 적이 있었다. 카카오는 모든 직원에게 법인 카드를 지급해 업무 비용 처리를 돕는데 저녁 밥값의 적정선이 화제에 올랐다. 카카오는 사내 정책을 추진할 때 일방적으로 통보하지 않고 제도 수립 단계부터 사내 게시판을 통해 직원들의 의견을 듣는다.

저녁 밥값 한도 의견을 묻는 글이 사내 게시판에 올라오자 '판교 테크노밸리 물가를 감안해 8,000원은 해야 한다', '1만 원 안팎으로 알아서 사먹게 정하라' 등의 댓글이 무수히 달렸다. 해당 댓글에는 '그 가격이 적정선입니다', '아무래도 그 금액은 아니지 않나요?' 등의 후속 댓글이 덧붙여졌다. 카카오는 심사숙고 끝에 '누가 얼마에 사먹든 금액에 상관하지 않겠다'고 결론을 내렸다. 편의점 삼각

김밥을 먹든 소갈비를 구워 먹든 한도를 두지 않고 직원 판단에 맡길 테니 재량껏 밥값을 지불하란 것이었다. 누군가는 밤샘 프로젝트를 위해 든든하게 저녁을 먹어야 할 때가 있고, 어떤 이는 간단하게 끼니를 때워야 하는 상황이 있을 수 있으니 해당 직원의 선택을 존중하자는 취지였다. 대신에 법인 카드를 쓴 내역은 회사 임직원에게 전부 공유하게 해서 책임감과 투명성을 높였다. 법인 카드 밥값 결제 한도를 없앤 결과 직원마다 저녁 식사비는 몇 천 원부터 몇만 원까지 다양하게 나타났다.

흥미로운 부분은 직원들이 암묵적으로 상식선의 범위에서 카드를 사용한다는 점이었다. 카카오 관계자는 "예를 들어 야근을 하는 사람과 야근을 하지 않는 사람 두 명이 저녁을 먹었다면 야근 당사자는 법인 카드로 결제하고, 야근을 안 하는 동료는 개인 카드로 밥값을 계산하더라"며 "이런 비율이 90%가 넘는 것 같다. 우리끼리 중요하게 여기는 가치는 지키려고 노력하는 분위기가 있다"고 말했다.

저녁 밥값 사례처럼 카카오는 스스로의 조직 문화를 '신뢰', '충돌', '헌신'이란 세 가지 키워드로 설명한다. 카카오에서는 토론 문화가 정착됐는데 모두 납득할 만한 결론이 나올 때까지 토론을 되풀이하고, 결론이 나오면 하나의 목표에 모두 헌신하며 공동 목표를 향해 집중한다는 취지다. 카카오는 상의하달(top-down) 방식이 아닌 철저한 상향식(bottom-up)을 지향한다. 모든 직원의 의견을 수렴하는 것은 가장 이상적이지만 법인 카드 논쟁처럼 장기간 진통이 따를 때도 있다.

카카오 판교 사옥의 휴식 공간에는 매일 식빵과 딸기잼이 놓인다. 이것은 착상부터 실천까지 오롯이 직원들의 아이디어로 만들어졌다. 한 직원이 "식사를 챙겨 먹지 못하는 직원을 위해 빵 코너가 있으면 좋겠다"고 사내 게시판에 글을 올린 데서 시작한 것이다. 직원들의 반응이 좋자 카카오는 정식 제도로 추진했으나 세부 내용은 처음부터 끝까지 직원들이 결정했다. 몇 시에 빵을 갖다 놓고, 어디 브랜드의 빵을 고르며, 어떤 맛의 잼을 선택할지 모든 것이 직원들의 합의로 이뤄졌다.

빵과 잼 하나 고르는 것도 회사가 몇 분 안에 결정해 통보할 수 있었지만 카카오는 직원들의 의견을 가능한 한 듣고 실행에 옮겼다. 어떻게 보면 상당히 비효율적이다. 일반적인 기업에서는 사업부가 정책의 틀을 정하고 마지막 단계에서 직원들과 공유한다. 카카오는 다른 기업들의 사례를 참고해 대략적인 적정선을 제시하며 합의를 주도할 수도 있다. 그것이 훨씬 빠르고 합리적이기 때문이다. 개방과 공유는 임직원 간 투명하고 평등한 커뮤니케이션을 돕지만 의사 결정을 내릴 때 좌충우돌하며 속도가 늦어질 때가 많다. 신속함이 유난히 중요한 모바일 세상에서 카카오의 기업 문화는 느려 보인다.

카카오 관계자는 "물론 효율성을 따지면 비효율적인 부분이 많다. 다만 그 사안이 잘 정리가 되어 협의가 되면 일방적으로 통보해서 따르는 직원보다 마음으로 따르는 직원들의 수가 훨씬 더 많다"고 말했다.

회사가 특정 선택권을 직원에게 넘기면 직원들은 자신이 선택한 결과에 책임감을 갖고 애착을 보이는 경향이 크다. 이는 직장 생활의 만족도로 이어져 사측과 직원이 '윈윈'을 거둘 수 있다. 직원을 고객으로 바꿔도 마찬가지다. 통제하려고 하면 반발 심리를 불러와 역효과를 일으킨다. 산업화 시대에 '통제와 관리'가 기업 경영의 키워드였다면 디지털 사회에서는 '적절한 자유'라는 화두로 운영의 묘를 살릴 필요가 있다.

■ ■ ■

카카오는 사람을 어떻게 뽑을까?

카카오가 직원을 '영입'하는 프로세스는 다른 기업과 큰 차이는 없다. 홈페이지로 입사 지원을 받고 서류 심사, 두 번의 공식 면접을 거쳐 채용을 확정 짓는다. 채용 공고와 원서 접수는 오직 카카오 홈페이지에 있는 '인재 영입' 코너에서만 이뤄진다. 카카오에 관심 있는 사람만 알아서 지원하라는 뜻이다. 경영 지원 직군은 대부분 이 절차대로 진행되며 직군 특성에 따라 전형이 추가된다. 디자이너 직군은 입사 지원을 할 때 포트폴리오를 제출하고 면접장에서 즉석으로 도안을 그려내는 실기 평가를 받을 수 있다. 개발자는 1차 인터뷰 전에 코딩 테스트를 거치는 경우가 많고 면접 현장에서 손으로 코딩 수식을 적어내는 과제를 요청받을 수 있다. 사람에 따라 면접 단계 중간마다 전화 인터뷰, 화상 면접이 추가되는 일도 있다.

카카오의 인재 선발은 구글 본사 출신의 황성현 부사장이 총괄하고 있지만 구글 스타일을 그대로 카카오에 적용하지는 않았다. 구글에서는 '전 세계 바퀴벌레 수는 얼마나 될까?'와 같은 지원자의 임기 대응력을 극한으로 평가하는 면접 절차가 구조화됐지만 카카오는 그 단계까지는 아니다. 지원자들의 카카오 면접 경험담을 들어보면 직무와 연관된 경력은 어떠한지, 자주 쓰는 앱이 무엇인지, 어떤 서비스를 기획할지, 모바일 서비스에 대한 분석력과 관심도가 어느 정도인지 등을 묻는 질문들이 많았다.

가끔씩 인터넷 커뮤니티에서 화제를 모으는 면접 질문이 나오기도 한다. 카카오톡과 라인의 장단점 비교하기, 다른 회사와 카카오 모두 붙으면 어디를 택할 것인지 정하기, 윷놀이에서 걸이 나올 확률을 구하기, 다음카카오 합병에 대한 솔직한 생각을 말하기, 카카오톡 캐릭터 중 하나를 택해 자신을 표현하기 등이다. 그중에서도 전설처럼 내려오는 질의응답은 아래와 같다.

면접관: "앞으로 카카오톡이 어떻게 될 것 같나요?"
구직자: "음, 잘 안 될 것 같으니 다른 길을 알아보시면 어떨까요?"

이 지원자는 붙었을까, 떨어졌을까? 놀랍게도 합격했다. 이 지원자는 '카카오톡이 망할 것 같은 이유'에 대해 구체적인 근거를 밝히며 그 나름대로 의미 있는 대안을 제시했다고 전해진다. 도발적이더라도 논리적으로 소신 있게 답변하면 된다.

최종 단계인 경영진 인터뷰를 마치면 면접관끼리 지원자의 합격 여부를 가리게 된다. 이때 면접관 중 한 명이라도 '이 지원자는 뽑기 애매하다'는 반응을 보이면 그 지원자는 불합격된다. 카카오 관계자는 "카카오 초창기 시절에는 이 원칙이 굉장히 엄격하게 지켜졌다. 해당 지원자에 대해 면접관 한 명이라도 '애매하다'는 표현을 하면 채용하지 않았다. 현재는 이 기준이 늘 100% 통하지는 않지만 석연치 않은 면접 평가가 있으면 불합격되는 경우가 많다"고 전했다.

카카오는 인재 선발에서 '자기 주도성'을 가장 비중 있게 평가한다고 설명한다. 이 때문에 최종 면접에서 "시키는 대로 열심히 하겠습니다"고 말하면 면접관 평가에서 "저 지원자는 뽑기 애매하다"라는 평을 들으며 탈락하기 쉽다. 카카오는 면접 단계에서 가상의 상황을 주고 어떻게 대처할지를 묻거나, 기타 질의응답에서 드러나는 지원자의 태도와 성격 등으로 능동적인지 수동적인지를 판단한다. 객관적으로 측정되는 정량 평가가 아닌 면접자 주관이 많이 작용하는 정성 평가이고, 자기 주도성을 측정하는 정확하고 체계적인 매뉴얼이 없는 점은 한계로 지적된다. 한편으로는 그만큼 겉으로 드러나는 학력, 영어 성적 등 객관적 스펙에 평가가 휘둘리지 않는 장점도 있다.

카카오가 자기 주도성을 지닌 인재를 유난히 강조하는 이유는 카카오라는 기업 자체가 단기간에 급성장한 데다 다양한 사업을 동시 다발적으로 벌이는 기업이기 때문이다. 카카오는 아이위랩 시절, 카카오톡 흥행으로 급성장하면서 실무에 곧바로 투입할 수 있는 경력직을 많이 뽑았다. 택시, 게임, 캐릭터, 핀테크 등 끊임없이 벌이는 사업이 많다 보니 스스로 일을 찾아 계획하고 실행하는 인력이 카카오에게는 최선의 선택이었다.

■ ■ ■

출근 첫날 아무 일도 시키지 않는다?

다음카카오 합병으로 직원 수가 급격히 늘어난 것도 신입 사원 공개 채용의 필요성을 낮췄다. 합병 전 카카오는 임직원이 600여

명이었는데 합병으로 2,500여 명까지 늘어났다. 이는 신입 사원 교육을 체계적으로 벌일 여력이 부족하다는 뜻이기도 하다. 이 때문에 카카오는 '기업의 체계가 덜 잡혔다', '신입 사원이 다니기 어려운 회사'라는 평을 듣는다. 지금도 카카오의 채용 공고를 보면 유관 경험자를 우대하는 항목이 대다수다. 정규직 경력이 아니어도 인턴십이라도 있으면 우대받는다. 카카오는 학력과 나이 제한을 두지는 않지만 추가 역량 검증을 위해 정직원 최종 합격 전, 최대 3개월간 인턴으로 근무하는 조건을 때때로 붙인다.

자기 주도성을 강조하다 보니 신규 직원이 카카오에 입사하면 개괄적인 오리엔테이션 외에는 특별한 교육이 없다. 물론 카카오는 직원 재교육 프로그램, 외부 세미나와 사내 특강 등은 요청만 하면 지원한다. 업무에 필요한 최신 장비도 매년 업데이트해준다. 다만 업무 자체로는 누군가에 기대어 활동하기가 여의치 않다. 카카오 신규 입사자 중에는 일주일 동안 아무 업무 지시를 받지 않은 사람도 있었다. 그는 스스로 사내 자료실을 찾아보며 업무 아이템을 발굴해야 했다. 이 경우는 카카오에 존재하는 수백여 개의 파트, 팀 가운데 매우 극단적인 사례이지만 카카오의 근무 분위기를 드러내는 단적인 예다. 카카오 관계자는 "회사가 빨리 변한다는 것은 다른 말로 안정화가 안 되어 있다는 뜻이기도 하다. 시스템도 없고 정해진 틀이 없을 수 있다. 직원들은 결국 거기서 스스로 기획하고 만들며 움직여야 한다. 카카오에서는 혼자서 뭘 해야 하는 경우가 많다"
며 "개인의 창의성을 극대화해야 하는 상황이 많은 만큼 문제점을
스스로 찾고 해결해내는 자기 주도성이 우선적으로 요구된다"고
말했다.

카카오의 자기 주도적 기업 문화 속에서 힘들어하는 직원도 있
고, 남다른 성취감을 느끼는 직원도 있다. 카카오 관계자는 "자기
주도적 문화가 멋있게 들리지만 이 문화를 매우 힘들어하는 사람
들이 당연히 존재하고, 매일 새로운 일을 벌이며 문제 해결을 즐기
는 사람도 있다. 조직 문화와 개인이 어떻게 융화해가느냐가 관건
인 것 같다"고 전했다.

한편 카카오의 인사 평가와 보상 시스템은 "올해의 인센티브는
이만큼이다"는 식으로 파트와 팀별로 동일하게 주어지는 편이다.
개인별로도 보상은 이뤄진다. 카카오는 연봉제를 운영하는데 우수
한 성과를 낸 직원에게는 연봉 인상은 기본이고 포상 개념의 특별
성과급을 지급한다.

카카오의 급여가 매력적이지 않다는 이유로 인재 충원이 원활
하지 않던 시기가 있었다. 카카오에 가고 싶어도 처우 차이로 이직
을 망설인 사례들이 대표적이다. 지금은 네이버와 엔씨소프트 등
IT 대기업뿐 아니라 삼성, SK 등 대기업 출신의 경력 직원들이 카카
오로 적을 옮겨 근무하고 있다. 카카오의 인터넷 전문 은행 사업을

맡는 별도 법인 '카카오뱅크'는 2016년 상반기 경력직 40명 선발에 지원자 3,000명이 몰리며 경쟁률이 75 대 1을 기록했다. 카카오뱅크의 주요 주주인 KB국민은행이 직원들을 대상으로 카카오뱅크 이직 희망자 20명을 모집했을 때는 200명이 넘게 몰려 10 대 1의 경쟁률을 보였다. 국민은행은 카카오뱅크로 옮기면 연봉 10%를 인상하고 국민은행에서 누리던 복지 혜택을 그대로 인정한다는 조건을 내걸었다. 당시 은행원들 사이에서는 이직 조건뿐 아니라 카카오의 자유롭고 젊은 이미지 때문에 동요했던 것으로 전해진다.

카카오의 평균 연봉은 직원마다 차이가 있지만 한때 카카오는 '고액 연봉 기업 1위'에 선정되는 해프닝을 겪었다. 카카오가 금융감독원에 제출한 2014년 사업 보고서에 따르면 등기 이사를 제외한 직원 평균 연봉이 1억 7,496만 원으로 업계 1위를 차지했다. 2015년 평균 직원 연봉은 1억 3,248만 원으로 나타나 삼성전자 평균 연봉 1억 100만 원, 네이버 평균 연봉 6,801만 원보다 많았다. 사람들은 삼성전자보다 많은 카카오 연봉에 한 번 놀랐고, 실적이 주춤한 카카오가 직원들의 월급은 최상위로 준다는 사실에 두 번 놀랐다. 카카오에 다니는 직원들은 여기저기서 밀려오는 연봉 질문에 "많은 직원들이 실제로 저 연봉을 못 받는다. 나도 저만큼 받아보고 싶다"고 유머로 답했다. 카카오 직원 연봉이 높게 나타난 이유는 카카오 스톡옵션을 받은 직원들이 카카오가 다음과 합병하며 우회 상장하자 2014~2015년에 집중적으로 보유 주식을 처분했기 때문이다.

카카오 기업 문화의 또 다른 특이점은 신입 직원의 첫 출근일은 화요일로 정해진다는 것이다. 왜 월요일이 아니고 화요일일까? 이유는 단순했다. 카카오와 입사자 모두 월요일보다는 아무래도 화요일이 편하기 때문이다. 카카오에서는 신규 입사자를 위해 준비할 사항이 있고, 입사자 입장에서도 첫 출근을 앞두고 신경 쓸 점이 많은 만큼 주말이 맞닿은 월요일보다는 화요일이 낫겠다는 취지에서다. 비슷한 이유로 카카오의 오랜 전통인 임직원 오프라인 회의 'T500'은 원래 화요일(Tuesday)에 열렸지만 2016년부터 이니셜이 'T'로 같은 목요일(Thursday)로 바뀌었다. 화요일보다는 목요일에 전체 회의를 여는 것이 참여율이 높고 준비하는 쪽에서도 수월하다는 이유에서다.

■ ■ ■

일에 집중하는 근무 문화를 만들어라

3년 근속마다 1개월 유급 휴가 및 200만 원 휴가비 지급, 남편도 쓸 수 있는 육아 휴직, 임신·출산 의료비와 경조비 지원, 임직원 대출 상품, 직장 어린이집, 사내 수유실, 제주 사옥 근무, 사내 카카오프렌즈 기념품 20% 상시 할인…. 카카오의 대표적인 복지 제도

들이다. 카카오는 직원 생애 주기에 특화된 복지 제도를 운영하고 있다.

카카오 직원들의 평균 나이는 30대 중반으로 결혼을 앞두거나 어린 자녀를 둔 시기다. 카카오는 결혼, 출산, 육아 부담을 줄여주며 직원이 근무에 집중할 수 있는 제도 위주로 복지를 꾸려가고 있다. 학자금 지원 제도는 없다. 임직원 평균 연령이 다른 기업보다 낮아 학자금 지원이 급하지 않다는 이유에서다. 그 대신 젊은 직원들이 필요로 하는 신혼집 주택 자금 대출 제도를 운영하고 있다. 사내 식당과 임직원 자기 계발비도 아직 없지만 그 액수를 공동의 업무 환경 개선에 쓰자는 우선순위에 따라 복지 제도를 가다듬어가고 있다.

카카오 관계자는 "자신이 다니는 회사에 신혼집을 장만하기 위한 대출 제도가 없고, 아이를 맡길 어린이집이 없다면 직원들은 근무 시간을 할애해 눈치 보며 은행을 수차례 다녀오고, 회사와 가까운 어린이집을 검색하는 데 시간을 허비할 것"이라며 "이는 회사와 직원 모두에게 안 좋은 일이다. 의료비를 지원하고 사내 보건소를 운영하는 것도 같은 취지다. 건강이 나빠지면 직원 본인도 힘들고 회사에도 큰 손실"이라고 말했다.

특히 카카오의 어린이집은 직원들에게 호응이 좋다. 아이가 있는 직장인에게 육아는 큰 숙제다. 직장인 중에는 어린이집이 있는 회사를 찾아 이직하는 경우도 있어 어린이집만 잘 만들어놓아도 우수한 인재를 확보하기가 용이하다. 카카오에는 다음커뮤니케이션 때부터 운영하는 제주 본사 어린이집 '스페이스닷키즈'가 있고, 2015년 판교 사옥에도 '늘예솔어린이집'을 만들었다. 어린이집을 이용하려는 직원들이 점점 늘어나서 수용 인원을 확대하고 있다.

카카오가 판교 사옥의 카페를 크게 확장한 것도 비슷한 맥락이다. 커피가 기호 식품이 아닌 일상생활에서 빼놓을 수 없는 대중적 음료가 되면서 커피를 즐기는 직원들이 늘어났다. 카카오를 비롯한 기업들이 사내 카페에서 커피를 판매한다고 큰 수익이 나지는 않는다. 그렇지만 만일 회사에 카페가 없다면 직원들은 근처 카페에 가기 위해 시간을 쓰는 일이 많아질 것이다. 더욱이 고층에 위치한 카카오 사무실 특성상 직원들은 엘리베이터를 타고 1층까지 내려가서 인근 카페에 방문해 커피를 주문하고, 기다린 끝에 커피를 받아서 다시 사무실로 올라가는 시간 자체가 생산적이지 않다. 카페 확장은 직원들의 동선을 효율적으로 만들어주기 위한 목적도 크다. 아울러 사내 카페는 동료들 간에 커피 한 잔을 마시면서 대화하는 장소 역할을 하며 아이디어 교류 또는 친목 도모의 매개가 되어준다.

이처럼 카카오의 모든 복지 제도는 직원들이 다른 것에 신경 쓰지 않고 업무에 집중하며 생산성을 높이는 데 초점이 맞춰져 있다.

복지 제도 가운데 세부적인 내용이 바뀌고 업데이트하는 경우가 있지만 '복지 제도는 업무 몰입을 위한 수단'이란 점은 변함이 없다. 이는 카카오뿐 아니라 대부분의 IT 기업도 비슷하다. 온라인 게임 '리니지'로 유명한 엔씨소프트의 경우 다양한 메뉴를 제공하는 대형 사내 식당, 농구장, 피트니스 센터, 어린이집, 사우나실, 결혼식 강당까지 갖추며 모든 편의 시설을 회사에서 누리게 한다.

구글의 경우 사옥 곳곳에 간식이 있다. 이는 구글 창업자 세르게이 브린의 "어떤 직원도 음식에서 60미터 넘게 떨어져 있으면 안 된다"는 철학에서 나왔다. 미국 샌프란시스코에 있는 구글 본사를 취재한 적이 있었다. 구글 본사는 대학 교정처럼 생겼는데 캠퍼스를 누비는 '푸드 트럭'이 눈에 띄었다. 푸드 트럭 주변에는 핫도그를 먹고 커피를 마시는 구글 직원들로 붐볐다. 모든 간식은 구글 사원 인증만 하면 무료다. '푸드 트럭'뿐 아니라 건물 안에는 작은 부엌 '마이크로 키친'이 층마다 있다. 구글 사내 식당에서는 매일 다국적 메뉴가 푸짐하게 차려진다. 구글은 음식 외에도 낮잠 공간, 미용실, 카센터, 세탁소, 전기차 대여 시설, 현금 자동 입출금기(ATM)도 지원한다.

이는 직원들이 바깥에 나가지 않아도 회사에서 의식주를 해결할 수 있게 해 오롯이 근무에만 집중하게 하자는 취지다. 집과 사무실 이외 제3의 공간을 제공함으로써 직원의 숨통을 틔워주는 역할도 한다.

구글 본사에서 라즐로 복 인사 수석 부사장을 인터뷰했다. 그는 구글이 복지 정책을 유지하는 데 적잖은 비용이 들긴 하지만 이로 인해 향상되는 업무 생산성이 더 크다고 설명했다. 직원들의 애사심과 공동체 의식이 강해지는 효과도 있다고 했다. 복 부사장은 "동아시아에는 야근 문화가 많다고 들었다. 그러나 하루 12시간 이상 균일한 노동의 질을 유지하는 것은 불가능하다"며 "책상에 오래 앉아 있다고 성과로 연결되지는 않는다. 노동 시간 대비 생산성을 높이는 방안은 매우 다양한데 기업들이 이 부분에 주목해야 한다"고 말한 것이 기억에 남는다.

●●●

모든 층을 연결하는 비밀의 계단?

'모든 것을 연결하겠다(connect everything)'는 카카오의 철학은 직원들이 근무하는 공간에도 반영되어 있다. 직원들을 최대한 같은 공간에서 근무하게 하는 것, 층이 나뉘더라도 모든 층을 하나의 계단으로 잇는 구조, 물리적 거리는 떨어져 있어도 실시간 커뮤니케이션을 구현하는 업무 도구 등이 대표적이다.

합병 이후 카카오 사무실은 2015년 4월부로 판교 오피스로 일원화됐다. 대부분의 카카오 직원들은 판교 오피스에서 근무하는데 카카오는 자체 사옥 없이 판교 H스퀘어 N동의 3층, 6층부터 꼭대기인 10층까지 그리고 N동 옆의 S동 6층도 함께 사용하고 있다. H스퀘어는 시공사 한화건설의 이니셜을 딴 건물로, 카카오는 늘어나는 직원을 감당하지 못해 초창기 역삼동 사옥에서 2012년 9월 이곳으로 이전했다. 애초 6층 단층(4,000㎡, 약 1,210평)만 썼지만 사세가 커지고 합병까지 하면서 여러 층으로 공간을 늘렸다.

다음커뮤니케이션은 제주 본사와 한남 오피스 두 곳을 운영했는데 합병 이후 제주 본사는 카카오 본사로 쓰이고 있으며 한남 오피스는 판교 오피스에 흡수되면서 사라졌다. 애초 카카오는 2,000여 명의 합병 직원을 수용할 만한 수도권 근무지로 강남, 서초 등지를 알아봤으나 입주 조건이 맞지 않아 판교로 바꾼 것으로 알려졌다. 제주 오피스에는 제주 기반 사업 담당자를 비롯한 일부 인력이 머물고 있으며 굵직한 이사회, 임원진 회의가 종종 제주에서 열린다.

카카오의 다양한 사업이 벌어지는 근무지는 판교다. 카카오 임직원 2,500여 명 중 제주 오피스에 400명, 판교 오피스에 2,100명 정도가 근무한다. 판교 오피스에서 가장 눈에 띄는 점은 7층부터 10층까지 내부를 시원스레 연결하는 계단 '커넥팅 스텝(connecting steps)'이다. 애초 H스퀘어 자체에는 없는 구조였다. 하지만 엘리베이터로 층을 이동하는 시간이 오래 걸려서 조금 더 빠른 소통을 위해 층의 중간 공간을 터서 계단으로 만들었다.

커넥팅 스텝은 직원들의 동선이 자연스럽게 겹치도록 하여 교류의 장이 되어준다. 판교 오피스에 가면 카카오 직원들이 계단에 걸터앉아 노트북으로 작업하거나 계단을 오르내리면서 인사하는 모습을 심심찮게 볼 수 있다. 아예 카카오는 계단 옆에 테이블과 소파를 비치해 커넥팅 스텝을 회의 장소로도 쓸 수 있게 했다. 카카오 관계자는 "커넥팅 스텝에는 부제로 '우리 사이(between us)'가 붙는다. 우리 직원들을 연결하는 공간이란 뜻"이라며 "우연한 만남 속에 새로운 아이디어를 떠올리거나 유익한 피드백을 얻는 장점이 있다. 서로 편하고 쉽게 소통하는 계기가 되도록 공간을 바꾸고 있다"고 말했다.

각 층의 복도 한쪽에는 스케이트보드가 놓여 있다. 카카오 판교 오피스의 복도는 100m가 넘을 정도로 도로처럼 길쭉하게 뻗어 있는데 한 직원이 '건물 구조상 복도를 가로지르는 시간이 오래 걸리니 보드로 빠르게 이동하면 좋겠다'고 제안하면서 스케이트보드를 각 층에 5대씩 마련했다. 이밖에 사무실에는 직원과 직원의 벽을 나누는 파티션이 없다. 책상 높낮이도 제각각이다. 오랜 시간 의자에 앉다 보니 허리 통증을 호소하는 직원이 하나둘 생겨났고, 일부 직원들이 책상에 박스를 쌓아 그 위에 노트북을 올려놓고 서서 일하는 사례가 늘어났다. 이 과정에서 스탠딩 데스크를 회사 차원에서 공식 지원하게 됐다. 카카오에서 일하는 사람이라면 누구나 서서 일할 수 있는 데스크를 신청해 쓸 수 있다. 현재 카카오 직원 가운데 3분의 1가량은 스탠딩 데스크를 쓰면서 서서 근무한다.

'환경이 사람을 만든다'는 말처럼 카카오는 직원 간의 연결을 강조하는 공간을 곳곳에 만들었다. 8층에는 카페와 강당 역할을 하는 '타운 홀(town hall)', 벽 한 면 크기의 화이트보드, 도서 진열대, 최신 IT 디바이스 체험 공간이 있다. 8층 천장에는 대형 모니터가 걸려 있어 카카오 신규 서비스를 소개하는 역할을 한다. 타운 홀에서는 'T500'이란 카카오의 모든 임직원을 대상으로 열리는 사내 오프라인 비정기 회의가 열린다. T500은 목요일(Thursday) 오후 5시에 열린다고 해서 붙여진 이름이다. 카카오 직원들이 사내 이슈에 대하여 서로 질문을 주고받는 자리다. 회사 이슈만큼은 언론 뉴스나 소문이 아닌 내부에서 처음으로 듣게 하자는 취지에서 시작됐다. T500에서는 직급과 상관없이 먼저 오는 순서대로 자리에 앉아 회사 주요 안건에 대해 이야기를 나눈다. 대표이사라도 늦게 오면 의자에 앉지 못하고 방석을 깔고 발표를 들어야 한다. T500은 카카오 초창기 시절부터 모든 직원이 모여 앉아 다음카카오 합병 추진, 신사업 추진 현황, 조직 개편 등 회사의 주요 안건을 오프라인으로 공유하는 역할을 했다. 김범수 의장도 T500 무대에 수차례 섰다.

T500은 사내 온라인 방송으로도 생중계된다. 합병 이후 판교·

제주 사옥을 합해 임직원이 2,500여 명이 넘으면서 모두 한자리에 모이기 어려워졌기 때문이다. 질문은 현장에서, 포스트잇과 쪽지 등으로 미리 취합해서, 카카오톡 익명 대화방을 통해서도 받는다. T500은 예전에는 매주 모일 정도로 활발했지만 조직 규모가 커지면서 몇 달을 걸러 한 번씩 열리기도 한다.

예를 들어 2016년 9월 8일 오랜만에 열린 T500은 취임 1년을 맞은 임지훈 대표와 신규 서비스인 사진 앱 '카카오톡 치즈'를 주제로 진행됐다. 이 자리에서 직원들은 카카오톡 치즈를 써본 후기를 공유하면서 임 대표에게는 '카카오는 인공지능, 로봇, 가상현실 등 미래 기술과 관련된 미래 전략이 있느냐?', '알뜰폰 사업에 진출하면 좋을 것 같은데 어떻게 생각하느냐?', '광고 사업을 개편하고 있는데 구체적인 내용을 알려달라', '출퇴근 시간을 더 탄력적으로 해달라' 등의 날카로운 질문을 쏟아냈다. 임 대표는 알뜰폰과 로봇 사업 대신에 현재 벌이고 있는 신사업에 먼저 집중하겠다고 답한 것으로 전해졌다.

9층은 몸과 마음의 독소를 빼주는 '디톡스존'으로 꾸며졌다. 명상·상담 공간인 '톡테라스'는 전문 상담가가 상주해 직원들의 스트레스와 고충을 상담하고 명상 프로그램을 제공한다. 양호실 '톡의보감'은 간호사가 물리 치료부터 응급 상황 대처, 비만과 금연 상담도 한다. 마사지 공간 '톡클리닉'은 전문 마사지사가 직원들의 목과 허리 등의 피로를 풀어주는 곳이다. 오랜 기간 컴퓨터 작업을 하는 직원들의 호응이 좋다.

여러 형태의 근무 공간도 독특한데 9층에는 비행기 일등석을 본 떠 만든 칸막이 형태의 1인 업무실이 있다. 혼자 조용히 업무에 집중하거나 휴식 시간을 갖고 싶을 때 많이 쓰인다. 이밖에 카카오 사옥 곳곳에서는 카페에서 볼 법한 길쭉한 바(bar)형 책상, 여러 명이 얼굴을 마주하고 일할 수 있는 둥근 테이블 등 각양각색의 업무 공간이 있다. 탁 트인 카페 같은 곳에서 일하고 싶을 때, 창밖을 보며 근무하고 싶을 때, 동료들과 조곤조곤 얘기하는 공간이 필요할 때 등 업무 스타일에 따라 원하는 공간에서 일하게 한 것이다. 모든 공간은 동선이 분절되지 않고 자연스럽게 이어지도록 짜놓았다. 직원들은 어디서 어떤 책상에서 근무하든 결과로만 보이면 된다. 일부 팀은 직원들이 외부 카페에서 일하는 것을 허용하기도 한다.

연결에 대한 집요한 카카오의 철학은 사옥 구석구석에 배어 있다. 직원들을 수직과 수평으로 지그재그 연결하며 기업 정체성을 은연중에 녹여내려 한다. 커넥팅 스텝이 층별로 단절될 수 있는 직원들을 중앙으로 잇는 역할을 한다면 타운 홀, 개방형 근무 공간, 스케이트보드 등은 수평으로 연결하는 장을 제공한다. IT 회사지만 직원들끼리 얼굴을 맞대고 의견을 공유하는 오프라인 소통을 중요시한다는 점을 알 수 있다. 다른 팀의 직원과도 접촉하는 기회를 늘리며 피드백을 얻고, 오고가는 우연한 만남에서 새로운 아이디어를 발굴하는 기회를 만들게 하려는 것이다.

직원들의 '우연한 만남'을 부채질하라

"어떻게 하면 직원들을 우연히 마주치게 할 수 있을까?" 카카오뿐 아니라 전 세계 IT 기업들은 직원의 '세렌디피티(Serendipity, 우연한 만남)'를 촉진하는 방법을 고심하고 있다. 아무리 디지털 시대라 하더라도 채팅과 전화보다는 사람과 사람이 얼굴을 맞대는 오프라인 대화에서 생산적인 결과가 나온다는 취지에서다. 근엄하게 회의 테이블에 앉아 장시간 토론으로 해결법을 만들어내는 것보다, 로비에서 우연히 마주쳐 캐주얼하게 대화할 때 말랑말랑하고 통통 튀는 아이디어가 샘솟기 쉽다. 이미 미국에서는 2010년대 초반부터 '우연한 상호 작용의 힘(The Power of Serendipitous Interactions)'을 주제로 기업 문화를 혁신하려는 움직임이 일고 있다. 특히 기술 기반의 스타트업 세계에서는 직원들 간의 우연한 만남에서 혁신 아이디어가 나타나는 경우가 많다.

미국 샌프란시스코에 있는 구글 본사는 직원들이 사내 식당과 매점 등에서 우연히 마주치는 '구글 범프(Google bump)'를 중요시 여긴다. 구글의 사내 식당은 미국식, 인도식, 중국식 음식 등 메뉴가 다양하고 뷔페식이라 마음껏 먹을 수 있다. 더욱이 무료다. 구글이 이런 복지 혜택을 제공하는 것은 '먹고사는 고민은 해결해줄 테니 일에만 전념해 최고의 성과를 내라'는 뜻에서다. 무엇보다 사내 식당 밥을 먹기 위해 줄을 서서 기다리고, 테이블에 함께 앉아 동료와 대화하는 과정에서 생각지 못한 아이디어를 발굴하게끔 하는 목적이 크다. 사람은 음식을 먹으면 긴장이 풀리는 경향이 있는데, 편안하고 자연스러운 분위기에서 대화하다 보면 자신의 아이디어에 대한 피드백을 얻고 의외의 영감을 떠올릴 수 있다. 구글의 사내 식당 테이블은 매우 길어서 타 부서원과도 한자리에 앉아 밥을 먹을 수 있다. 식탁 간격도 의자를 빼다 부딪힐 정도로 좁게 배치했는데 이 과정에서 새로운 사람을 알게 될 수 있다. 구글의 치밀한 동선 전략이다.

나이키를 창업한 필 나이트는 자서전 《슈독(SHOE-DOG, 신발에 광적인 사람)》에서 '우연의 힘'을 강조한다. 그는 "우연의 힘을 무시하지 마라. 내가 운동화에 관심을 갖게 된 것도, 나이키란 브랜드 명칭도, 번개 모양의 나이키 로고도 우연의 산물이었다"고 말한다. 그의 첫 직업은 회계사였지만 대학 시절 달리기 선수로 활동하며 운동화에 관심을 갖게 된 경험이 직접 운동화 브랜드를 만드는 원동력이 됐다. 나이키란 상표는 동료 직원의 꿈에 나온 승리의 여신 '니케'를 영어식으로 풀이한 것이다. 나이키 런닝화의 상징인 올록볼록한 신발 밑창은 창업 멤버인 빌 바우어만 육상 코치가 와플 굽는 틀을 우연히 보고 만들었다. 바우어만은 와플 틀에 우레탄을 넣는 실험 끝에 가볍고 탄력 있는 밑창을 만드는 데 성공했다. 나이키 로고는 디자인 전공 대학생이 2주 만에 만든 디자인이었다. 디자인 수임료는 35달러였다. 정작 필 나이트는 이 디자인을 마음에 들어 하지 않았지만 납품 마감 기일에 쫓겨 급한 대로 운동화에 새겨 넣었다. 시작은 조촐했지만 '스우시(Swoosh)'로 불리는 번개 모양의 나이키 로고는 전 세계에서 가장 유명하고 비싼 디자인이 된다.

다만 우연의 힘을 발휘하려면 철저하게 우연처럼 다가가야 한다. 많은 기업들이 직원들의 우연함을 만들기 위해 고도의 전략을 활용하지만 우연은 우연처럼 보여야 하지, 인위적인 냄새가 나면 직원들의 반감을 살 수 있다. 야후가 대표적이다.

마리사 메이어 야후 대표는 "통찰력 있는 아이디어는 카페, 로비, 복도 등에서 벌어지는 즉석 대화에서 떠오르는 경우가 많다"고 말했다. 충분히 좋은 철학이지만 메이어 대표는 '즉석 대화'를 독려한다는 명분으로 야후의 오랜 전통이었던 선택적 재택 근무제를 전면 폐지하고 사무실 근무제를 도입했다. 직원들이 사무실에 모여 있어야 마주칠 기회가 높다는 취지에서였다. 직원 간의 충분한 합의 없이 재택 근무제를 급작스럽게 없애면서 야후 직원들은 강하게 반발했다. 야후 직원은 어쩔 수 없이 회사 지침에 따라 모두 사무실에서 근무했지만 회사 경영진의 일방적 소통으로 애사심이 떨어지며 불만이 고조된 상태였다. 야후는 조직 문화 위기뿐 아니라 모바일 시대의 뒤늦은 대응, 잦은 인수 합병 실패, 대규모 해킹 사건 등으로 쇠퇴하며 결국 매물로 나오는 신세로 전락한다. 세계에서 가장 위대한 IT 기업으로 꼽히던 야후의 날개 없는 추락이었다.

기업이 기업 문화에서 우연한 만남을 촉진하려면 얼굴을 두껍게 하고 자신들도 우연인 것처럼 보일 필요가 있다. 사옥 구조, 카페 장소, 정수기 위치, 책상 배치, 회의실 동선 등에서 알고 보면 엄청난 계산이 깔려 있지만 티를 내지 않는 것이 중요하다. 그래야 직원들이 자연스럽게 움직인다.

전 직원이
모이는 단톡방

커넥팅 스텝을 비롯한 카카오 사옥 구조가 직원들을 오프라인으로 연결한다면 SNS는 카카오 조직원을 온라인으로 이으며 물리적 한계를 보완한다. 직원 수가 많아질수록 온라인은 조직의 소통에 긴요한 역할을 한다.

카카오에는 회사 초창기부터 임직원이 모두 모이는 단체 카톡방이 있다. 모든 직원이 가상의 공간에서 한자리에 모여 있다는 상징적 의미를 지닌다. 부서별로 논의해야 할 이슈나 업무 지시보다는 회사의 전반적인 의견을 공유하는 역할을 한다. 회사 대표부터 말단 직원까지 한데 모인 단체 카톡방이 얼마나 활성화할지 의심도 들었지만 잠깐 들여다본 대화방에는 의외로 생동감 넘치는 소통이 이뤄지고 있었다. 예를 들어 "7층에 벌이 들어왔어요. 조심하세요", "이번 주 수요일에 사내 특강이 있으니 많이들 오세요", "우리 팀에서 새로운 서비스를 만드는데 피드백 바랍니다" 등등 소소하면서도 유용한 정보성 대화가 주류였다. 누군가 메시지를 올리면 부서를 떠나 격의 없이 대화를 나누는 모습이 인상적이었다. 족히 1,000명이 넘는 직원이 한꺼번에 대화방에 있다 보니 서로를 모르는 경우가 많아 익명 아닌 익명 채팅 같은 느낌도 있었다.

카카오 단체 대화방에는 모든 임직원이 의무적으로 참여하지 않아도 된다. 실제로 단체 카톡방에 참여하는 인원은 전체 임직원의 절반 정도이며 대화방을 드나드는 것도 자유롭다. 단체 카톡방에 참여하고 싶으면 동료의 초대로 들어갈 수 있고, 카톡방이 불편하면 언제든지 나가기 버튼을 누를 수 있다.

많은 사람들이 존재하다 보니 회사 단체 카톡방에서 다양한 에피소드도 생겨난다. 친구나 가족에게 보내야 할 메시지를 단체 카톡방에 보내는 경우다. 일요일에 한 직원이 "어디세요?"라고 실수로 글을 올린 일이 있었다. 이윽고 수백여 명의 직원들이 "집입니다", "애 보고 있습니다", "놀이공원입니다" 등의 답변을 달아 단체 카톡방을 웃음바다로 만들었다. 소개팅 상대에게 보내야 할 "오늘 만나서 즐거웠어요"를 회사 카톡방에 띄우는 바람에 온 회사 사람이 그 직원의 소개팅 사실을 알게 되는 웃지 못할 일화도 생긴다.

카카오의 임직원 소통 도구는 '단톡방'만이 아니다. 익명의 채팅 공간인 '카카오톡 오픈채팅'도 있다. 카카오톡 오픈채팅은 카카오톡 단체 대화방의 형태와 같지만 참여자의 프로필 사진을 숨길 수 있고, 이름은 원하는 별명으로 쓸 수 있다. T500 같은 사내 행사에서 신원을 밝히지 않고 허심탄회한 질문을 취합하는 용도로도 쓰인다.

한편 '아지트'는 카카오의 대표적인 사내 커뮤니케이션 도구다. 단톡방과 카카오톡 오픈채팅이 보조 소통 창구라면 '아지트'는 카카오의 공식적인 업무 커뮤니케이션 공간이다. 카카오는 회사 이슈에 대해 아주 특별한 정보를 제외하고는 100% 임직원과 공유하되 외부에는 알리지 말자는 철학을 갖고 있다. 아지트는 임직원 소통의 대표적인 매개체가 되어준다. 카카오의 임직원이 늘어나면서 내부 이슈가 밖으로 새어나가는 일이 종종 벌어지지만 대부분의 직원들은 원칙을 지키려 한다. 아지트에서는 격의 없는 토론이 이뤄지기도 하고 업무 외에도 벼룩시장과 취미 활동 등의 다양한 정보가 공유된다. 어떤 주제든지 상관없이 자유롭게 의견을 교환하는 과정을 통해, 서로 같이 일한 적이 없더라도 친근감을 느끼게 되고 부서 장벽을 너머 업무 협업을 하기도 한다.

아지트는 2010년 카카오톡, 카카오수다와 함께 '카카오 삼총사'였던 폐쇄형 커뮤니티 카카오 아지트를 업무용으로 업그레이드한 것이다. 카카오 직원이라면 누구나 타 부서의 업무 진행 상황, 의사 결정 결과 등을 열람할 수 있다. 자신의 부서와 관련된 타 부서의 진행 상황을 보며 전체적인 흐름을 파악하고 불필요한 시간을 줄일 수 있다. 아지트에는 자신이 작성한 글에 대한 피드백을 모아보는 알림 센터가 있어 나와 연관된 업무와 반응을 파악하게 돕는다.

아지트 종류는 직원들이 회사 불만을 내는 게시판, 업무 의견을 주고받는 게시판, 부서별 게시판 등 다양하다. 카카오는 특수한 부서의 게시판을 빼고는 부서 간 벽을 허물고 직원들에게 모두 개방하고 있다. 대부분 비판보다는 의견을 많이 주고받는 분위기다. 아지트 참여에 대표이사도 예외는 아니다. 임지훈 대표도 아지트에 자신의 생각을 틈틈이 밝히는 편이다. 임지훈 대표가 글을 남기면 직원들이 댓글을 통해 의견을 개진한다. 아지트는 실명으로 운영되는데 대표 게시 글에 직원들이 댓글을 활발히 다는 모습이 인상적이다. 아지트는 외부 기업도 쓸 수 있다. 카카오는 2016년 10월 아지트를 기업용 SNS로 업그레이드하며 B2B(기업 간 거래) 서비스 모델로 발전시켰다.

■ ■ ■

카카오에 없는 세 가지: 인사팀·직급· 부서 칸막이

카카오 기업 문화에는 없는 것이 많다. 인사팀과 직급이 없고 '직원'과 '채용'이란 표현 대신 자체적으로 용어를 만들어서 쓰며 카카오만의 끈끈한 연결 문화를 형성하려 한다. 유별스럽다고 느껴질 정도로 카카오만의 색채로 기업 시스템을 만들어가고 있다. 다른 기업에 비해 부서 이동도 비교적 자유롭다. 이처럼 외부와 뚜렷이 구분되는 기업 문화의 장점은 집단 구성원들에게 강한 연대의식을 심어준다.

먼저 인사(人事)팀이 없다. 대부분의 기업은 조직원 관리를 위해 '인사팀', '인재관리실', 'HR(Human Resource)팀'이란 이름의 경영 지원 부서를 둔다. 카카오는 'P&C(People & Culture)'란 독특한 이름을 지닌 조직이 인사와 기업 문화 전반을 이끌고 있다. 애초 HR팀이란 명칭도 고려했으나 조직 구성원을 자원(resource)으로 보는 시각보다는 사람(people) 자체로 보자는 취지에서 사람을 뜻하는 'P'를 부서 명칭 맨 앞에 넣었다. P&C팀의 'C'는 기업 문화 (Culture)를 뜻하는데 인사는 기업 문화가 겉으로 드러난 모습이고 인사가 곧 기업 문화란 취지에서 오늘날 P&C란 부서 명칭이 정착됐다. 조직 명칭 하나에도 기업 철학을 담기 위한 카카오의 꼼꼼함이 엿보인다.

카카오는 인재를 충원할 때 '채용(採用)'이란 단어 대신에 '영입 (迎入)'이라고 표현한다. 채용이란 단어를 글자 그대로 풀이하면 '사람을 뽑아서(採) 쓴다(用)'인데, 기업이 인재보다 우위에 있다는 느낌을 준다. 그래서 카카오는 '사람을 맞아(迎) 들인다(入)'는 뜻의 영입이란 단어를 쓴다. 채용보다 영입이란 단어가 더 정중하다는 이유에서다. 이에 채용 담당자도 영입 담당자로 불린다.

널리 알려지다시피 카카오에는 직급 호칭이 없다. 카카오는 대표부터 인턴 사원까지 직급 대신 영어 이름으로 부르는데 일부 대기업이 카카오의 호칭 사례를 벤치마킹해 화제를 모으기도 했다. 카카오에서 김범수 의장은 '브라이언', 임지훈 대표는 '지미'로 불린다. 꼭 영어 이름이 아니어도 된다. 카카오에는 '브래드 피트'처럼 자신이 좋아하는 외국 배우 이름을 따거나 '이 녀석'이란 뜻의 '버스터(buster)'로 불리는 직원도 있다. 카카오의 영어 호칭은 아이위랩 시절 직원이 10명이 넘어갈 무렵부터 쓰기 시작했다.

영어 호칭은 수평적 커뮤니케이션의 지렛대 역할을 한다. 예를 들어 대표가 참석한 회의에서 반대 의견을 내고 싶어도 "대표님, 이건 아닌 것 같습니다"라는 말은 꺼내기 힘들지만 "지미, 이건 아닌 것 같습니다"란 말은 위계 관계에 대한 심리적 장벽을 낮춰준다. 영어 이름은 상대방의 직급을 의식하지 않고 자유롭고 개방적인 소통을 가능하게 돕는다. 카카오 관계자는 "회사에서 영어 호칭이 일반화되다 보니 정작 동료의 한글 이름을 모를 때가 있다. 영어와 닉네임으로 부르면 직급에 개의치 않고 조금 더 자유스럽게 얘기하게 되더라. 겪어보지 않으면 모르는 순기능이 있다"고 말했다.

다만 카카오는 바깥 활동을 할 때는 한국 상황에 맞는 직급을 쓰며 호칭제를 유연하게 운영한다. 카카오 내부에서만 쓰는 영어 이름과 기업 용어를 외부인이 들으면 거부감을 느끼거나 혼선이 생길 수 있기 때문이다. 이에 카카오 구성원끼리는 영어 이름을 쓰지만 공식적인 대외 활동에서는 의장, 대표, 부사장, 파트장, 매니저 등의 직급을 밝히며 교류한다. 직급 호칭을 쓰는 기업이 절대 다수이고 한국 사회에서는 경력 연차와 직급이 비즈니스에서 중요한 기능을 하는 영향도 있다.

한편 카카오의 영어 이름 정착에는 남모를 노력과 진통이 있었다. 카카오는 대부분 경력 직원으로 인재를 수혈해왔는데, 타사 출신의 고참 직원은 영어 이름 문화에 적응하기까지 상당한 노력이 필요했다. 카카오 관계자는 "팀 막내 사원이 친구 이름을 부르듯이 내 영어 이름을 부르는데 처음에 적응이 정말 안 됐다"며 "다른 회사 가면 최소 과장 이상으로 불릴 경력인데 카카오에서는 똑같이 영어 이름으로 불리니 손해 보는 느낌도 있었다. 두 달 정도 지나니까 익숙해졌다"고 회고했다.

앞서 소개했듯이 다음커뮤니케이션에도 수평적 호칭 문화가 있었다. 다음커뮤니케이션은 'ㅇㅇ님'으로 부르는 문화였고 현 카카오 재무 책임자인 최세훈 전 대표는 '세훈님'으로 불렸다. 다음카카오가 합병하면서 호칭이 카카오 방식으로 통일되자 다음커뮤니케이션의 '님' 호칭 문화는 사라지게 된다. '님'이란 의존명사는 그 사람을 높여 이르는 존칭 표현인 데 반해 영어 이름은 그 자체가 호칭이 되고 높고 낮음을 구분하지 않는 기능이 있다. 본명을 대신하는 또 다른 이름을 자신이 직접 짓고 사용하는 것은 개성을 표출하는 수단이 되어주기도 한다. 그러나 결과적으로 다음 출신 직원들은 카카오 방식대로 영어 이름을 새로 만드는 미묘한 상황이 벌어졌다. 이 때문에 다음카카오 합병에서 최대 주주와 기업 문화 등 모든 면에서 카카오가 우위를 점한다는 곱지 않은 시선이 제기되기도 했다. 2014년 10월 1일 다음카카오 출범 기자 간담회에서도 '판교 사옥과 영어 호칭, 최대 주주가 김범수 의장인 점 등 모두 카카오 스타일이다. 다음커뮤니케이션의 색깔이 없어지는 것 아니냐?'는 질문이 나왔다. 당시 이석우, 최세훈 공동 대표는 "임직원을 동시 수용할 수 있는 큰 건물을 빌리기 위해 판교를 선택하게 됐고 이름 뒤에 '님' 자를 붙이는 것보다 영어 이름이 편하다는 의견이 많아 그렇게 정했다"며 "근속 3년마다 1개월씩 유급 휴가를 주는 다음의 복지 문화는 그대로 유지하는 등 꼭 카카오의 색깔을 강제하는 것은 아니다"고 해명했다.

영어 이름이 수평적 커뮤니케이션에 도움은 되지만 위계질서와 직급에 따른 책임을 모호하게 한다는 지적도 있다. 상급자와 하급자가 누구인지 분간이 되지 않아 눈치껏 대응해야 하는 센스가 필수다. 카카오 P&C팀에서는 "카카오도 권한과 책임의 위계질서는 중요시한다. 수평 커뮤니케이션이 수평적인 의사 결정을 의미하는 것은 아니며, 당연히 직책에 따른 책임이 있다"며 "카카오의 문화는 권위적이거나 구성원의 의견조차 듣지 않고 지시만 하는 기업 문화를 지양하는 것"이라고 설명했다.

카카오에서는 부서 이동도 비교적 자유롭다. 카카오에는 '손들고 이동'이란 제도가 있는데 다른 팀의 업무를 해보고 싶을 때 자원해서 부서를 바꾸고 제주 사옥 근무도 지원하는 등의 시스템이다. 카카오 관계자는 "'본인이 하고 싶은 일을 할 때 조직도 최고의 성과가 난다'라는 철학 속에 부서 이동을 운영하고 있다"고 설명했다. 언뜻 보기에 요청만 하면 누구나 부서 이동을 하는 것처럼 이해되지만 부서 이동에는 몇 가지 조건이 있다. 원하는 부서에 빈자리(TO)가 있어야 하고 현재의 부서와 가고자 하는 부서 간의 합의와 절차를 거쳐야 한다. 보직 변경의 경우, 변경하려는 보직에 적합한 역량을 갖추고 있는지 심사를 받아야 한다. 개발 부서에 지원하려면 프로그래밍 실력이 필수인 것처럼 말이다. 부서 이동은 자유롭지만 부서 인기에 따라 사람이 몰리는 부서와 빠져나가려는 부서 간의 양극화가 벌어지기도 한다. 손들고 이동 제도는 카카오 초창기 때보다 활발하지 않아 T500에서 '손들고 이동을 활성화해달라'고 공개 질의가 나오기도 했다. 카카오는 이 부분에 대한 보완책을 고민하고 있다.

아울러 카카오는 목적에 따라 뭉쳤다 흩어지는 수시 인사 시스템을 취한다. 일반 기업처럼 연말 인사, 분기별 대규모 인사도 없다. 사안에 따라 수시로 조직 개편이 이뤄져 거의 매일 인사 이동이 공지될 때도 있다. 인사 이동이 너무 자주 공지되다 보니 카카오 P&C팀에서는 주별, 월별로 인사 소식을 묶어 공유하기도 한다. 카카오에서도 직원 본인이 원하는 부서로 옮겨지는 경우도 있지만 뜻하지 않은 부서로 발령이 날 때도 있다. 인사 발령을 대하는 직원들의 교차하는 표정은 여느 기업과 비슷하다. 카카오만의 특징이 있다면 사내 게시판에 '그동안 고마웠어요', '잘 부탁드립니다' 등의 작별 인사와 포부 글이 다른 기업보다는 활발하다는 점이다.

본질적으로 카카오 P&C팀은 카카오 기업 문화의 목표로 '기업 문화가 없는 것처럼 느껴지는 기업 문화 만들기'를 제시한다. 기업 문화가 존재하지 않는 것처럼 느껴지게끔 기업 문화의 원칙을 최소화하고, 이 최소한의 원칙으로 직원들이 자율적으로 모든 것을 결정하게 하는 것이다. 마치 노자의 《도덕경》에 나오는 '가장 좋은 정치는 다스리는 왕이 없는 것처럼 느껴지는 것'이란 글귀를 연상하게 한다. 카카오의 실험은 현재 진행 중이다.

■ ■ ■

구글에 구글러가 있다면 카카오에는 카카오 크루가 있다
카카오의 유별남은 여기서 끝이 아니다. 페이스북에 페이스부커(facebooker), 구글에 구글러(googler)가 있다면 카카오에는 '카카오 크루(Krew)'가 있다. 카카오 직원들은 서로를 크루라 부른다. '한 배를 탄 사람들'이란 뜻의 크루(crew)와 카카오(kakao)의 합성어다. 카카오의 표현을 빌리자면 카카오는 크루들이 모바일 바다를 향해 열심히 노를 저으며 움직이는 큰 배인 셈이다.

카카오는 채용 공고를 내거나 자신들을 소개할 때 어김없이 카카오 크루란 표현을 쓴다. 삼성과 구글은 자사 직원들을 각각 '삼성맨', '구글러'라고 잘 표현하지 않지만 카카오는 바깥 행사에서도 카카오 크루란 표현을 공식적으로 사용해 종종 해프닝이 빚어지기도 한다. 임지훈 대표는 2016년 인터넷 전문 은행 준비 설명회 때 '카카오뱅크 준비를 위해 카카오 크루가 고생을 많이 했다'고 발언했는데 처음 듣는 참석자들이 카카오 크루의 정체에 대해 궁금해했다는 후문이다. 카카오 크루란 팀이 따로 있는 것인지, 카카오 크루로 불리는 비밀 핵심 인재가 있는지 많은 추측을 낳았다. 한편 직원들은 크루라 불리지만, 사내에서 최고 경영자(CEO), 최고 재무책임자(CFO) 등 부사장 이상의 임원은 Chief 이니셜을 본떠 'C 레벨'로 통칭된다.

아울러 카카오는 본사와 계열사를 함께 지칭할 때 카카오 그룹 대신 '카카오 공동체'라고 부른다. 공동체란 표현은 유럽 공동체, 운명 공동체, 씨족 공동체란 용어처럼 범국가적이고 인류애 느낌을 물씬 풍기기 때문에 경쟁이 치열한 비즈니스 세계에서는 좀처럼 쓰이지 않아 인상적이다.

카카오는 카카오톡 캐릭터 사업을 맡는 카카오프렌즈, 게임 사업 조직 카카오게임즈, 벤처 투자사 케이큐브벤처스, 음원 서비스 '멜론'을 운영하는 로엔엔터테인먼트 등 계열사만 60개가 넘는다.

카카오는 끊임없는 인수 합병 등으로 계열사를 불리고 있는데 이런 경영 방식을 취하는 대부분의 기업은 '그룹'이란 표현을 쓴다. 여기서 지주회사로 경영 구조를 재편하면 지배 구조 최정점의 모기업은 '홀딩스'로 표현된다. 카카오도 대기업 집단 반열에 오른 엄연한 '대기업 출신' 기업이지만 그룹이란 단어는 쓰지 않는다. 대신에 '공동체'란 표현을 차용하며 수평적이고 따뜻한 느낌의 기업 이미지를 만들고 있다. 과거 김범수 의장은 아이위랩을 지주회사 격으로 만들려는 구상을 품고 있었는데 카카오가 앞으로 어떤 모습의 경영 구조로 변모할지 이목을 끈다.

카카오는 임직원 관리에 대한 부담이 점점 커지고 있다. 신규 사업을 계속 벌이고, 기존 사업을 유지하기 위해 계열사가 불어나며 이에 따라 직원도 점점 많아지고 있다. 이제 더 이상 카카오는 카카오톡 초창기 시절 20~30명이 움직이던 회사가 아니다. 아무리 벤처 정신을 지향한다 해도 계열사를 포함해 3,000명이 넘는 대기업 덩치의 기업을 운영하려면 체계적인 관리가 필요하다. 이에 카카오는 늘어나는 계열사를 통일된 가치로 묶을 수 있는 조직인 '공동체인사팀'을 새로 만들었다. 공동체인사팀은 카카오 공동체를 아우르는 인사 제도를 기획하고 실행하는 역할을 한다. 카카오 공동체에서 새로운 인사 제도를 설계하는 이는 '인사 아키텍트'라 불린다.

2016년 7월부터 카카오의 인사는 구글 본사 출신이 맡고 있다. 구글과 야후를 거친 황성현 인사총괄 부사장이 바로 그 주인공이다. 황 부사장은 야후코리아 인사 부문장, 구글코리아 인사 팀장, 구글 본사 시니어 HR 파트너 등을 거친 인사 전문가다. 24년간 IT 기업에서 인사와 조직 컨설팅 업무를 담당해 기술 기반 기업 문화에도 정통하다는 평을 받고 있다. 황 부사장은 다음, 카카오 어느 출신도 아닌 외부 인사라 카카오의 기업 문화 융합에 새로운 상징 역할도 한다. 황 부사장은 카카오의 인사·조직을 어떻게 이끌까? 구글의 방식을 카카오에 그대로 옮기기는 어렵지만 상당 부분 벤치마킹할 가능성이 크다.

먼저 채용 방식에서는 단점 보완보다 강점 어필에 강한 인물을 뽑는 경향이 커질 전망이다. 지원자들은 자신의 역량을 드러낼 때 강점을 강화하거나 단점을 보완하는 방법을 고르게 되는데 많은 경쟁자들 사이에서 제한된 시간 내에 단점 극복에 매달리는 것은 경쟁력이 없다. 황 부사장은 구글 재직 시절 "구글은 하루에도 몇만 장의 수시 채용 이력서가 쌓인다. 양이 너무나도 많아 한 이력서당 30초 이상 읽기 힘든데 내용마저 비슷비슷하더라. 그래서 남다른 장점을 간략하게라도 앞에 강조해야 한다. 앞으로 어떤 미래가 펼쳐질지 고민하는 모습도 있어야 한다"고 말했다.

특정 사업에 필요한 인재를 세밀히 뽑는 경향도 더욱 커질 전망이다. 황 부사장은 한국과 구글의 채용 방식의 가장 큰 차이로 '조준'을 들었다. 낚시를 예로 들면 우리나라 기업은 바다에 그물을 던져 적당한 물고기를 되는대로 건져 올리고 추리는 방식이라면, 구글은 용도와 조건이 맞는 물고기를 처음부터 찾아내 작살로 정조준을 한다는 것이다.

구글은 채용 권한이 각 실무팀에 있기 때문에 각 팀별로 몇 명을 뽑을지 수시로 요청한다. 카카오도 정기 공채 대신 팀별 인력 상황에 따라 수시 채용을 하는데 이러한 기조는 더욱 짙어질 가능성이 크다. 영입과 함께 실무에 즉시 투입할 수 있는 직원을 선호하는 경향도 뚜렷해질 것으로 보인다.

한편 카카오 조직원 간의 정보 공유는 더욱 강화될 전망이다. 이미 카카오는 아지트, T500 등 조직 정보를 공유하는 시스템이 있지만 사내 정보 공유의 강도가 높아질 수 있다. 구글은 사내 임직원에게 대형 인수 합병을 제외한 회사의 모든 정보를 공개하고, 외부에는 그만큼 더 철저하게 기밀을 지키는 기업 문화를 갖고 있다. 내부의 자유로운 정보 공개로 구글 전 직원에게는 엄청나게 강한 비밀 엄수의 책임이 따른다. 구글의 경우 정규직 사원이 되면 구글 내에서 일어나는 타 부서의 모든 일을 알 수 있다. 매주 최고 경영진이 대부분의 경영 이슈를 모두 공개하는데 구글은 별다른 스캔들 없이 조직 문화를 이어오고 있다. 구글의 철저한 인재 선발·관리

시스템 속에 회사와 직원들 간의 강한 신뢰와 결속이 형성됐기 때문이다.

다만 이 같은 구글의 방식을 카카오에 그대로 이식하기에는 여러 가지 한계가 있다. 일단 미국과 한국의 기업 문화가 다를뿐더러 카카오는 구글에 비해 규모가 턱없이 작다. 구글의 채용 담당 직원만 최소 몇 백 명 수준으로 전체 인사 관련 직원을 합하면 우리나라의 웬만한 중견 기업과 맞먹는다. 카카오의 현재 규모와 인력으로는 모방하기 어려운 부분이다. 하지만 구글의 장점을 취하고 카카오의 개성을 살리는 식으로 어떻게든 카카오의 기업 문화에 상당한 변화가 있을 것으로 예상되고 있다.

IT 업계에 '의장'이 많은 이유는?

김범수 의장(카카오), 이해진 의장(네이버), 이준호 의장(NHN엔터테인먼트), 방준혁 의장(넷마블게임즈), 김병관 전 의장(웹젠)···. 우리나라 IT 업계 특징이 있다면 바로 '의장(議長)'이란 직함이다. 여기서 의장은 회사의 주요 의사 결정을 내리는 이사회를 대표하는 인물이다. 대개 창업주 또는 창업에 지대한 역할을 한 인물 및 최대 주주가 의장을 맡는다.

의장은 회사의 큰 방향을 제시하고 미래 전략을 짜는 일을 하며, 실무 경영은 전문 경영인이 맡고 있다. 삼성, 현대자동차 등의 대기업이 '회장'과 '대표이사'로 이원화되어 있는 경영 체제와 같다. 의장을 어감이 다른 회장 직으로 봐도 무방한 이유다. 구글의 경우 공동 창업주 세르게이 브린과 래리 페이지는 지주회사 '알파벳' 회장(president)으로 실무에서 물러나 구글의 밑그림을 그리고 있다. 구글의 실무는 순다 피차이 대표가 맡고 있다.

그럼 카카오, 네이버 등의 국내 IT 기업들은 왜 '회장'이란 표현을 쓰지 않고 생소한 '의장'이란 단어를 썼을까? 아무래도 회장이 산업화 시절 정착한 단어인 데다 보수적이고 권위주의적인 느낌이 강하기 때문이다. IT 업계는 연혁이 짧고, 벤처기업에서 성장한 경우가 많기 때문에 의장이란 단어가 회장보다는 덜 거부감이 들게 만든다는 판단도 있었다.

국내 IT 기업들이 짧은 역사에도 불구하고 일찌감치 의장과 전문 경영인 체제로 나뉜 데에는 여러 가지 배경이 있다. 우선 속도가 중요한 IT

업계에서 사업에 집중하기 위함이란 해석이 설득력을 얻는다. 아울러 1990~2000년대에 우리나라 IT 기업 창업자 치고 수난을 겪지 않은 사람이 없다는 소리가 있을 정도로 업무 외적인 것에 신경 쓸 일이 많았다. 인터넷에서의 불법 콘텐츠 또는 음란물 유통, 게임 아이템 사기 피해, 청소년의 게임 중독 이슈 등 부정적 이슈가 터질 때마다 IT 기업인들은 회사 밖에서 사과하고 해명할 일이 더 많았다. IT 업계의 발전 속도가 빠르다 보니 업무 제휴, 외부 미팅 등의 일이 많아지면서 대표이사는 현업을 챙기고 의장은 침착하게 회사의 밑그림을 그리는 역할을 맡는 체제로 나뉘어졌다.

물론 IT 업계 의장직에 대해 비판적인 시선도 있다. 회사에 중요한 이슈가 터졌을 때 한 발짝 뒤에 물러서서 적극적으로 소통하지 않는다는 지적이다. 2015년 국정감사에서는 IT 업계에만 있는 독특한 의장 제도가 대표이사를 앞세워 은둔 경영을 하려는 것이 아니냐는 의혹이 제기되기도 했다.

흥미로운 점은 2015년 이후 IT 업계 '의장'들이 바깥 활동에 적극적으로 나선다는 점이다. 그만큼 이 시기 IT 업계에 굵직한 이슈가 많았다. 일명 '의장의 외출'은 은둔형 경영, 황제 경영이란 부정적 이미지를 벗기고, 회사의 큰 이슈에 대해 자신이 직접 설명해 의문점을 해소하는 효과가 있다. 이해진 네이버 의장도 은둔형 경영자로 불리던 인물이었다. 그랬던 그가 2016년 7월 라인 상장 기자 간담회에 얼굴을 비춘 이래, 2016년 9월에도 유럽의 투자 펀드에 1억 유로(한화 약 1,233억 원)를 투자한다며 공식 석상에 나타나 눈길을 끌었다. 그다음 달에는 네이버 개발자 컨퍼런스 '데뷰'에 참석해 인사말을 겸한 기조연설까지 했다. 이 의장은 "라인 상장이란 큰 과정을 넘긴 만큼 그동안 못 다한 외부 소통에도 신경 쓰겠다"고 말했다.

김병관 웹젠 전 의장은 게임업계 1호 국회의원이 된 독특한 인물이다. 그는 2016년 제20대 국회의원 선거에서 판교 테크노밸리가 있는 경기 성남시 분당구갑 지역구 국회의원으로 당선됐다. 당시 득표율은 47.4%로 경쟁 후보보다 10% 포인트 앞섰고, 공직자 재산 등록에서 2,637억 7,300만 원을 신고해 국회의원 자산가 1위에 오르는 등 여러모로 화제를 낳았다.

방준혁 넷마블게임즈 의장도 대외 활동이 활발한 편이다. 그는 2015년 6월 처음 열린 '넷마블 투게더 위드 프레스(NTP)' 행사에서 직접 넷마블게임즈 역사와 비전, 모바일 게임으로 사업 축을 바꾼 계기 등을 2시간 넘게 설명해 눈길을 끌었다. 당시 방 의장도 '은둔형 경영 의혹'에 대해 해명했는데 "바깥에서 넷마블게임즈 사업에 대한 추측과 억측이 많아 회사 이슈를 정확하게 알려야 한다는 필요성을 느꼈다"고 언급했다. 방 의장은 2016년 2월 열린 기자 간담회에서 넷마블게임즈를 2017년 상장한다는 계획을 직접 밝히기도 했다.

김범수 의장은 다음카카오 합병 이후 바깥 활동이 뜸해졌지만 종종 공개 석상에 선다. 그는 2015년 9월 중앙미디어컨퍼런스 기조연설을 맡고, 2016년 봄에는 경기도가 추진하는 판교 스타트업캠퍼스의 총장직을 수락해 큰 주목을 받았다. 김범수 의장은 "스타트업캠퍼스 총장 제안을 받고 많은 고민을 했다. 스타트업 자체를 후원하는 것도 중요하지만 스타트업을 만들 수 있는 사람을 육성하는 역할도 의미 있다고 생각해 받아들이게 됐다"며 "지난 20년간 세상이 정말 크게 변했다. 인터넷으로 새로운 세상이 열리고, 스마트폰이 우리 삶을 통째로 바꿨다. 알파고, 인공지능 등장 속에 게임의 룰이 바뀌었는데 우리나라 교육은 여전히 산업화 시대에 머물러 있어 스타트업캠퍼스만큼은 변화를 꾀하려 한다"고 소감을 밝혔다.

국내 IT 업계가 점점 성장하면서 '의장님'은 더 늘어날 것이다. 회장이든 의장이든 직함보다는 직무를 어떻게 수행하느냐가 더 중요하다. 회사의 장기적 비전을 제시하며 기대에 부응하는 성과를 이뤄낼 때 의장에 대한 세간의 여러 시선이 긍정적인 방향으로 재편될 수 있을 것이다.

모바일 온리mobile only 시대,
우리의 자세

■ ■ ■

딜레마를 깨라: 스 파크(S.P.A.R.K.) 카카오톡은 카카오에 가능성과 한계를 동 시에 선사하는 딜레마와 같다. 모든 카카오 서비스가 카카오톡 이용자를 전제로 만들 어지고, 글로벌 진출이 마땅치 않은 상황에서 카카오톡에 의존하는 경향이 점점 뚜렷해진다. 카카오톡을 벗어나기 위해 다양한 사업을 벌이는 과정에서 이용자와 업계 간의 파열음도 크게 빚어진다.

카카오에 카카오톡이 딜레마인 것처럼 대다수의 기업들은 핵심 사업에서 가능성과 한계를 비슷한 무게로 짊어지고 있다. 피처폰 (일반폰) 명가였던 LG전자가 스마트폰으로 고전하고, 마이크로소프트가 모바일 시대에는 PC 윈도우만큼의 힘을 떨치지 못하고 있다. 삼성전자가 갤럭시노트7 폭발이란 악재를 만날지 누가 예상을 했겠는가? 2016년 애플은 아이폰 판매 둔화 속에 15년 만에 처음으로 연간 매출과 순이익이 감소했다. 전 세계 이동통신업계에서는 '바보 통신사(Dumb Pipe)'란 자조 섞인 별명이 떠돌고 있다. 이동통신 사업은 소수의 통신사가 내수 시장을 나눠 갖는 구조로 사실상 글로벌 진출이 불가능한데 통신망 이외에는 이렇다 할 경쟁력을 찾고 있지 못하기 때문이다. 이들 기업은 부가가치 없이 통신망만 제공하는 파이프 배관에 머물러 있다는 위기의식이 크다. 수익은 그런대로 나지만 앞이 막막하다.

'모바일 온리(mobile only)'로 대변되는 4차 산업혁명 속에서 기업들의 고민은 더욱 깊어지고 있다. 1차 산업혁명이 증기기관 발명으로 산업화를 촉발했다면, 2차 산업혁명은 전기를 이용한 대량 생산, 3차 산업혁명은 인터넷과 정보화로 진화했다. 4차 산업혁명 시기에는 모바일과 빅데이터가 변화 속도를 더욱 부채질한다. 사람과 인공지능이 경쟁하는 시대에 4차 산업혁명은 기회와 위기라는 두 얼굴을 갖고 있다. 기업들의 딜레마를 깨기 위한 기폭제를 '스파크(S.P.A.R.K.)'라는 여섯 키워드로 짚어본다.

Simple(선택과 집중): 복잡함은 심플하게 대응하라

Pace control(속도 조절): 조급함과 신속함은 다르다

Always on(항상 주시하기): 변화를 늘 깨어 있는 눈으로 보라

Relation(유대 관계): 임직원·파트너와의 관계는 안녕한가

Killer app(킬러 앱): 승부를 가르는 핵심 무기를 갖춰라

■ ■ ■

Simple(선택과 집중): 복잡함은 심플하게 대응하라

일본에는 '킹 기도라(King Ghidorah) 상사' 란 말이 있다. 킹 기도라는 머리가 세 개 달린 거대한 우주 괴수다. 영화〈고지라〉시리즈에서 최고 악역으로, 입에서 불을 내뿜으며 상대방을 해친다. 일본 직장인 사이에서는 '여러 명의 상사가 제각각 일을 시켜서 누구의 말을 들어야 할지 모르는 상황'을 풍자할 때 쓰인다. 부장, 차장, 과장이 같은 업무를 각각 다른 스타일로 주문한다면 부하 사원은 어느 장단에 맞춰야 할지 곤혹스럽다. 괴기스러운 경영이 펼쳐지는 가장 큰 이유는 경영진의 커뮤니케이션이 명확하지 않아 의사결정 단계가 비대해지기 때문이다. 일을 할 때 무엇에 집중해야 할지 몰라 이것저것 건드리다 본질을 놓친다.

변화가 빠르고 이용자를 예측하기 어려운 시대일수록 '심플'을 챙겨야 한다. 심플은 선택과 집중 전략으로 의사 결정의 효율성을

높이는 것이다. 라인 성공에 기여한 모리카와 아키라(森川亮) 라인 주식회사 전 대표는《심플을 생각한다》에서 비즈니스의 본질을 한 줄로 정의한다. 재물과 명예가 아닌 '사람들이 원하는 것을 제공할 수 있는 능력'이다. MIT 슬론 경영대학원 교수 도널드 설과 스탠퍼드대 교수 캐슬린 아이젠하트 연구진은 성공하는 기업은 단순하다고 분석했다. 큰 성공을 거둔 회사들의 경우 복잡한 상황이 발생하더라도 심플하게 움직였다는 것이다. 단순한 규칙은 체계를 최소화하면서 재량을 행사할 가능성을 충분히 남기기 때문에 효율적이다. 복잡한 규칙은 모든 사태를 예측하려 하고 각 상황에서 무엇을 어떻게 해야 할지 판단하고 지시하므로 사람을 로봇처럼 만든다는 부작용이 있다. 이용자 입장에서도 기업의 복잡한 태도에 갈팡질팡하게 된다.

예전에 한 기업에서 자사 소식이 있다며 자료를 보내온 적이 있었다. 구글 내용이 있기에 중요한 이슈인 것 같아 자료를 읽어봤지만 아무리 봐도 무슨 내용인지 이해가 가지 않았다. 더욱이 분량마저 길었다. 하루 수백 통의 업무 이메일을 받는 입장으로서 갈피도 잡히지 않은 수천 자의 자료를 읽는 상황이 갑갑했다. 결국 그 회사에 전화를 걸어 "구글과 함께 신제품을 선보인다는 것인지, 업무 협약을 맺었다는 것인지, 아니면 앞으로 구글과 잘 해보겠다는 내용인지 헷갈린다"고 물었다. 해당 담당자는 "구글과 함께 신규 서비스를 내놓게 됐다는 내용"이라며 "원래는 간결하게 썼는데, 20명이 넘는 회사 간부가 자기가 맡는 사업부 얘기를 중간중간 집어넣는 바람에 자료가 그 모양이 됐다"고 한숨을 내쉬었다. 매우 안타까운 일이었다. 전화를 마치고 내용을 많이 다듬어서 기사로 내보냈다. 결과적으로 그 기업 소식은 내용의 중요성에 비해 언론에 많이 보도되지 못했다. 임원들이 욕심을 줄이고 소식을 '심플'하게 전달했다면 홍보가 더 잘됐을 것이다. 연말 인사를 앞둔 임원들 심정이야 공감하지만 그 회사는 눈에 띄는 발전을 하기 어렵겠다는 생각이 들었다.

앞의 사례가 심플하지 않아 일을 그르친 경우라면 애플의 음악 감상 기기 '아이팟'은 심플의 전형적인 사례다. 아이팟에는 아무런 버튼 없이 '클릭휠'만 있다. 동그란 원형 판을 손으로 움직이고 눌러야 아이팟을 작동시킬 수 있다. 아이팟이 나오기 전까지 MP3 플레이어는 버튼이 여러 개 달린 복잡한 물건이었다. 전원 버튼, 음원 검색, 음원 재생, 반복 청취, 뒤로 감기, 라디오 등 MP3에는 다양한 기능이 있다. 이 때문에 복잡한 사용법과 디자인은 당연하다는 인식이 많았다. 하지만 아이팟의 클릭휠은 '복잡한 것은 복잡하게 대응해야 한다'는 선입견을 깨주었다. 최소한의 기능만 남긴 심플한 디자인, 직관적이고 쉬운 사용법은 복잡한 것을 꺼리는 인간의 본능을 일깨웠다.

카카오톡도 심플에 집중한 사례다. 카카오톡을 만들 때 '프로필 사진을 모아보게 하자', '음성 통화 기능을 추가하자'는 내부 의견이 있었다. 하지만 카카오톡은 '메시지를 주고받는다'는 최소한의 기능에 집중했다. 초반에 많은 기능을 한꺼번에 전달하면 사용성이 분산되고, 개발 과정이 길어져 출시 타이밍을 놓칠 수 있다는 이유에서다. 음성 통화 기능은 카카오톡 이용자가 충분히 늘어나고, 데이터 요금제가 다양화할 무렵에 선보이기로 했다. 출시 초반 카카오톡은 '문자 요금 없이 친구들과 메시지를 주고받는 앱'이란 단순한 콘셉트로 이용자에게 각인될 수 있었다. 이후 프로필 사진 확인 기능과 음성 통화 '보이스톡' 등은 카카오톡이 시장에 안착된 이후 차례로 추가된다. 반대로 카카오는 통합 전화 앱 '카카오헬로', 사진 저장 서비스 '카카오 앨범', 소셜 커머스 '카카오 픽' 등의 반응이 신통치 않자 조기 종료했다. 성과가 날 때까지 기다릴 수도 있었지만 전망이 불투명하자 사업을 접은 것이다. 산업계에서는 투자한 매몰 비용이 아깝다고 머뭇거리다 더 큰 손실을 입은 사례가 허다하다. 물론 섣불리 서비스를 없앤다는 이용자들의 불평도 있다. '카카오는 신규 서비스라도 반응이 안 좋으면 금방 접으니 기다렸다 써야 한다'는 인식도 있다. 이는 카카오만의 문제는 아닐 것이다. 복잡한 시대에 대응하는 군더더기 없는 경영은 기업의 끊임없는 화두다.

Pace control(속도 조절): 조급함과 신속함은 다르다

슬로우 슬로우 퀵 퀵 슬로우…. 경영은 종합 스포츠와 비슷하다. 훌륭한 댄서는 리듬을 잘 탄다. 때로는 느리게, 때로는 빠르게 움직이는 춤사위로 시선을 휘어잡는다. 뛰어난 축구 선수는 그라운드에서 전력 질주만 하지 않는다. 경기 상황을 보고 때로는 천천히, 때로는 빠르게 움직이면서 골을 넣기 위해 모든 선수가 일사불란하게 움직인다. 마라톤 경기에서 우승하는 선수는 처음부터 1등으로 달리지 않는다. 자기 페이스에 맞게 앞서거니 뒤서거니 반복하다 승부를 내야 할 때 치고 나아간다.

IT 업계에서도 속도의 완급 조절이 중요하다. 모바일 시대에 빠름은 중요하지만 무조건 통하는 경영의 진리는 아니다. 눈앞의 이익 때문에, 남들이 한다는 이유로 조급함을 갖는 것은 느린 것보다 못하다. 목표가 뚜렷하지 않은 맹목적인 속도 경쟁은 치명타를 입는다. 학술적 분야에서는 최초 연구가 큰 의미를 지닌다. 그러나 시장의 선택을 받아야 하는 제품이나 서비스는 최초 타이틀이 좋은 것만은 아니다. 대부분 가장 먼저 출시된 것은 흥행하지 못한다. 시대를 너무 앞서가 반응을 얻지 못하거나, 최초이기 때문에 인지도를 확보하는 데 어려움을 겪고 가격이 비싸게 결정되는 경우가 많다. 부품 수급에 차질을 빚거나 기술력 검증이 덜 되어 품질이 불안정할 때도 있다. 무조건 '처음'을 고집하기보다 적절한 타이밍에 진입하는 것이 효과적이다. 물론 너무 늦으면 진입 자체가 어려워지니 언제든지 가속 장치를 밟을 준비를 해놓는 것이 바람직하다.

카카오톡, 웨이신, 라인 모두 최초가 아니었다. 국내에서는 엠앤톡이 카카오톡보다 인기를 끌고 있었지만 카카오톡은 엠앤톡이 가지지 못한 장점을 차별점으로 내세우며 시장을 장악했다. 단체 대화방, 대용량 서버 등이 그것이다. 카카오톡은 후발 주자였지만 선점 사업자와 격차가 크지 않아 따라잡을 수 있었다. 텐센트는 웨이신을 만들긴 했지만 한동안 모바일 메신저 비즈니스에 확신을 갖지 못했다. 그러던 차에 주요 주주로 참여한 한국의 카카오톡, 바다 건너 일본 라인의 흥행을 보고 사업에 자신감을 얻은 것으로 전해진다. 라인도 일본 시장에서 최초의 메신저는 아니었지만 일본 취향에 맞춘 캐릭터 이모티콘과 메신저 통화 기능, 잦은 지진을 감안한 서버 관리, 공격적인 마케팅으로 일본 열도를 대표하는 메신저 브랜드로 자리매김했다. 수익 모델에서도 속도는 중요하다. 이들 메신저 서비스는 섣불리 유료화를 시도하지 않았다. 수익을 내는 데에 서두르기보다는 이용자를 늘려 더 큰 부가가치를 창출하는 전략을 택했다.

아이폰도 스마트폰 최초는 아니었다. 1993년 시판된 IBM의 '사이먼'은 이메일, 팩스, 계산기, 메모장 기능을 갖춘 스마트폰의 원형이었다. 당시 휴대폰에는 전화를 걸고 받는 기능만 있었다. 하지만 개발비가 많이 들고, 수요가 많지 않아 사이먼은 역사 속으로 사라진다. IBM은 사이먼 개발로 만만치 않은 수업료를 치렀다. 세월이 흘러 애플은 2007년 아이폰, 2010년 아이패드를 선보이며 스마트 디바이스의 기준을 제시했다. 아이패드의 경우 초창기 '우스꽝스럽게 생겼다', '패드(기저귀)란 이름이 이상하다'는 혹평을 들었지만 태블릿이라는 새로운 시장을 만들어냈다. 아이폰과 아이패드의 흥행에는 제품 자체의 특이성만큼 새로운 기기를 받아들이는 사회적 분위기, 현지 이동통신 상황, 마케팅, 디자인, 스티브 잡스란 화제의 인물이 복합적으로 작용했다.

1982년 우리나라 최초로 인터넷을 연결한 전길남 박사는 "연구 분야에서는 먼저 하는 것이 중요하지만, 개발 분야에서는 적절한 시기에 제대로 만드는 것이 중요하다"고 말한 바 있다. 운칠기삼(運七技三)이란 격언처럼 사업의 성패는 시운에 더 큰 영향을 받는다고 볼 수 있다. 너무 늦어서도 안 되고, 너무 빨라서도 안 되는 그 적절한 시기는 경영진의 혜안으로 결정된다. 타이밍을 잘 잡아서 성공적인 서비스를 내놓더라도, 계속 응용해서 더 큰 그림을 그리는 역할 역시 대단히 중요하다.

Always on(항상 주시하기): 변화를 늘 깨어 있는 눈으로 보라

바닷물의 흐름에 따라 완벽하게 움직이는 물고기는 무엇일까? 고래? 상어? 참치? 정답은 '죽은 물고기'다. 패러다임의 변화를 감지하지 못하면 주어진 상황에 이리저리 휩쓸리며 내팽겨지는 상처투성이의 죽은 물고기가 될 수 있다. 물고기는 늘 눈을 뜨고 있다. 잠을 잘 때도 눈을 감지 않지만 눈빛이 다르다. 죽은 물고기의 눈은 초점 없이 탁하다. 개인이든 기업이든 시대 변화를 읽는 밝은 눈으로 민첩하게 움직여야 한다.

예를 들어 아이폰이 촉발한 스마트폰 패러다임은 수많은 휴대폰 제조사들을 시험에 들게 했다. 아이폰의 가장 큰 특징은 애플리케이션 마켓인 '앱스토어'였다. 이용자들끼리 애플리케이션을 자유롭게 올리고 내려받으며 생태계를 형성한다는 구도는 기존 휴대폰 업계에서는 상상하기 어려운 일이었다. 스마트폰은 휴대폰 패러다임의 축을 하드웨어에서 소프트웨어로 옮기게 했다.

삼성전자는 2007년 아이폰이 미국에서 인기를 끄는 것을 보고 스마트폰에 도전해 2008년 6월 마이크로소프트의 '윈도우' 모바일 버전을 탑재한 스마트폰 '옴니아'를 선보였다. 아이폰이 우리나라에 출시되기 약 1년 전이었다. 하지만 지나친 버벅거림과 윈도우의 무거운 사용성 등으로 옴니아는 엄청난 혹평을 받았고 후속작

옴니아2도 큰 기대를 얻지 못한다. 삼성전자는 일반 휴대폰으로도 충분히 큰 매출을 올리고 있었지만 스마트폰 개발의 끈을 놓지 않았다. 2009년 11월 아이폰이 국내에 상륙하자 삼성전자는 구글의 모바일 전용 운영 체제인 '안드로이드'를 넣은 새로운 브랜드 '갤럭시'로 다시 도전한다. 이 신규 스마트폰은 약 7개월 만에 집중적으로 개발된 끝에 2010년 6월 글로벌 무대에 데뷔를 했다. 갤럭시 초기 모델은 국내 300만 대, 전 세계 2,000만 대 이상 팔리며 당해 최고의 히트 상품이자 구글의 안드로이드를 알리는 1등 공신이 됐다.

갤럭시만큼 흥행한 곳이 또 있었다. 삼성전자 연구소 근처 분식집이었다. 연구원들이 배달 음식과 야식에 의존하며 밤낮을 가리지 않고 일하는 바람에 분식집 매출이 껑충 뛰었다는 이야기는 패러다임에 뒤처지지 않으려는 노력을 드러낸다. 갤럭시는 아이폰의 대항마를 필요로 했던 세계 시장에서 각광을 받으며 입지를 굳힌다. 현재 삼성과 애플은 글로벌 프리미엄 스마트폰 시장 1위를 다투는 라이벌이다.

반대로 LG전자, 노키아, 모토로라 등은 스마트폰 시대에 예전만큼의 명성을 떨치지 못하고 있다. 이들 회사는 일반폰 분야에서는 삼성전자와 애플보다 뛰어났다고 평할 수 있다. 하지만 일반폰에서 거둔 과도한 성공 탓에 스마트폰으로의 이행이 늦어진 '지식의 저주'를 겪고 있다. 한때 LG전자는 '초콜릿폰'과 '프라다폰' 등으로 디자인, 품질, 흥행 면에서 모두 성공을 거두며 세계 휴대폰 시장을 호령했다. 그러나 모바일 시대에는 고민이 점점 깊어지고 있다.

특히 휴대폰 원조인 모토로라는 1983년 최초의 휴대전화인 '다이나텍'을 선보인 이래 1994년 업계 최초의 폴더폰 '스타텍', 2004년 폴더폰 최대 흥행작 '레이저'로 한때 전 세계 휴대폰 시장 점유율 50%를 차지할 정도로 탄탄대로를 달렸다. 하지만 어마어마한 폴더폰의 성공은 스마트폰으로의 진입을 늦추게 했다. 폴더폰이 너무나도 잘 팔려 스마트폰 개발에 소홀한 것이다. 결국 모토로라는 2012년 구글에 의해 인수됐고, 구글은 2014년 중국 컴퓨터 제조업체인 레노버에게 모토로라를 다시 팔았다. 세기의 브랜드 '모토로라'는 2016년 1월부로 사라졌다.

노키아는 1998년부터 2010년까지 넘을 수 없는 글로벌 1위 휴대폰 기업이었다. 2007년 4분기에 판매된 휴대전화는 총 1억 3,350만 대로, 삼성전자와 모토로라 등의 판매량을 모두 합친 것보다 많았다. 하지만 노키아도 모토로라처럼 일반폰에 집중하느라 스마트폰 진입이 늦었다. 2007년 당시 노키아 대표는 "노키아가 표준이다. 아이폰 같은 제품은 시장에서 통하지 않을 것"이라고 평가절하하는 발언으로 유명세를 탔다. 하지만 전 세계 휴대폰의 표준은 '아이폰 같은 제품'으로 재편되기 시작했다. 노키아는 아이폰이 세상에 나오기 3년 전인 2004년 이미 터치 스크린을 갖춘 스마트폰을 만들었는데도 기회를 살리지 못했다. 경영진이 수익성이 불투명하다는 이유로 출시하지 않았기 때문이다. 이후 노키아는 스마트폰 시장의 문을 수차례 두드렸지만 차별화에 실패하면서 간신히 브랜드 명맥만 유지하고 있다.

글로벌 스마트폰 시장이 포화한 상황에서 모바일 업계는 새로운 패러다임을 준비하고 있다. 스마트폰 사양의 상향 평준화, 모바일 메신저의 성장 둔화 속에서 이용자들은 점점 더 색다른 모바일 경험을 원하고 있다. 페이스북이 가상현실 사업에 도전하고, 얼굴 인식 사진 꾸미기 앱 '스냅챗'과 '스노우'가 인기를 끄는 점은 이용자의 새로운 흥미를 부채질하기 때문이다. 카카오가 모바일 시대에는 재빠르게 움직이며 사세를 확장했지만 성장이 주춤해진 것도 이러한 시대 변화와 무관하지 않다. 카카오는 글로벌 진출 타이밍을 이미 놓친 상태에서 카카오톡과 O2O가 아닌 또 다른 승부수가 필요하다.

Relation(유대 관계): 임직원·파트너와의 관계는 안녕한가

기업에 '귀사는 안녕(安寧)하십니까?'라고 물으면 신제품 판매량 또는 애플리케이션 다운로드 수, 주가, 분기 실적, 사업 보고서 등을 바탕으로 대답할 것이다. 외형적 수치는 중요하다. 그러나 조직 안팎의 유대 관계가 기업의 안녕을 크게 좌지우지한다. 기업은 결국 사람이 운영하는 만큼 내부와 바깥의 원만한 관계는 성공하는 기업의 필수 조건이다. 내부 조직원과의 융화는 물론이고 외부와의 유대 관계도 중요하다. 직원의 만족도가 높아질수록 기업의 성과도 올라간다. 특히 인수 합병이 활발한 기업은 조직 결합에 신경 쓸 점이 많다.

삼성전자는 인수 기업과의 조직 문제로 비싼 수업료를 치렀다. 1994년 삼성전자는 삼성 그룹의 글로벌 브랜드 전략에 따라 PC 해외 시장 진출을 모색했다. 이에 따라 미국계 PC 제조 기업 AST를 인수했다. 두 회사의 만남은 많은 기대를 모았지만 PC 제조 방식을 둘러싼 입장 차이, 구조조정 정책과 기업 문화 차이 등으로 잦은 충돌을 빚었다. 이 과정에서 피인수 기업인 AST 직원들이 대거 회사를 떠났다. 삼성전자와 AST의 내홍은 외부의 우수 인재를 영입하는 데 걸림돌이 됐고, 삼성전자는 인수 5년여 만인 1999년 1월 AST 경영권을 포기하고 만다. AST는 삼성전자에 뼈아픈 인수 합병 사례가 됐다. 현재 삼성전자는 모바일 결제 기술 개발사인 루프페이 인수로 '삼성페이'를 성공적으로 내놓았고, 2016년에는 인공지능 개발 기업인 비브랩스를 인수해 스마트폰과 인공지능의 결합에 속도를 내고 있다. AST 사건이 인수 합병에 귀중한 교훈이 됐을 것이다.

일본이 낳은 세계적인 가전 명가 '샤프'가 몰락한 데는 경영진의 힘겨루기 영향이 컸다. 세계 최초의 전자식 계산기와 자동 연필 샤프펜슬, 일본 최초의 텔레비전 양산 기업이라는 화려한 타이틀도 회사 내분을 이겨낼 수 없었다. 샤프의 세대 교체를 바라지 않았던 마치다 가쓰히코 회장, '액정의 프린스'로 불리며 40대에 CEO에 오른 가타야마 미키오 사장 간의 권력 다툼은 샤프를 모바일 시대에 뒤처지게 만들었다. 가타야마 사장은 엘리트 코스를 밟으며 고속 출세한 스타 기업인이자 액정 전문가였다. 하지만 지나친 자신감으로 샤프의 자원을 액정 공장에 집중시켰고 이는 거액의 적자를 보게 한다. 마치다 회장은 사사건건 부딪히는 가타야마 사장을 실적 문제로 퇴임시키고, 자신이 편하게 지시할 수 있는 '예스맨' 오쿠다 다카시 본부장을 사장으로 앉히며 섭정한다. 하지만 오쿠다 사장은 1년 만에 자리에서 물러났다. 이 일 년은 샤프에서 '불모의 1년'이라 불릴 정도로 돌이킬 수 없는, 타이밍을 놓친 시기였다. 그사이 타이완의 홍하이 그룹은 샤프의 경영권을 호시탐탐 노린다. 홍하이 그룹의 궈타이밍 회장은 투자금을 빌미로 샤프를 쥐락펴락하며 결국 2016년 2월 샤프를 인수해 자회사로 만든다. 일본 기술력의 자존심이었던 샤프의 최후였다.

카카오의 경우 내부적으로는 다음과 카카오 직원 간의 화학적 결합, 밖으로는 O2O 사업에서 빚어지는 동종 업계의 충돌이 우선적으로 풀어야 할 숙제다. 다음과 카카오는 다음카카오로 합병 출범하면서 중복 조직을 일원화하고 업무 시스템을 정비하는 등 다양한 노력을 벌였지만 여전히 현재 진행 중이다. 다음카카오란 거대한 IT 기업의 탄생을 반기는 이도 있었지만 많은 직원이 갑작스러운 결정에 혼란스러워했다. 카카오 직원들 중에는 '벤처 시절이 편하다'는 이유로 퇴사해 직접 창업하는 사례가 꽤 있다.

내부의 화학적 결합은 시간이 지나면서 점차 개선되고 있지만 카카오의 대외 관계에는 풀어야 할 숙제가 많다. 카카오톡 이모티콘, 카카오페이지 등 콘텐츠 창작 생태계의 외부 관계는 매끄러운 편이지만 O2O의 상황은 썩 좋지 않다. 대표적인 것이 '골목 상권' 침해 논란이다. 카카오는 국내 시장에 집중하면서 여러 O2O 서비스를 선보이고 있는데 자본을 앞세워 기존 사업자들의 상권을 빼앗는다는 논란을 빚고 있다. 아울러 카카오와 경쟁하게 된 중소 사업자들은 카카오로 인해 투자를 받기 어려워졌다는 점을 호소하고 있다. 이에 카카오는 자신들이 시장에 진출함으로써 시장 파이와 사업자와 소비자의 선택권을 늘리고 건전한 경쟁을 촉진한다는 점을 명분으로 내세운다.

그러나 카카오의 O2O 사업에는 적이 점점 늘어나고 기업의 부정적 이미지가 심해지고 있다. 카카오는 중소 O2O 사업자들과 동맹을 맺거나 파트너십 제휴로 우군을 만들어야 한다. 카카오는 이용자가 원할 때 언제나 서비스를 제공한다는 온디맨드(on demand)를 사업 키워드로 삼고 O2O 시장에 활발히 나서고 있다. 카카오의 취지는 좋지만 너무나도 많은 논란이 뒤따르면서 득보다 실이 커졌다. 이 과정에서 카카오는 가사도우미 연결 앱 '카카오 클린홈' 사업을 중단한다고 밝혀 주목을 받았다. 카카오택시를 비롯한 모빌리티 O2O와 달리 청소, 세탁 등의 생활 O2O 영역에는 직접 진출을 하지 않겠다고 방침을 굳힌 것이다. 다만 카카오톡 이용자와 카카오페이 결제 방식을 다른 O2O 사업자에게 개방하면서 우회적으로 O2O에 진출하겠다는 여지를 남겼다. O2O 사업이 단기간에 수익으로 연결되지 않고, 리스크만 발생하자 O2O 사업 계획을 전면 바꾼 것으로 보인다. 2016년 3분기 실적 발표회에서 임지훈 대표는 "각자가 잘할 수 있는 분야에 집중하는 것이 효과적이라고 판단했다"며 "카카오톡 이용자 노출과 간편 결제 면에서는 카카오가 장점이 있는 만큼 파트너사와 장점을 결합하는 방향으로 나아가겠다. 카카오는 이용자와 O2O 사업자를 연결하는 O2O 플랫폼으로 진화할 예정"이라고 밝혔다. 2016년 11월 열린 카카오 비즈니스 컨퍼런스 행사에서 정주환 신사업총괄 부사장은 "카카오의 O2O 전략을 스마트 모빌리티와 개방형 플랫폼으로 이원화한다"며 "카카오의 개방형 O2O 플랫폼이 파트너 문제를 해결할 수 있는 플랫폼과 기술을 제공할 것"이라고 설명했다. 카카오의 개선

된 O2O 전략이 이용자와 파트너의 마음에 닿을지는 지켜봐야 할 것이다.

기업이 외부와 원만한 관계를 유지해야 하는 또 다른 이유가 있다. 바로 네거티브(negative) 경쟁이다. 모바일 시대에 접어들며 기업 간 경쟁이 더욱 치열해지고 있는데 이 과정에서 비방과 폭로가 비일비재하게 벌어진다. 기업의 경우 언론사에 상대 기업의 약점을 제보하며 서로 헐뜯는 일이 왕왕 벌어진다. 그중에는 기사 가치가 있는 제보도 있지만 '비판을 위한 비판'식의 소모적인 사안이 더 많다. 시장이 한정되어 있고, 소수의 사업자가 활동하는 영역일수록 특히 심하다. 대표적인 분야가 이동통신업계인데 점유율을 늘리기 위한 가입자 쟁탈전이 치열하다. 우리나라뿐 아니라 해외에서도 총성 없는 전쟁이 시시각각 펼쳐진다. 모 이동통신사 대표는 기자 간담회에서 "통신사 대표끼리 모여서 비방 안 하기 결의 대회라도 열어야 한다"는 반성적 발언으로 눈길을 끌기도 했다. 물론 경영 활동에서 타사의 잘못을 지적하며 시장을 발전적으로 키우는 시도는 충분히 의미가 있다. 적절한 긴장 관계를 유지하면서 서비스 경쟁을 촉진하는 순기능도 있다. 하지만 자극적인 언행이 난무하며 상도의를 넘어서는 사례는 업계 이미지가 훼손되고, 기업에도 결국 손해다.

Killer App(킬러 앱): 승부를 가르는 핵심 무기를 갖춰라

비즈니스가 전쟁이라면 킬러 앱은 강력한 무기에 비유할 수 있다. 킬러 앱은 모바일 앱으로만 존재하지 않는다. 나타나자마자 경쟁사를 제압하며 시장을 지배하는 상품, 서비스, 아이디어 등 유무형의 모든 것을 포괄한다. 킬러 앱은 역사도 바꾼다. 말 안장에 걸린 발걸이 '등자(鐙子)'는 중세 시대 킬러 앱이었다. 몽골인들은 등자 발명으로 낙마 위험을 줄이고, 빠르게 움직이면서 활을 쏠 수 있었다. 칭기스칸은 향상된 전투력을 통해 중동과 중국을 정복하며 제국을 만들었다. 로마 제국은 등자 때문에 쇠락한 사례다. 로마는 고트족과의 전투에서 발렌스 황제가 전사할 정도로 크게 패배했다. 로마 기병(騎兵)은 등자가 없어 발이 덜렁거렸다. 고트족은 등자에 발을 고정시킬 수 있어 더 튼튼한 갑옷을 착용하고 더 무겁고 날카로운 무기를 사용했다. 등자는 로마제국의 멸망을 부른 이름 그대로 '킬러' 앱이었다. 현대에 킬러 앱은 증기기관, 원자폭탄, 자동차, 인터넷, 스마트폰 등으로 진화하고 있다.

모바일 세계의 킬러 앱은 어떤 모습일까? 다국적 앱 분석 업체인 앱애니는 성공한 앱은 3가지 조건을 동시에 충족한다고 분석했다. 첫째, 많은 사람이 이용해야 한다. 트래픽(traffic)을 확보해야 사업을 움직일 힘이 생기기 때문이다. 트래픽의 원래 뜻은 특정 시간의 교통 상황으로, 활성 이용률이라는 의미도 지닌다. 똑같은 모양의 건물이라도 트래픽인 유동인구가 얼마나 많은가에 따라 부동산 값이 천차만별이다.

유튜브는 출시 10년째인 2015년 기준으로 60초에 300시간 분량의 동영상이 올라오는 세계 최대 동영상 플랫폼이 됐다. 유튜브의 누적 방문자는 10억 명, 지원 외국어는 76개가 넘는다. 유튜브에 올라온 동영상을 모두 보려면 인간의 수명으로는 불가능할 수준이다. 구글도 검색 엔진으로 출발했지만 정작 검색 자체로는 큰 돈을 벌지 못했다. 카카오도 카카오톡 자체로는 수익이 없다. 하지만 이용자를 끊임없이 늘리면서 광고, 게임, 쇼핑 등으로 흑자를 내고 있다.

둘째로 그 서비스를 꾸준히 사용하게 만들어야 한다. 모바일 세계에서 반복적으로 사용하는 앱은 몇 개로 수렴된다. 통상적으로 스마트폰 이용자는 30개 안팎의 앱을 설치한다. 그중에서 이용률 상위권 앱은 메신저, 인터넷, 음악, 게임, SNS 등 약 5개 분야에 집중된다. 게임 앱의 경우 모바일 게임 10개 중 6개는 6개월 이내에 삭제돼 순위 변동이 크다. 이 소수의 앱은 시장의 기준점이 되며 업계 점유율을 단단하게 굳힌다. 우리나라 무료 다운로드 앱 1~3위는 카카오톡, 네이버, 페이스북 순서인데 좀처럼 바뀌지 않는 순위에 이들 기업은 후발 주자와의 격차를 점점 더 벌리고 있다.

성공하는 앱의 마지막 조건은 '수익 내기'다. 이용자들이 앱을 사용하는 시간과 패턴을 분석하고, 어떤 부분에서 매출이 발생하는지 알아내 수익 모델에 반영하는 것이다. 빅데이터가 4차 산업의 원유라고 불리는 이유이기도 하다. 카카오도 이 점을 노리고 카카오톡과 카카오택시를 무료로 서비스하며 빅데이터를 모으고 있다. 특히 카카오택시는 이용자의 이동 시간, 동선 등이 정확하게 집계된다. 이는 유료 서비스 카카오드라이버, 카카오파킹 등의 모빌리티 서비스를 만들 때 유용하다. 모바일 게임은 데이터를 활용한 유료화에 오래된 노하우를 갖고 있다. 모바일 게임은 출퇴근 시간, 잠들기 직전에 이용률이 높다는 점에 착안해 이 시간에 맞춰 게임 이벤트를 벌이고 스마트폰 알림으로 쿠폰을 뿌리곤 한다. 이벤트에 끌려 게임을 가볍게 한두 판 하다 보면 레벨을 올리기 위해 돈을 내고 게임 아이템을 사는 광경이 심심찮게 벌어진다.

킬러 앱의 3대 조건인 많은 이용자, 꾸준한 사용, 수익 내기는 모바일 앱뿐 아니라 일반 제품과 서비스에도 적용될 수 있는 부분이다. 모바일 시대의 승부를 가르는 킬러 앱은 더욱 치열해지고 험난해지는 비즈니스 세계에서 든든한 무기가 되어줄 것이다.

무엇을 어떻게 연결할 것인가

"카카오톡은 무료인데 뭘로 돈을 버나요?"

내 질문에 객석은 웃음바다로 변했다.

2011년 카카오 임원의 특강을 들은 적이 있었다. 당시 카카오톡은 세상에 나온 지 1년이 조금 지난 '한창 뜨는 앱'이었고 나의 휴대폰은 터치 스크린 폰이지만 스마트폰은 아니었던 삼성전자의 '햅틱폰'이었다. 그때만 해도 우리나라의 스마트폰 보급률은 높지 않았는데 주변에서 하도 '카톡 언제 가입해요?', '단톡방이 얼마나 편한데'라고 말해서 상당히 스트레스를 받고 있었다. '도대체 카톡이 뭐기에 잘 쓰고 있는 휴대폰을 바꿔야 하나? 공지할 것이 있으면 단체 문자메시지로도 충분할 텐데 말이다. 카카오가 어떤 기업인지 알아보자'는 마음에 취재가 아닌 순수한 마음으로 특강 장소로 향했다.

강의 내용은 좋았다. '적자를 면치 못하던 카카오가 모바일 시대의 발 빠른 대응으로 카카오톡을 만들었고, 국민 메신저가 되었다'는 내용은 영웅의 일대기를 듣는 것처럼 인상적이었다. 순간 뒷이야기가 궁금했다. '카카오는 수익 모델이 하나도 없는데 무엇으로 돈을 벌지?', '적자인데 직원들 월급은 어떻게 주나?' 카카오 순이익은 2009년 마이너스 17억 원, 2010년 마이너스 40억 원, 2011년 마이너스 152억 원으로 손실 폭이 점점 커졌다. 카카오는

2012년 카카오게임의 성공으로 단숨에 70억 원의 흑자를 냈는데 그전까지는 매년 적자였다. 강연이 끝나고 질의응답 시간이 왔다. 청중들은 "카카오 회사 분위기는 어떤가요?", "성공의 기준을 무엇이라 생각하세요?" 등의 질문을 했다.

나는 기업으로서의 카카오 미래가 궁금했다. 반짝 인기를 얻고 사라지는 서비스가 어디 한둘인가? 평소 미래에 대한 고민이 많았던 나는 다른 사람이나 기업들은 어떻게 미래에 대비하는지 알고 싶었다. 카카오의 성장판은 무엇인가? 카카오톡 서비스를 유지할 여력이 있는가? 어떤 기업으로 성장하고 싶은가? 그래서 나온 질문이 '카카오톡은 무료인데 돈은 언제 어떻게 버실 건가요?'였다. 돈은 언제나 중요하다. 자금이 있어야 사업을 키울 수 있지 않은가! 내 의도와 달리 강당은 웃음으로 가득 찼다. 행사를 진행하는 이들도 서류철로 얼굴을 가리며 웃었다. 질문하고 나니 '너무 도발적인 질문인가'라는 생각이 들어 민망했다. 조금 더 고상한 표현으로 포장해야 했나 싶었다.

카카오 임원은 웃으며 답했다. "카카오톡은 무료이지만 사용자를 많이 모으다 보면 그 위에 다양한 사업을 펼칠 수 있어요. 돈 보고 일하는 사람 치고 진짜 돈을 버는 사람은 못 본 것 같습니다. '돈을 어떻게 벌까?'부터 고민하면 망하기 쉬워요. 기존 기업들이 서비스를 유료화하다 고객이 떠난 경우가 허다합니다."

무료로 사용자를 모아 돈을 번다니? 그때는 그 답변이 단번에 와 닿지 않았다. 하지만 뭔가 카카오가 큰일을 벌이고 있다는 느낌이 들었다. 강연이 끝나자 카카오에서 스티커를 기념품으로 줬다. 명함 크기의 작은 종이에 카카오 로고 스티커 4개가 오밀조밀 붙어 있었다. 앙증맞긴 했지만 어디에 붙이기 애매한 스티커여서 포장 그대로 몇 년째 갖고 있다. 만약 지금의 카카오라면 기념품으로 카카오톡 캐릭터 브랜드인 '카카오프렌즈' 볼펜이나 '카카오게임' 아이템 쿠폰을 주지 않았을까 싶다. 그때만 해도 카카오에는 카카오프렌즈도, 카카오게임도 없었다.

시간이 흘러 나는 IT 업계에서 꽤 오랜 기간 경력을 쌓는 기자가 됐다. 이 과정에서 적자 벤처기업 카카오가 우리나라 모바일 시대에 온갖 이슈를 뿌리는 IT 기업이 되는 모습을 모두 취재할 수 있었다. 특강에서 궁금해했던 카카오가 돈을 어떻게 버는지, 무슨 사업을 펼치는지, 어떤 계획을 갖고 있는지 등을 내밀하게 살필 수 있었다. 내가 던진 질문에 내가 취재하고 답을 구한 셈이다.

한편으로 카카오는 이슈가 끊이질 않아 가장 애를 먹은 취재 기업이었다. 다음카카오 출범, 끊임없는 신규 서비스 출시, 카카오톡 프라이버시 논란, 카카오 경영진 교체와 카카오 사명 변경, 국정감사, '골목 상권' 침해 이슈 등 굵직한 이슈가 밤낮을 가리지 않고 시시각각 터졌다. 카카오의 덩치가 커지면서 교통, 금융, 정치, 법률,

문화 등 각 사회 영역과 연계되지 않은 부분이 없어 가끔은 내가 산업부인지, 경제부인지, 사회부인지, 정치부인지 헷갈릴 정도였다. 한밤에도 카카오 이슈가 터져 야근하는 일도 잦았다.

카카오 기사를 쓸 일이 많아지면서 이 기업에 대해 자세하면서도 제대로 알아야겠다는 생각이 들었다. 통신사 기자로서 기사를 틀리게 쓰면, 받아 쓰는 제휴 매체에도 영향을 미치기 때문에 공부가 필요했다. 카카오를 탐구하면서 카카오와 네이버의 깊은 연관, 카카오톡이 직원 4명이 두 달 만에 만든 앱이라는 뒷이야기, IT 업계에 86학번 의장이 많은 사연 등의 흥미로운 이야기를 알 수 있었다.

수년간 카카오 서비스를 쓰는 이용자로서, 카카오를 취재하는 기자로서 카카오 이야기를 책으로 담게 됐다. 마침 2016년 연말은 카카오의 전신인 아이위랩이 세워진 지 꼭 10년이 되는 날이라는 점도 집필 동기가 됐다. IT 기업 가운데 구글, 텐센트, 알리바바, 네이버에 관한 책은 많지만 합병 기업으로서의 카카오는 아직 없다. 영미권에서는 창업주들이 자신의 경영 스토리를 책으로 펴내는 일이 잦고, 저널리스트·학자가 특정 기업을 분석한 서적도 굉장히 많다. 영미권에서는 우리나라보다 자본주의 역사가 오래되고, 반(反) 기업 정서가 덜해 기업에 대한 다각적 논의가 많은 것으로 보인다. 한편으로 그 기업을 잘 아는 사람이 자신의 경험과 생각을 세상에 공유하는 시도가 의미 있게 여겨진다는 뜻이기도 하다. 기업의 성공 스토리, 빛과 그림자, 시행착오 등을 적극적으로 알려 평가를 받게 하고 생산적 논의로 발전시키는 것이다. 알릴 점은 알리고, 배울 점과 비판할 점을 논의하는 풍토가 우리나라에도 확산되길 바란다.

이 책에서 나는 최대한 중립을 지키려 했다. 카카오를 미화하거나 악의적으로 접근하지 않았다. 카카오의 장점은 장점대로 참고하고, 카카오 진통은 진통대로 보면 좋겠다. 카카오는 적자 벤처기업에서 IT 공룡이 되기까지 끊임없는 성공과 시련을 겪었다. 시운도 따랐지만 타이밍을 잡기 위한 경영진의 재빠른 수완도 있었다. 무료 서비스 카카오톡으로 확보한 이용자를 바탕으로 다양한 사업에 진출하면서 일부는 성과를 거뒀고, 일부는 쏠쏠한 실패를 남기기도 했다. 사업 성과는 그때그때 다르지만 카카오의 모든 행보는 모바일 시대에 무엇을 어떻게 연결할 것인가로 모아진다.

모바일 시대에 사람들은 점점 더 크고 빠른 변화를 맞게 될 것이다. 직장의 문화, 생활 습관, 소통 방식, 삶의 가치관까지 차츰차츰 바뀌며 기존에 전혀 상상하지 못했던 일들을 겪게 된다. 카카오는 우리나라 모바일 산업이 막 꿈틀거릴 때 나타난 회사다. '모바일 퍼스트'에서 '모바일 온리'가 된 세상에서 카카오의 움직임은 미래를 전망하는 바로미터가 될 것이라 생각한다.

이 책을 쓰면서 여러 가지 굵직한 사건을 겪었다. 모바일 메신저 '라인'이 일본과 미국에 동시 상장했고 네이버는 유럽과 미국 진출을 공식화했다. 갤럭시노트7 글로벌 리콜 긴급 기자 간담회에 참석하며 결국 단말기가 단종되는 과정을 처음부터 끝까지 아주 생생하게 취재하게 됐다. 걸작 스마트폰으로 칭송받던 갤럭시노트7 사건을 보며 기업 흥망성쇠의 무상함을 느꼈다.

이세돌 9단과 알파고의 바둑 대결이 열리던 시기에는 일주일 넘게 매일 대국 현장에 출근했다. IT 기자로서 인공지능 기사와 바둑 기사를 동시에 쓰는 기묘한 경험을 했다. 알파고 사건은 구글이 인공지능 기술을 과시하는 글로벌 이벤트이자 인공지능과 공존하는 세상이 본격적으로 왔음을 알리는 신호탄이었다. 이밖에 카카오톡의 감청 수사 협조 중단, 네이버의 대표이사 교체, 아이폰7 국내 출시, SK텔레콤의 CJ헬로비전 인수 불발, 넥슨 주식 스캔들 등 유난히 IT 업계에 사건 사고가 많았다.

'위기(危機)'와 '기회(機會)'라는 단어에는 모두 '갈림길 기(機)'가 들어 있다. 만일 처음 보는 갈림길에 서 있다면 취하게 되는 자세는 크게 세 가지다. 가지 않은 길에 도전하거나 그 자리에 불안하게 멈추거나 아니면 되돌아가거나. 선택에 따라 누군가는 미래를 만들고 누군가는 뒤처질 것이다. 기회가 위기로, 위기가 기회로 바뀔 수 있다. 모든 것은 한 발자국 차이다.

이 책을 읽는 모든 분들에게 늘 좋은 기회만 다가오길 기원한다. 혹시 책과 관련해 의견이 있다면 이메일(hello_nihao@hanmail.net) 로 문의 주시면 된다. 책이 나오기까지 정말 많은 분들이 귀중한 도움을 주셨다. 먼저 카카오 전·현직 관계자들께 감사드린다. 이 책은 기획부터 집필까지 독자적으로 진행됐다. 현직 출입 기자가 카카오를 소재로 책을 쓰는 상황은 카카오 입장에서 걱정스럽고 신경 쓰이는 일이었을 것이다. 특히 커뮤니케이션실에 감사 말씀을 전한다. IT·벤처 업계의 많은 관계자 분들, 언론계 선후배·동료 기자들은 카카오 취재에 아낌없는 도움을 주시고 업계를 이해하도록 지원해주셨다. 늘 응원해주는 가족에게 가장 큰 고마움을 전하고 싶다. 일하면서 책 쓰는 것은 큰 모험이었지만 치열하게 세상을 배운 시간이기도 했다. 지면을 빌려 도움 주신 모든 분께 다시 한 번 진심으로 감사드린다.

장윤희

참고 문헌

〈단행본〉

- 김태규·손재권 공저,《네이버 공화국》, 커뮤니케이션북스, 2007
- 임원기 저,《네이버, 성공 신화의 비밀》, 황금부엉이, 2007
- 김수종 저,《다음의 도전적인 실험》, 시대의창, 2009
- 말콤 글래드웰 저·노정태 역,《아웃라이어(Outliers)》, 김영사, 2009
- 문보경·권건호·김민수 공저,《톡톡! 국민앱 카카오톡 이야기》, 머니플러스, 2011
- 임원기 저,《어제를 버려라》, 다산북스, 2012
- 박용후 저,《관점을 디자인하라》, 프롬북스, 2013
- 에릭 슈미트·조너선 로젠버그·앨런 이글 공저·박병화 역,《구글은 어떻게 일하는가(How Google Works)》, 김영사, 2014
- 라즐로 복 저·이경식 역,《구글의 아침은 자유가 시작된다(Work Rules!)》, 알에이치코리아, 2015
- 모리카와 아키라 저·김윤수 역,《심플을 생각한다(シンプルに考える)》, 다산북스, 2015
- 김재훈·신기주 공저,《플레이》, 민음사, 2015
- 이나리 저,《체인지 메이커》, 와이즈베리, 2015
- 마화텅·장샤오펑 외 공저, 강영희·김근정 공역,《인터넷 플러스 혁명 (Internet+)》, 비즈니스북스, 2016

- 잡플래닛 · 유부혁 공저,《대한민국 일하기 좋은 기업》, 길벗, 2016
- 도널드 설 · 캐슬린 아이젠하트 공저 · 위대선 역,《심플, 결정의 조건(Simple Rules)》, 와이즈베리, 2016
- 데이비드 로버트슨 · 빌 브린 공저 · 김태훈 역,《레고 어떻게 무너진 블록을 다시 쌓았나(Brick by Brick)》, 해냄, 2016
- 토마스 슐츠 저 · 이덕임 역,《구글의 미래(Was Google wirklich will)》, 비즈니스북스, 2016
- 일본경제신문사 저 · 서은정 역,《샤프 붕괴(SHARP HOUKAI)》, 에이케이스토리, 2016
- 이승윤 저,《구글처럼 생각하라》, 넥서스, 2016
- 김대순 저,《나는 위챗이다(我是微信)》, 북마크, 2016
- 제프 콜빈 저 · 신동숙 역,《인간은 과소평가 되었다(Humans Are Underrated)》, 한스미디어, 2016
- 필 나이트 저 · 안세민 역,《슈독(SHOE DOG)》, 사회평론, 2016
- 이경주 저,《4차 산업혁명, 앞으로 5년》, 마리북스, 2016

〈논문〉

- 김진영 · 김민용, 〈모바일서비스 플랫폼의 양면시장 형성단계에 관한 연구: 카카오톡 사례를 중심으로〉,《한국인터넷전자상거래연구》 제13권 제4호 2013년 12월, 147~173쪽.
- 장경영 · 오정석, 〈주식회사 카카오의 플랫폼 전략에 대한 연구〉,《벤처창업연구》 제8권 제4호 2013년 12월, 49~56쪽.

〈언론보도〉최근순

- 장윤희, 카카오, 가사도우미 사업 중단…"O2O 전략 수정", 〈뉴시스〉, 2016-11-10
- 장윤희, 김범수 카카오 창업자 "평생 업을 찾아 게임의 룰을 바꿔라", 〈뉴시스〉, 2016-10-25
- 장윤희, 이해진 네이버 의장 "글로벌 기업과 기술력으로 겨루겠다", 〈뉴시스〉, 2016-10-24
- 장윤희, 카카오톡 '알 수도 있는 사람' 결국 없어져, 〈뉴시스〉, 2016-10-19
- 손해용, "아무리 똑똑해도 팀워크 문제 있으면 구글러 못 돼요", 〈중앙일보〉, 2016-10-15
- 장윤희, 카카오톡은 왜 수사 협조를 중단했나, 〈뉴시스〉, 2016-10-14
- 장윤희, '합병 2년' 새 도전 나서는 카카오, 〈뉴시스〉, 2016-09-30
- 장윤희, 이해진 네이버 의장 "스타트업 투자로 유럽 공략"…1억 유로 출자, 〈뉴시스〉, 2016-09-30
- 장윤희, 잇따른 여진에 카카오톡 지진 대응모드 유지, 〈뉴시스〉, 2016-09-23
- 장윤희, 카카오톡 장애 원인은 트래픽 폭주, 〈뉴시스〉, 2016-09-12
- 박재원, '이동수단 혁신' 나선 현대차, 카카오 O2O서 한 수 배웠다, 〈서울경제〉, 2016-09-08
- 장윤희, 다음웹툰, 카카오에서 분사, 〈뉴시스〉, 2016-09-01
- 장윤희, [인터뷰] 취임1년 임지훈 카카오 대표 "카카오는 본업이 동반성장…업계 의견 많이 듣겠다", 〈뉴시스〉, 2016-08-26
- 장윤희, 카카오페이지, '19금' 없이 성장한 비결은, 〈뉴시스〉, 2016-08-21

- 노동균, 한국 포털산업 문 연 이재웅 다음 창업자 "공유경제로 인간가치 회복", 〈IT조선〉, 2016-08-17
- 이경진, 김범수 카카오 의장 "어른말 듣지 말고 미래 직접 개척해야 성공", 〈매일경제〉, 2016-07-20
- 장윤희, 이해진 의장 "라인은 절박함에서 탄생…제2신화 쓴다", 〈뉴시스〉, 2016-07-15
- 장윤희, 15일 美·日 동시 상장 네이버 '라인', 글로벌 입지 강화, 〈뉴시스〉, 2016-07-14
- 장윤희, '카카오 대리' 법원 간다…대리운전업체 상대로 영업방해 가처분 신청, 〈뉴시스〉, 2016-07-01
- 공동취재진, [정보화 리더십 탐구] (1)~(21), 〈조선비즈〉, 2016-06-13~2016-10-04.
- 이덕주, 김범수 카카오 의장 "O2O서비스 통해 골목상권도 살릴것", 〈매일경제〉, 2016-06-12
- 장윤희, '대기업 해제' 카카오, 인터넷전문은행 등 숨통, 〈뉴시스〉, 2016-06-09
- 장윤희, 카카오톡 인터넷링크 무단수집 논란…정부 조사 착수, 〈뉴시스〉, 2016-06-02
- 장윤희, 카카오 "카카오톡 유료화 사실무근", 〈뉴시스〉, 2016-05-29
- 장윤희, 카카오발 대리운전 시장 '태풍'… '상권침해' 논란도 커져, 〈뉴시스〉, 2016-05-16
- 장윤희, [르포] 태국 곳곳 초록색 물결…라인, 오프라인 무한확장, 〈뉴시스〉, 2016-05-05

- 장윤희, [인터뷰] 신중호 라인CGO "과거 잊고 현지화 집중해야 성공", 〈뉴시스〉, 2016-05-03
- 장윤희, 카카오 교통 O2O 본격화, 〈뉴시스〉, 2016-04-26
- 강동철, 임지훈 대표 "카카오의 음악·만화·영상 업고, 해외로 나가겠다", 〈조선일보〉, 2016-04-18
- 임원기·이호기, [디지털 빅뱅] 36세 임지훈의 도전 "카카오 지향점은 라이프 스타일 디자이너", 〈한국경제〉, 2016-04-17
- 김은정, 카카오뱅크 경력직 채용 3000명 몰렸다, 〈한국경제〉, 2016-04-09
- 온혜선, [Weekly BIZ] 이제 다운로드 숫자로 돈 버는 건 한계… 하나의 앱 안에서 놀게 하라, 〈조선비즈〉, 2016-03-19
- 장윤희, [인터뷰] 정주환 부사장 "카카오택시, 해외서 협력 제안 쇄도", 〈뉴시스〉, 2016-02-25
- 장윤희, 카카오 '문어발 확장' 어디까지?…대리운전에 미용실 사업 추진, 〈뉴시스〉, 2016-02-04
- 장박원, [CEO 인사이트] 김범수 카카오 의장의 노매디즘, 〈매일경제〉, 2016-01-13
- 장윤희, 카카오 '멜론' 인수, 1조 8천 억 베팅 배경은, 〈뉴시스〉, 2016-01-11
- 장윤희, 네이버·카카오, 새해 경영 키워드는 '연결', 〈뉴시스〉, 2016-01-04
- 장윤희, '카카오톡', 모바일 메신저 시장 사실상 독점, 〈뉴시스〉, 2015-12-22
- 장윤희, 이석우 전 대표, 카카오 떠난다, 〈뉴시스〉, 2015-11-10
- 장윤희, [일문일답] 임지훈 카카오 대표 "수요 지향형 사업으로 스타트업 동반자될 것", 〈뉴시스〉, 2015-10-27
- 장윤희, 올해 국감서 뭇매 맞은 '네이버' '카카오', 〈뉴시스〉, 2015-10-08

- 장윤희, 카카오, 인터넷전문은행 1호 도전, 〈뉴시스〉, 2015-10-01
- 장윤희, [카카오 출범 1년] ①~③ 영욕의 1년 히스토리, 〈뉴시스〉, 2015-09-30
- 장윤희, 네이버·다음카카오, 17일 공정위 국감 출석, 〈뉴시스〉, 2015-09-11
- 장윤희, 다음카카오 '카카오'로 사명 변경, 〈뉴시스〉, 2015-09-01
- 장윤희, 다음카카오, 35세 임지훈 단독 대표 체제 전환, 〈뉴시스〉, 2015-08-10
- 장윤희, '카카오톡' 개발자 이제범 총괄 사임, 〈뉴시스〉, 2015-07-16
- 장윤희, 다음카카오 "검색의 고정관념 깰 것", 〈뉴시스〉, 2015-06-30
- 장윤희, 다음카카오 '국민내비 김기사' 626억원에 인수, 〈뉴시스〉, 2015-05-19
- RYAN MAC, KOREAN WEB PIONEER KIM BEOM-SU SEARCHES FOR WIDER REALM, 〈FORBES ASIA〉, 2015 SPECIAL ISSUE
- 장윤희, 다음카카오 판교 시대 개막…임직원 13일부터 통합 사무실 출근, 〈뉴시스〉, 2015-04-13
- 장윤희, 흔들리는 카카오…모바일 게임 脫카카오 러시, 〈뉴시스〉, 2015-04-09
- 김재섭, 합병 이후 10일간 카톡은 '먹톡', 〈한겨레〉, 2014-10-19
- 박영주, 이석우 대표 "카카오톡, 감청영장에 응하지 않을 것", 〈뉴시스〉, 2014-10-13
- 김지선, "다음카카오 인위적 구조조정 없다 모바일에 올인…해외사업은 고민", 〈디지털타임스〉, 2014-09-04

- 임정욱, 다음에 "카톡왔숑" 긴장하라 '이웃집', 〈시사인〉 제351호, 2014-06-06
- 김민기, 신성장 한계 몰린 다음-카카오, 합병으로 '위기 탈출' 가능할까, 〈뉴시스〉, 2014-05-26
- 김민성·김효진, 'M&A 단골' 다음-카카오 합병 막전막후…"변화 절박", 〈한국경제〉, 2014-05-26
- 한우람, 다음-카카오 합병하나, 〈매일경제〉, 2014-05-24
- 임근호, 카카오, 설립 6년 만에 70억 원 흑자…김범수 성공스토리 다시 썼다, 〈한국경제〉, 2013-03-31
- 서명수, [인터뷰] 카카오 이제범 공동대표, 〈매일신문〉, 2013-03-29
- 박현준, 카카오스토리 개발 주역 정용준 부장 성공비결 묻자 "단순함이죠", 〈아주경제〉, 2012-10-11
- 한정연, 벤처스타 김범수가 32세의 임지훈을 낙점한 까닭은?, 〈포춘코리아〉 2012년 8월호
- 유병률, '카카오톡' 김범수 "악착같이 살지마" 의외의 조언, 〈머니투데이〉, 2011-10-19
- 이남희, Innovative CEO 열전 ⑥ '창업 DNA' 전파하는 김범수 카카오 이사회 의장, 〈신동아〉 2011년 4월호
- 이현일, '카카오톡' 열풍…7개월 만에 200만 명 눈 앞, 〈한국경제〉, 2010-10-06
- 정현수, 두 달 만에 만든 앱, 모바일메신저 시장 '점령', 〈머니투데이〉, 2010-07-12
- 황시영, 모바일, PC 이상의 편리함 갖춰야 산다, 〈매일경제〉, 2010-03-22

- 백인성, 여러 명 동시 대화하는 모바일 메신저 나왔다, 〈파이낸셜뉴스〉, 2010-03-18
- 정광재, 다음커뮤니케이션 매각설 진위는?, 〈매경이코노미〉 제1442호, 2008-02-02
- 박상주, 미래를 보는 경영자 김범수 NHN대표이사 사장, 〈문화일보〉, 2005-08-16
- 변형주, [COVER STORY] 김범수 NHN 사장, 〈한경비즈니스〉, 2004-12-19
- 이한나, [CEO & CEO] 포용력의 유비형 VS 뚝심 많은 장비형, 〈매일경제〉, 2004-09-06
- 김범수, [결단의 순간들] 김범수 NHN 사장 (1)~(7), 〈전자신문〉, 2004-05-24~2004-06-11
- 김성환, [fn 초대석-김범수사장] "글로벌게임사이트 비상", 〈파이낸셜뉴스〉, 2003-08-24
- 김범수, CEO 경영일기 '꿈 같은 얘기'가 비즈니스 모델, 그래서 나는 오늘도 꿈을 꾼다, 〈신동아〉 2003년 6월호
- 이해진, [IT단상]이공계 진학을 꺼리는 이유, 〈전자신문〉, 2002-12-20
- 박재범, 이메일 개척자 "청첩장도 이메일로", 〈머니투데이〉, 2001-06-25
- 최용성, 인터넷 검색지원 서비스 삼성SDS, 〈매일경제〉, 1997-12-11

〈홈페이지〉
카카오 기업 홈페이지(www.kakaocorp.com)
카카오 기업 블로그(blog.kakaocorp.co.kr)

카카오프렌즈 홈페이지(store.kakaofriends.com)

네이버 기업 홈페이지(www.navercorp.com)

왓츠앱 홈페이지(www.whatsapp.com)

텐센트 홈페이지(www.tencent.com)

유튜브 홈페이지(www.youtube.com)